本书作者

主　编　张世富

副主编　吴兹编

编写者　张世富　吴兹编　孙煜明　岳庭耀

高等学校教材

心　理　学

XINLIXUE

（第三版）

人民教育出版社教师教育课程教材研究开发中心　组编

人民教育出版社
·北京·

图书在版编目（CIP）数据

心理学/人民教育出版社教师教育课程教材研究开发中心组编. —3版. — 北京：人民教育出版社，2016. 11（2025 . 7 重印）

高等学校教材

ISBN 978-7-107-31406-3

Ⅰ. ①心… Ⅱ. ①人… Ⅲ. ①心理学—高等学校—教材 Ⅳ. ①B84

中国版本图书馆 CIP 数据核字（2016）第 294311 号

心理学

出版发行 人民教育出版社

（北京市海淀区中关村南大街 17 号院 1 号楼 邮编：100081）

网　　址 http://www.pep.com.cn

经　　销 全国新华书店

印　　刷 北京新华印刷有限公司

版　　次 2016 年 11 月第 3 版

印　　次 2025 年 7 月第 4 次印刷

开　　本 890 毫米 ×1240 毫米 1/32

印　　张 12.25

字　　数 311 千字

印　　数 10 001~13 000 册

定　　价 33.00元

第三版出版说明

目前，我社心理学教材和图书形成了相对完善的体系，主要表现在两个方面：一是在心理学分支学科上品种丰富，既涉及普通心理学、教育心理学、发展心理学、心理学史等，又涉及咨询心理学、临床心理学、环境心理学、工程心理学等；二是在层次上形成系列，既有研究生教材、大学本科教材，又有大学专科教材、中专教材。一大批心理学教材和图书荣获中国出版政府奖、中华优秀出版物奖、教育部优秀教材奖等，重印率、再版率不断提高。

本书是在原国家教委高校文科教材办公室与高教一司直接领导下编写的普通高等教育国家级规划教材，目前已成为我社心理学系列经典教材之一。作为全国高等专科学校公共课心理学的通用教材，本书从高等专科学校的培养目标出发，以普通心理学的知识为基础，并融入发展心理学、学习心理学、德育心理学、教育社会心理学的相关知识，强调理论联系实际。本书于 1988 年印行第一版，于 1999 年印行第二版，截至 2015 年 1 月，累计印刷 26 次，累计印数近 64 万册。为进一步适应师范教育发展和师范教材改革的需要，我社根据编辑出版规范继续进行了修订，印行第三版。

欢迎专家、学者和广大师生继续对本书的编辑出版工作提出宝贵意见和建议，以使本书更臻完善。

人民教育出版社
教师教育课程教材研究开发中心
2016 年 8 月

第二版前言

本书自1988年出版以来，已印行了30余万册。两年前我们即酝酿要对本书做一次认真的修订。在此期间，曾向全国一些高等师范院校的心理学教师征求到不少有关修订的意见。1997年，人民教育出版社将修订本书列入工作日程。1998年4月，人民教育出版社在昆明召开了全国师专心理学教材研讨会。这次研讨会的重要议题之一就是讨论并提出修订本书的意见。

会后，我们非常认真和仔细地研究了与会者提出的每条意见。为了使修订工作得以顺利进行，我们制订了一个修订本书的提纲，并以它作为修订的根据，对全书的体系做了调整。内容上，首先集中安排普通心理学的基本知识。在此基础上，依次安排了学习心理、德育心理、教育社会心理、发展心理、心理健康与心理咨询的基本知识。我们极力保持原先编写教材的几个原则，即知识要准确，概念要有科学性，内容要联系实际，文字要通俗易懂。

我们的修订工作能顺利完成，与人民教育出版社的大力支持是分不开的。全国一些高等师范院校的同行，特别是一些很有经验的高等师范专科学校的心理学教师，给了我们很多热情的帮助。我国心理学界的一些专家学者也很关心我们的工作，并提出了许多有价值的建议。对此，我们一并表示衷心的感谢。

在我们伟大祖国诞生五十周年来临之际，我们满怀欢欣鼓舞之情，完成了修订工作。我们力求把工作做得好些，但限于水平，本书虽经修订，难免还有错误和缺点，敬请海内外同行和广大读者批评指正。

本书的修订工作仍由原书的作者负责。具体分工为：张世富教授编写第一、二、九、十、十二、十三章，吴兹编教授编写第三、四、五、六章并增写第十五章，岳庭耀教授编写第七、八章，孙煜明教授编写第十一、十四章。全书由吴兹编教授统稿。

编　者

1999 年 1 月

第一版序

编写一本适合师专特点的心理学教材是十分必要的，因为教材是提高教学质量的重要条件。这本《心理学》便是针对师专特点而编写的。

这本教材的编者能从师专的培养目标出发，也考虑到师专心理学教师和学生的实际，以及他们现在和将来的教育教学工作的需要，力求让他们获得心理学最基本的科学理论知识。所以，这本教材体系结构的特点是以普通心理学的理论知识为基础，并概括发展心理学、学习心理学、德育心理学和教育社会心理学的理论知识。这是一个很好的尝试。虽然有的教材也有这样的尝试，但这本教材在这方面似乎更具有特色。

这本教材在内容上强调理论联系实际，突出了中学生心理特点，并且吸收了一些国内外较新的心理科研成果，也重视内容的科学性，这为学校的教学改革以及教师的教书育人，提供了必要的心理学依据，这是值得提倡的。

本书语言通畅易懂，论述有据，适合师专及其他高等师范院校作为教材使用。

卢　濬

1988年6月

第一版前言

本书是为全国师专编写的公共课心理学教材，也可作为教育学院、教师进修学校的教材或参考用书。

这本教材是根据师专的教学特点和培养目标，结合师专学生未来工作和自我教育的需要而编写的。它在普通心理学的基本知识基础上，着重联系青少年心理特点，以阐述学习心理、德育心理、教育社会心理中的基本知识为主要内容。在教材的组织方面，我们力求理论联系实际，注意知识的科学性和系统性，并吸收了一些国内外较新的心理科研成果。在文字上，我们力求深入浅出，通俗易懂。我们也考虑到师专的心理学课程教学时数有限，因此在内容上，就没有“求全”了。

本书是在国家教委高校文科教材办公室与高教一司直接领导下进行编写的。在编写过程中，高校文科教材办公室的领导和人民教育出版社的编辑同志从讨论教材大纲到定稿，都一直十分关心并提出许多宝贵的意见。

在编写教材过程中，我们得到了云南省教育厅、昆明师专、南京师大、曲靖师专、商丘师专等单位的大力支持。先后共有二十五所兄弟院校的三十位同志，为教材的编写提出了很好的建议和意见。

云南师大教科所所长、云南省心理学会理事长卢濬同志非常关心这本教材的出版，并为本书写了序言。

对上述给我们支持、指导与帮助的单位和同志，对关心这本教材并提出宝贵意见的同志，我们谨致以衷心的感谢！

本书的分工如下：张世富教授编写第一、二、十一、十二、十

三、十四章，吴兹编副教授编写第三、四、五、六章，孙煜明副教授编写第九、十章，岳庭耀副教授编写第七、八章。全书由张世富教授担任主编，吴兹编副教授担任副主编。

编 者

1988年6月

目　录

第一章
心理学的对象、任务和方法

本章要点

什么是心理和心理学

心理学的产生与发展

心理现象的结构

研究和学习心理学的意义

心理学与教育教学的关系

研究心理学应遵循的原则

心理学常用的研究方法

第一节　心理学研究什么

心理学是一门既很古老又很年轻的科学。在两千多年前，古希腊学者亚里士多德（Aristotle，前384—前322）在他的《论灵魂》一书中对心理现象就做了系统的阐述。我国古代也有一些著名的学者对人的心理现象做出了杰出的论述。如荀况（约前313—前238）认为先有身体而后才有精神，精神依附于身体。王充（27—约97）在《论死篇》中指出："人，物也；物，亦物也。物死不为鬼，人死何故独能为鬼？"范缜（约450—约510）明确地认为身体是主体，而精神只是身体的作用。当时心理学的研究是包括在哲学中的。自1879年德国莱比锡大学的冯特（W. Wundt，1832—1920）创立了世界上第一个心理学实验室以来，心理学才成为一门独立的学科。

心理学有它自己特定的研究对象。心理学是研究人的心理现象及其规律的科学。科学的心理学要求从心理现象的描述过渡到心理现象的说明，并揭示它的规律。人的心理现象极为复杂，表现形式是多种多样的。

一、心理学研究的对象

心理现象虽很复杂，但它的构成不外是心理过程和个性心理两个方面。

（一）心理过程

心理过程有认识过程、情感过程和意志过程。认识过程又有感觉与知觉、记忆、思维和想象等。

我们闻到气味，听到声音，看见颜色，用手触摸物体时感受到冷或热、硬或软、光滑或粗糙，这就产生了不同的感觉。感觉是一种简单的心理现象，是对物体个别属性的反映（如颜色、声音、气味等）。在感觉的基础上，人能分辨出整个物体，如国旗和汽车、花草和树木，那就是知觉。知觉是对事物整体的认知，知觉比感觉要复杂一些。

人们不仅能够感觉和知觉周围的事物，同时还能记住它们。当这些事物再次出现时，我们能够认出它们，或者虽然事物并没有出现在眼前，而我们能够回忆起它们，这就是记忆。这是比感觉、知觉更为复杂的一种心理过程。

在各种实践活动中，当我们制订一个计划、理解一道数学题、分析一些材料时，都需要认识事物的本质和规律，必须利用感知的材料和已有的知识进行分析和思考，这种思考活动就是思维。思维是一种更为复杂的、高级的心理现象。

我们不仅能直接感觉、知觉各种事物，记住和回忆过去曾经感知过的事物，同时还可以在感知、记忆、思维的基础上，在头脑中加工形成一种新的形象，这就是想象。如世上本来没有什么孙悟空，但《西游记》里有一个胆大、可爱、本领高强、敢于和恶势力斗争的孙悟空的形象。想象和思维一样，也是一种高级的心理过程。想象是人的创造活动的一个必要因素，它与思维有着密切的联系。

我们在感知某一事物、回忆一件往事、思考一个问题、想象一个形象时，心理活动必须有所指向和集中，这就是注意。感觉、知觉、记忆、思维、想象都属于认识过程。注意是伴随在心理过程中的一种心理特性。它是人们从事任何活动、获取新的信息、提高工作效率的必要的心理条件。

人们在认识客观事物的过程中，不会无动于衷，总会表现出一定的态度和倾向，如愉快、满意、喜悦、难过、气愤、痛苦等，这就是情感、情绪的表现。对于客观事物，人们不仅要感受、认识，同时还要处理、改造。为了处理、改造客观事物，我们既要提出目标，制订计划，选择完成计划的方式方法，还要坚持不懈地努力，克服种种困难，以达到预期的目的，这类活动叫作意志行动。在意志行动中，与达到预期目的并和克服困难相联系的心理活动，就是意志。

认识过程、情感过程和意志过程统称为心理过程，它是心理学研究的一个重要方面。

（二）个性心理

个性心理是指表现在一个人身上比较稳定的心理特性的综合。它包括两个方面：一个方面是能力、性格、气质等个性心理特征，另一个方面是个性倾向性。

人在认识客观事物和改造客观事物的过程中，不仅有各种心理活动，而且还形成个人的、不同的个性倾向性和个性心理特征，从而构成人们心理上的差异。例如，有的人才华横溢，善于写作，有的人能歌善舞，富有表演才能，这些都是人们能力上的差异。有的人活泼好动，有的人沉默寡言；有的人暴躁，有的人温柔；有的人自负，有的人自卑；有的人热情，有的人冷漠。这些都是性格和气质方面的差异。能力、性格和气质统称为个性心理特征。人的个性倾向性包括需要、动机、兴趣、信念和世界观等。个性倾向性决定着心理活动的方向和行为的社会意义。因此，可以说个性倾向性是个性的重要组成部分。

心理过程和个性心理是密切联系、不可分割的。一方面，个性心理是通过心理过程形成的。如果没有对客观现实的认识，没有对外界事物的情感体验，没有对客观现实的积极主动改造的意志行动，人的性格、能力、信念、世界观是不可能形成的。另一方面，已形成的个性心理又可以调节心理过程的进行，并在心理过程中得以表现。如人们的兴趣、动机不同，他们认识活动的指向、内容也有所不同；性格不同的人，情绪的表现也不同。因此，心理过程和个性心理之间既有区别，又相互联系、相互制约。

人的心理过程、个性心理统称为心理现象。意识是人特有的心理现象，是心理活动的高级形式，是自觉的心理活动。人的心理活动绝大部分是自觉的，自觉性是人的心理活动的特点之一。心理有时作为意识的同义词用，意识则是指自觉的心理活动。心理现象的结构示意图如下：

- 心理现象
  - 心理过程（注意）
    - 认识过程：感觉、知觉、记忆、思维、想象
    - 情感过程
    - 意志过程
  - 个性心理
    - 个性倾向性：需要、动机、兴趣、信念、世界观
    - 个性心理特征：能力、性格、气质

二、心理学的产生与发展

（一）科学心理学的诞生

从古希腊到19世纪中叶，心理学一直属于哲学的范畴。科学的心理学有两个基本的思想起源：一个是哲学中心理学思想的发展，另一个是19世纪天文学、解剖学、生理学、物理学等多门自然科学的研究成果及方法。

心理学界公认，科学心理学诞生的标志是1879年冯特在莱比锡大学建立了世界上第一个心理学实验室。

冯特的贡献主要有三方面：第一，从学术研究的背景看，冯特是19世纪后期集生理学、心理学大成的人，于1874年出版《生理心理学原理》；第二，冯特主张以实验法作为心理学研究的基本工具，采用了系统的科学实验方法——“内省”，以突破性的构想来探究人“心”之结构；第三，冯特首创的系统实验方法，使心理学研究具有了科学特征中所强调的客观性、验证性、系统性三大标准，自此心理学被视为一门科学。

（二）西方心理学的主要学派

1. 机能主义心理学

机能主义心理学由美国心理学家詹姆斯（W. James，1842—1910）和杜威（J. Dewey，1859—1952）于20世纪初创立。机能主义心理学的基本主张是：心理学的目的应该是研究个性适应环境时的心理或意识的机能。因此，研究对象扩大为成人、儿童和动物，研究方法不仅限于内省法，还采用了观察、测验及问卷调查等方法。从历史背景看，机能主义心理学的理念与英国哲学家洛克（J. Locke，1632—1704）的经验主义和生物学家达尔文（C. Darwin，1809—

1882）的进化论的思想有关。

2. 行为主义

行为主义由美国心理学家华生（J. B. Watson，1878—1958）在1913年创立。行为主义的主张主要有以下四点：（1）强调科学心理学所研究的，只是能够由别人客观观察和测量的外显行为；（2）构成行为基础的是个体的反应，集多个反应即可知行为的整体；（3）个体行为不是与生俱来的，不是由遗传决定的，而是受环境因素的影响被动学习的；（4）从对动物或儿童的实验研究中所得到的行为的原理或原则，即可用来解释一般人的同类行为。这种纯粹以“客观的客观”为标准的行为主义叫作激进行为主义。

20世纪30年代后，有些原属行为主义的学者接受了意识成为心理学研究的主题之一的理念，我们称他们为新行为主义者。

3. 格式塔心理学

格式塔心理学又叫完形心理学，由德国心理学家韦特海默（M. Wertheimer，1880—1943）于1912年在法兰克福大学创立。格式塔心理学主要研究知觉与意识，其目的是探究知觉与意识的心理组织历程，所以这个学派在研究知觉方面有极大的贡献。

格式塔心理学强调的是，知觉经验虽得自外在刺激，各个刺激可能是分离、零散的，但知觉是有组织的，简而言之，整体大于部分之和。

4. 精神分析

精神分析由奥地利医生兼心理学家弗洛伊德（S. Freud，1856—1939）在19世纪末创立。精神分析理论不但是现代心理学中影响最大的理论之一，而且也是20世纪影响人类文化最大的理论之一。

精神分析研究的内容复杂，在此略作介绍：（1）人格动力观，即用潜意识、生之本能、死之本能等观念解释人类行为的内在动力；（2）人格结构观，即用本我、自我、超我三者解释个体人格的结构，并以冲突、焦虑及防卫作用等观念解释人格结构中三种成分之间的复杂关系。

5. 人本主义心理学

人本主义心理学由美国心理学家马斯洛（A. H. Maslow，1908—1970）和罗杰斯（C. R. Rogers，1902—1987）在20世纪50年代创立。

人本主义心理学主张，心理学以正常人为对象，研究人类异于动物的一些复杂经验，诸如动机、欲望、价值、幽默、情感、生活责任、生命意义等，真正属于人性各种层面的问题。人本主义心理学认为人类本性是善的，而且本性中蕴藏着无限的潜力。因此，人本主义心理学不仅主张了解人性，而且主张改善环境以利于人性充分发展，以期达到自我实现的境界。

6. 认知心理学

认知心理学的理论不是由某人独创，而是受多种因素影响逐渐演变而成的。“认知”一词指人对事物知觉的过程，包括对事物的注意、辨别、理解、思考等复杂的心理活动。基于此，认知心理学界认为：从知觉过程的意义来说，凡是以记忆、理解、想象、思考等行为与心理过程为研究题材的，都属于认知心理学。狭义地说，认知心理学只限于解释人凭感官接收信息、贮存信息以及运用信息的历程。

第二节　为什么研究心理学

研究心理学的目的在于探明心理现象的规律，这在理论上和实践上都有重大意义。

一、理论意义

学习心理学对于人们掌握哲学的基本原理，自觉地树立辩证唯物主义与历史唯物主义世界观具有十分重要的意义。心理学的研究对象与哲学基本问题息息相关。心理学通过深入揭示心理与脑及外部世界的关系，不仅为辩证唯物主义关于物质第一性和意识第二性提供了科学依据，也为历史唯物主义关于社会存在决定社会意识的原理提供了科学依据。心理学要探讨人脑反映客观世界的各种形式及其产生过程，因此，列宁把心理学看作“认识论和辩证法应当从中形成的知识领域”① 之一。

学习心理学有助于抵制和克服各种唯心主义思想的影响。科学的心理学是在精神领域中纠正偏见、破除迷信、反对愚昧和神秘主义的有力的理论武器。列宁很明确地指出：“心理学提供的一些原理已使人们不得不拒绝主观主义而接受唯物主义。”②

学习心理学有助于学好自然辩证法、现代哲学、逻辑学、伦理学和美学等学科。作为自然科学与社会科学中介的心理学，对于学习这些学科有着重要的指导作用，心理学对其他邻近学科，如政治学、经济学、教育学、文学、语言学、艺术、体育都具有一定的理论意义。

二、实践意义

人的任何实践活动都是在人的心理活动调节之下完成的，因此，只有遵循人的心理活动的规律，才能提高人的实践活动的效果。心理学也正是以提供人的心理活动规律的知识来为人类各个实践领域服务的。

心理学作为师范院校的一门重要课程，对师范生未来从事学校的教育教学工作有着重要作用。心理学研究学生认识活动、情感、意志

---

① 《列宁全集》第 55 卷，人民出版社 1990 年版，第 302 页。
② 《列宁全集》第 1 卷，人民出版社 1984 年版，第 380 页。

以及个性特征形成和发展的规律，研究学生的年龄特点及在教育教学条件下的心理活动规律，这些知识对于指导教育教学工作和开展素质教育都是必不可少的。未来的教师只有掌握学生心理活动的规律，准确地了解学生的心理发展水平和年龄特点，预见学生发展的前景，才能有针对性地采取教育教学措施，取得良好的教育效果。

心理学提供感觉、知觉、注意、思维、意志、情感、动机、性格、气质和形成技能等方面的规律性知识，对于改进劳动工具、提高生产技术、改进操作方法、完善劳动技能、健全劳动组织、防止事故发生，从而提高劳动生产率是十分必要的。

心理因素与人的身体健康关系密切。有些心理因素是导致某些疾病的原因，而有些心理因素是治病、防病的根据。具有心理卫生和心理治疗的知识，有助于促进人的心理的健康发展和疾病的治愈。

心理学知识在实践领域的作用并不限于教育、生产劳动和医疗方面。今天，由于心理学各分支的形成，实际上，它对各个实践领域的工作都具有指导意义。在我国，心理学为社会主义物质文明和精神文明建设服务的实践领域日益宽广。下面介绍心理学的主要分支。

普通心理学，研究正常人心理活动的一般规律和心理学的基本原理，它概括了各个分支心理学的研究成果，又是各个分支心理学的理论基础。

发展心理学，研究个体心理发生、发展的规律和年龄特征。

教育心理学，研究教育教学中的心理活动及其规律。它还研究学生在掌握知识过程中的心理活动的特点、道德品质的培养和形成过程的心理问题、掌握智力活动的方式，以及影响教学效果的心理因素、师生间的关系、学生的个别差异等。

生理心理学，研究心理现象的生理机制，从而揭示大脑反映过程的秘密。

社会心理学，研究人际关系、各个社会群体人与人交往的心理现象、人的社会化、群体中人们的相互关系、心理的社会性以及各种社会心理现象。

此外，心理学的分支还有劳动心理学、体育运动心理学、医学心理学、军事心理学、艺术心理学、司法心理学、管理心理学、商业心理学、旅游心理学、市场心理学、消费心理学等。随着我国改革开放的日益深入，我国的经济日益发展，心理学必将为我国建设事业做出更多贡献。

第三节　怎样研究心理学

人的心理现象是最复杂的现象，也是最难被人认识和理解的领域。因此，没有正确的指导思想和科学的方法论，就很难使心理学的研究达到科学的地步。心理学只有坚持辩证唯物主义为其方法论，才能掌握人的心理发生和发展的规律。恩格斯指出："要精确地描绘宇宙、宇宙的发展和人类的发展，以及这种发展在人们头脑中的反映，就只有用辩证的方法……"①

一、心理学研究的基本原则

（一）客观性原则

客观性原则要求对任何心理现象必须按它们的本来面貌加以考察，必须在人的生活和活动中进行研究。因此，要反对从主观臆想出发加以揣测，要主张从客观实际出发，通过研究产生心理现象的原因来研究人的心理。

① 《马克思恩格斯选集》第 3 卷，人民出版社 2012 年版，第 398 页。

（二）系统性原则

系统性原则要求坚持系统、整体的观点，对人的心理进行多层次、多因素的系统分析，也要对各种心理现象及其影响因素之间相互作用的关系进行整合的研究。把心理现象看作某种独立存在的东西而进行孤立的研究，是不能取得科学性的结果的。从事心理学研究，必须在各个因素的相互作用中去认识整体，注意贯彻系统性原则，着重研究各个过程、状态之间的联系。

（三）发展的原则

发展的原则即坚持发展的观点，这是辩证唯物主义心理学中的一个重要原则。唯物辩证法指出，世界上一切事物都处在不断变化和运动之中，心理活动及大脑也是不断变化、发展着的。在研究心理活动时，反对把心理现象看作凝固的、静止的、孤立的东西。如对学生不仅要注意他们已经形成和确定了的心理特点，还要注意他们可能产生新的心理品质，预见他们未来的发展。

（四）实践性原则

实践性原则一方面要求心理学研究实践中出现的心理方面的问题，另一方面要求将心理学的研究成果应用于实践。心理学的研究成果只有在实践中才能体现其价值。心理学的研究若脱离了实践，将不会有任何收效。

（五）教育性原则

教育性原则强调，研究学生心理的目的是为了更好地教育学生，其研究成果要为培养学生的全面素质服务，为提高教育教学质量服务。因此，心理学研究人员不仅要在选题与设计研究方案方面考虑教育意义，而且在研究的过程中也要做出表率，给学生留下良好的教育影响，绝不允许给他们的身心造成任何伤害。

二、心理学研究的基本方法

心理学的研究方法很多，通常用的有观察法、实验法、测验法、问卷法、谈话法、产品分析法等。

（一）观察法

观察法是有计划地对被观察者的活动、行为和语言及其发生的条件进行观察，以研究其心理活动的方法。在自然的情境中，对人的心理进行直接观察称为自然观察法；在预先设置的情境中进行观察称为控制观察法。观察法比较简单易行，是运用最广的方法。教师可以通过长期观察学生的课堂活动、课外活动，逐步掌握学生的心理活动规律。这种方法的优点是获得的材料比较真实，但是不易对观察的材料做出比较精确的分析和判断。

要有效地运用观察法，首先要求必须有明确的计划和目的，其次应翔实、全面地做观察记录，并可利用现代化手段，如录音、摄影、录像等，以备反复观察及分析之用。

（二）实验法

实验法是有目的地控制或创设一定的条件，以引起被实验者的某种心理现象，从而研究其心理规律的方法。实验法的特点在于研究者可以主动地选择时间、地点并严格控制条件，以引起需要研究的心理现象，并能依据目的，使心理现象重复发生，以便进行反复观察，积累材料，从而得出科学的结论。研究者可以改变条件，并根据条件的变化和心理现象的变化之间的关系，探索心理现象发生和发展的规律。

实验法有两种：自然实验法和实验室实验法。

1. 自然实验法

自然实验法是在日常活动中，适当控制某些条件并结合日常业务工作而研究心理现象的方法。

由于自然实验法能把心理学研究与平时的业务工作结合起来，而且研究的问题来自实际，所以具有直接的实践意义。因此，它也是教师在教育教学过程中研究学生心理活动常用的方法。例如，有关教学内容和教育方法的改革实验，便可以在学校日常教学的情况下，在条件基本相同的同一年级的几个班或同一班内的几个小组进行。

2. 实验室实验法

实验室实验法是在专门的实验室内运用仪器，严格控制实验条件以研究心理活动的规律的方法。实验室实验法对研究人的心理过程，如感觉、知觉、记忆等，能显示出优越性，但对于复杂的心理活动，如性格、意志等，使用实验室实验法则较为困难。

用实验室实验法研究的心理现象往往与实际生活中的心理现象有一定距离，因此将它的结果用来指导生活实践有一定的局限性。

（三）测验法

测验法又叫心理测验法，是根据预先编制的测验量表来测定人的能力和心理特征等方面的个别差异的一种方法。测验的种类主要有智力测验、品格测验、能力倾向测验等。

（四）问卷法

问卷法是研究者事先拟好书面问题，让被试书面回答问题，以分析他们的心理活动的方法。这种方法的优点在于它比较容易和迅速地得到大量资料，便于进行定量分析。这种方法的缺点是研究者与被试之间缺乏个人接触，而且不易把答案同被试的言行相比较。问卷法提出的问题应该清楚、易懂、明确，不应模棱两可，也不应有暗示性。在运用问卷法时，如能与其他方法结合起来，如同时应用观察法等对学生的回答加以检验，就能得到可靠的结论。

（五）访谈法

访谈法是研究者根据拟好的问题同被试进行谈话，以了解其心理活动的方法。这是教师经常采用的一种研究学生心理活动的方法。要使访谈法取得好的效果，研究者必须取得被试的信任，提出的问题要简单明白，易于回答，不可有暗示性。根据访谈而对被试的心理活动做出判断或结论，往往带有主观片面的成分，因此，研究者常把访谈法与其他方法结合使用。

（六）产品分析法

产品分析法又叫作业分析法，它是通过被试的活动成果，如日记、作文、试卷、图画、手工产品等来研究其心理活动的方法。在心理学研究中，产品分析法往往是辅助性的方法。

（七）个案法

个案法是纵向研究采用的一种方法。对被试在较长时间（一年、几年或更长的时间）里连续进行了解，以研究其心理的发展变化，这种研究方法就是个案法。这是一种连续性的、追踪性的研究方法。此法易于了解心理发展的趋势，也能研究个别差异。采用此法时，必须持之以恒，设计要周密合理。

（八）教育经验总结法

这是在教育心理研究中，常为广大教育工作者广泛采用的方法。教育工作者自己或与心理学工作者一道共同从教师丰富的教育实践中，总结学生掌握知识和技能、形成道德品质以及形成良好的集体的规律。这种方法不仅对改进教育教学工作十分必要，而且是丰富和发展心理学自身所需要的。教育工作者要做到善于总结，就必须认真学习并掌握心理学的理论知识。

（九）跨文化研究法

跨文化研究法是研究不同的文化背景对人的心理活动特点的影响的方法。跨文化研究法多用于不同民族的认知特点、个性心理特征与个性倾向性等方面的研究。

心理学的研究方法很多，上述只是几种比较常用的方法。由于人的心理活动极为复杂，加之每种方法都有其局限性，因而在研究某一心理课题时不能只用一种方法，而必须综合运用几种不同的方法。其中，有的可能以某种方法为主，其他方法为辅；有的则可以同时运用几种方法。只有这样，才能互相补充，取长补短，获得心理研究的科学效果。

思　考　题

一、心理学研究什么？为什么学习心理学对师范生具有特别重要的意义？

二、学习心理学在理论上和实践上有什么意义？

三、研究心理学必须遵循什么原则？

第二章 科学的心理观

本 章 要 点

唯物主义的心理观和唯心主义的心理观

人脑是怎样产生心理的

人的心理与客观现实的关系

实践对人的心理形成与发展的作用

第一节　唯物主义和唯心主义的心理观

在古代，人们由于受知识水平的限制，不了解自己身体的构造和机能，所以对复杂的心理现象不能做出正确的解释。他们认为心理现象是一种特殊的、神秘的、不可知的、与身体没有任何联系的东西，是灵魂的作用。随着社会生产力的发展，人们在认识心理现象的作用以及它和客观事物的关系问题上，形成了唯物主义的认识，于是便产生了唯物主义和唯心主义两种心理观的对立。

一、唯心主义的心理观

唯心主义认为心理是不依赖于物质而独立存在的，主张心理的东西是第一性的，一切物质的东西都是心理的东西的产物，因而是第二性的。

唯心主义的心理观把心理看成是世界的本原。主观唯心主义者认为心是万物和宇宙的主宰，客观事物是由个人的感知，即心理的东西决定的。如我国明代的王守仁（1472—1529）说“天下无心外之物”，“天地万物皆在吾心之中”。英国唯心主义哲学家、大主教贝克莱（G. Berkeley，1684—1753）宣称“存在就是被感知”。客观唯心主义者黑格尔（G. W. F. Hegel，1770—1831）认为“绝对精神”是世界的本原，它在自然界和人类社会出现之前，就已经存在，世界上的一切事物都是由“绝对精神”产生的。

形形色色的唯心主义者把心理、“绝对精神”看成是第一性的，认为心理、“绝对精神”产生客观事物。唯心主义者颠倒了心和物的关系，他们的观点是没有科学根据的，是荒谬的。既然唯心主义者把心理现象看作世界的本原，而把世界上的万事万物都看作心理的产物，这就使心理现象陷入不可捉摸和不可认识的困境。唯心主义的心理观与科学心理学是不相容的，只有唯物主义才能给心理现象以正确的解释。

二、唯物主义的心理观

唯物主义的心理观主张客观世界是物质的，物质是第一性的，而心理是物质派生的，是第二性的。唯物主义的心理观虽然有各种说法，但都把心理现象看作物质活动的产物，是身体的机能，是在一定事物的作用下产生的，从而正确地说明了心和物之间的关系。

我国古代的唯物主义者认为心理活动是身体的一种机能。战国时期的荀况说：“形具而神生，好、恶、喜、怒、哀、乐臧（藏）焉，夫是之谓天情。”他认为先有物质的身体，后有精神，如人的好、恶、喜、怒、哀、乐等精神现象的产生与身体是分不开的。魏晋南北朝时的范缜也指出：“形者神之质也，神者形之用也。”又说：“形存则神存，形谢则神灭。”就是说物质的身体是主体，而精神只是物质的身体的作用，是从属于物质的身体的。身体死亡了，精神也就必然随之消灭。明末清初的学者王夫之（1619—1692）说：“形也，神也，物也，三相遇而知觉乃发。”他认为心理现象是人对外界事物的感知、辨别和感受。

祖国医学更进一步认识到心理与脑的关系。明代医药家李时珍（1518—1593）提出“脑为元神之府”和“泥丸之宫，神灵所集”的论断，清代名医王清任（1768—1831）在《医林改错》中明确提出“灵机、记性不在心在脑”的著名论断，这些都是唯物主义思想的杰出表现。

但是，并不是所有的唯物主义者都能正确阐明心理现象。法国的机械唯物主义者拉美特利（J. O. La Mettrie，1709—1751）说：“人不过是一架巨大的、极其精细的钟表。”一些庸俗的唯物主义者，如德国的毕希纳（L. Büchner，1824—1899）、福格特（K. Vogt，1817—1895）等人错误地认为脑髓分泌出思想正如肝脏分泌胆汁一样。这些观点都是错误的。

马克思主义产生以前的唯物主义者还不能完全科学地阐明人的心理现象，他们在解释心理现象时，脱离了人的社会性，脱离了人的历史发展，因而不了解心理活动对社会实践的依赖关系。列宁精辟地指出，人的心理是“头脑的机能，是外部世界的反映”①。

第二节　心理是脑的机能

自人类产生后，劳动和语言的发展促进了人脑的发展。人脑在结构上是极为复杂和精密的，在机能上是极为灵敏的。列宁曾指出，人

---

① 《列宁全集》第18卷，人民出版社1988年版，第87页。

脑是“按特殊方式组成的物质”①。人的心理的发展是以高度发展的人脑为物质基础的。

清代医生王清任在1830年提出“脑髓说”，明确地指出感觉器官和大脑中枢神经的联系。他认为两目、两耳和鼻子都“通脑”，“所听之声归于脑”，“所见之物归于脑”，“所闻香臭归于脑”。到了19世纪，脑是心理的器官，更从大量的生理解剖的实验中得到证明。1861年，法国医生布洛卡（P. Broca，1824—1880）解剖了一个死亡的失语症患者的大脑，发现他的左脑半球下额回的一个部位的神经细胞遭到损坏，证明了脑的这个部位与人的语言表达有关。这个部位被人们称作“布洛卡区”。如果人脑的枕叶受到损坏，人就会成为盲人。顶叶下部跟枕叶邻近的部位受到损坏，阅读就发生困难。无脑畸形儿生下来没有正常的脑髓，因此不能思维，只有饥、渴等感觉，以维持生存。在这方面，裂脑人也是一个较明显的实例。我们知道大脑左半球控制我们的右半身，而右半球控制左半身。大脑左半球控制我们运用语言的能力和数字运算、思考分析的能力，而右半球在空间关系、音乐、艺术等方面有重要功能。在正常情况下，进入任何一个半球的信息经过两半球间的胼胝体而传递到另外一个半球，因而整个大脑的功能是统一的。如果一个人因患病而胼胝体被切开，左右两个半球便不能相互联系，结果，在他的右视野出现的刺激，他能用言语做出回答，因为刺激进入到具有言语回答能力的左半球。而当刺激物在左视野出现时，情况便不是这样了，因为右半球是不管说话的。

以上科学事实足以说明，心理是脑的机能，脑是心理的器官。列宁曾指出：“心理的东西、意识等等是物质（即物理的东西）的最高产物，是叫作人脑的这样一块特别复杂的物质的机能。”②

---

①② 《列宁选集》第2卷，人民出版社1995年版，第51、170页。

一、脑的结构与机能

（一）神经系统的结构与机能

人的神经系统可以分为中枢神经系统和周围神经系统（如图 2-1）。

1. 中枢神经系统的结构与机能

中枢神经系统包括脊髓和脑（如图 2-2）。

脊髓位于脊柱内，是中枢神经系统的最低部位，它的基本机能是进行简单的反射活动（如排泄、膝跳反射）和传导神经兴奋。许多先天的无条件反射中枢就位于脊髓。

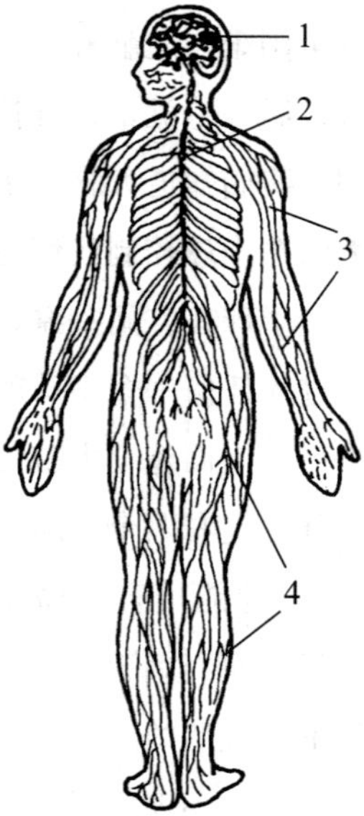

图 2-1 人的中枢神经系统和周围神经系统

1：脑

2：脊髓

3、4：周围神经系统

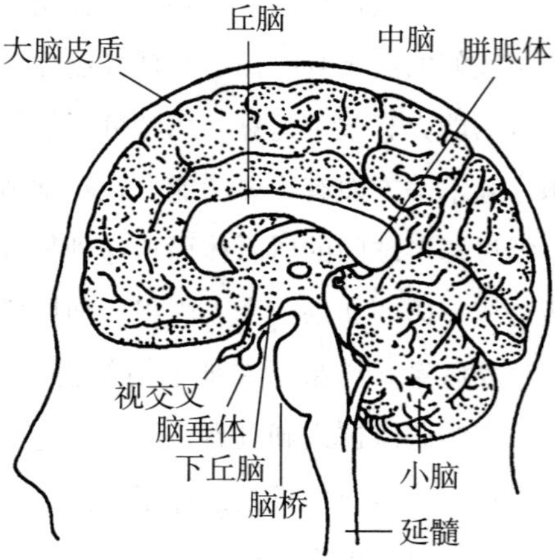

图 2-2 人脑纵剖面

脑包括延脑、脑桥、中脑、间脑、小脑和大脑。通常把延脑、脑桥、中脑和间脑合称脑干。

延脑是心跳、呼吸、咀嚼、吞咽、唾液分泌、呕吐、喷嚏、咳嗽等活动的中枢，在维持生命上有重要作用，所以又叫生命中枢。

脑桥位于中脑与延脑之间，也是调节肌肉紧张和某些内脏活动的反射中枢。

中脑是视觉与听觉的低级中枢，对调节骨骼肌肉的紧张度，对姿势的调节、运动的协调和定向反射有重要作用。

间脑包括丘脑和下丘脑。丘脑对传入神经冲动进行初步的加工选择。下丘脑的机能非常重要，它是自主神经系统皮质下中枢，调节内脏活动和内分泌（激素）活动。下丘脑与情绪有密切关系，它还有调节体温和摄取营养的机能。

网状结构是在脑中央部位的神经结构，其中神经纤维交错成为密网。网状结构有激活或抑制大脑两半球活动的机能，它能使大脑两半球进入兴奋、清醒状态。网状结构受到损坏的人，就要陷入昏睡状态。

小脑是位于脑干旁的两个小半球，有保持身体的平衡、调节肌肉活动和协调随意动作的机能。

边缘系统位于大脑与脑干的边缘，其功能不仅与嗅觉有关，且与一系列的内脏活动、躯体活动、情绪活动有关。

大脑主要由大脑左右两半球组成，重量占全部脑重（1 500 克左右）的 70％左右。大脑两半球外部是 2～5 毫米的灰质层，叫作大脑皮质（或皮质），它含有约 140 亿个神经细胞。大脑皮质的面积为 2 200～2 600 平方厘米，表面有很多皱襞，陷下的缝称为沟或裂，隆起的部分称为回。大脑皮质分为四个部分：额叶、枕叶、顶叶和颞叶。人的额叶得到了充分的发展，它占皮质表面的 29％。

大脑的机能主要是接受下级中枢的神经冲动，引起大脑皮质有关区域（大脑的四叶）神经细胞的兴奋，于是产生对特定刺激的感觉以及身体的运动。由于大脑皮质具有整合的功能，所以机体就能对事物的作用产生知觉、联想、估价以及发出行动的指令。这种行动信息通过神经冲动，经传出神经到达有关的效应器官（如肌肉、肌腱组织等），于是效应器官产生特定的行为反应。由于大脑皮质的分析与综合，所以各种感官接受的信息传到中枢，中枢即依据信息的意义去主动调节感受器，以便有选择地或更有效地去了解这些信息；此外，从中枢传出的指令引起效应器的运动后，这种动态也会反馈给中枢，以便中枢对运动做进一步的调节。大脑皮质的四叶各有机能相对集中的几个中枢（如图 2-3、图 2-4）。

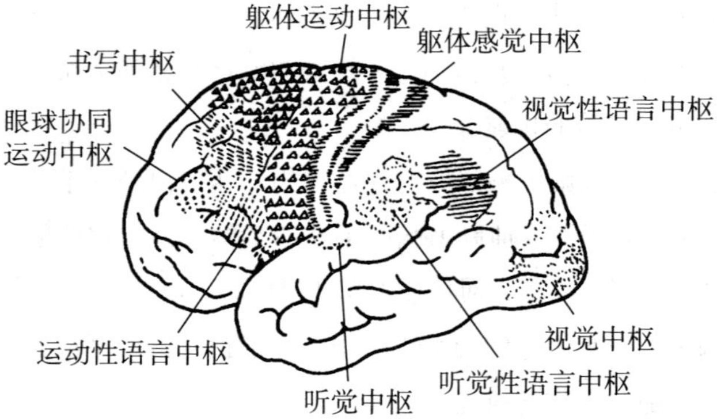

图 2-3　大脑皮质重要中枢（外侧面）

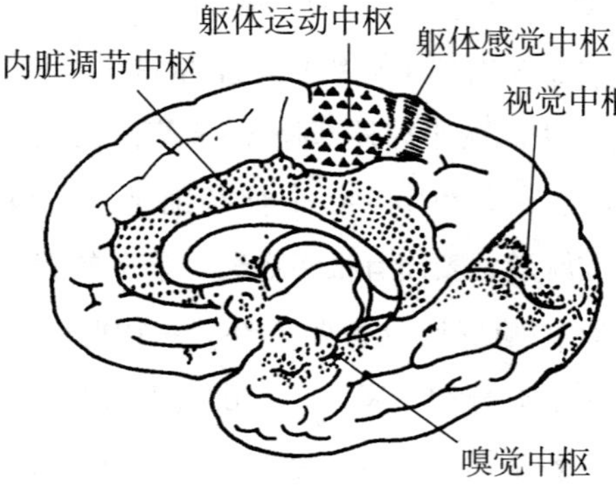

图 2-4　大脑皮质重要中枢（内侧面）

视觉中枢在枕叶，听觉中枢在颞叶，躯体感觉中枢在顶叶，运动中枢在额叶，嗅觉中枢在海马沟回。言语中枢包括四个部分：说话中枢（即运动性语言中枢）在额叶，书写中枢在额叶，听话中枢（即听觉性语言中枢）在颞叶，阅读中枢（即视觉性语言中枢）在视觉中枢的前侧。除了上述比较明显的中枢部位外，整个大脑皮质有 4/5 的部分称为联合区，更高一级的心理活动与联合区有关。以上大脑各部位的神经中枢专司一定的生理、心理活动机能的现象叫作大脑的机能定位。大脑皮质的机能定位是相对的，比如视觉中枢只是指视觉神经相对集中在枕叶，也有一部分在其他部位。各中枢也不是彼此孤立地发挥作用的。大脑两半球的各个中枢之间是互相交织的，在机能上互相配合，形成一个统一的整体。脑的局部遭到损伤后，脑的其他部分可以补偿它的部分或全部机能。

2. 周围神经系统的结构与机能

周围神经系统包括脑神经、脊神经和植物性神经，是中枢神经系统跟人的感受器、效应器相联系的机构。

脑神经主要分布在头部和面部，它与头部、面部的感觉、运动有关。脊神经从脊椎两侧发出，分布在躯体和四肢，它与躯体的感觉和运动有关。植物性神经又叫自主神经，分为交感神经和副交感神经，分布于内脏、心血管、腺体等部位，与内脏、心血管、腺体的活动有关。植物性神经一般不受人的意志的控制。

（二）神经元

神经元是人的神经系统的基本单位，又叫作神经细胞。

神经元包括以下几个部分（如图 2-5）：（1）细胞体，它的中心部位有一个细胞核；（2）轴突，也叫作神经纤维，其功能是把神经兴奋传递给相邻的另一个神经元或直接传递给效应器官；（3）树突，其形状如同树枝，短而密，有许多分支，它将神经兴奋传向细胞体。

图 2-5　神经元

一个神经元与其他神经元联结和传递信息的部位叫作突触。每个神经元的轴突末梢，亦即神经纤维末梢有许多突触小体，突触小体里有许多传递介质，可能是兴奋的，也可能是抑制的。神经过程的兴奋由兴奋性传递介质（如乙酰胆碱等）传递给下一个神经元，神经过程的抑制由抑制性传递介质（如多巴胺等）传递给下一个神经元。

二、高级神经活动的基本过程和规律

（一）兴奋和抑制

神经系统活动的基本过程是兴奋和抑制。兴奋是引发或加强机体活动的神经过程，抑制是制止或减弱机体活动的神经过程。大脑皮质是中枢神经系统的最高部位，也叫作高级神经中枢，它的活动就是高级神经活动。高级神经活动的基本过程也是兴奋和抑制。人的心理活动就其神经机制来说，都与大脑皮质的兴奋和抑制有密切联系。兴奋和抑制是两个对立而统一的过程，二者性质相反，但又相互依存，相互转化，相互制约。就整个大脑皮质来说，清醒时兴奋占优势，睡眠时抑制占优势。神经系统的活动总是时而兴奋，时而抑制，以保证机体活动的完整和统一。

（二）兴奋和抑制的运动规律

兴奋和抑制无时无刻不在进行着有规律的运动。

1. 兴奋和抑制的扩散与集中

兴奋和抑制在皮质上产生后，并不停留在原来的发生地点（原发点），而是沿皮质向邻近部位传播开来，使这些部位也出现同样的活动，这种现象叫扩散。和扩散相反的运动叫集中，即扩散开来的神经过程又返回到原发点上。

2. 兴奋和抑制的相互诱导

在大脑皮质上，一种神经过程的活动引起或加强另一种与之相反的神经过程的活动，叫作神经过程的相互诱导。

相互诱导分正诱导和负诱导两种。由抑制引起或加强兴奋，叫正诱导。如婴幼儿闹觉现象，当婴幼儿困倦时，往往先哭闹一阵，然后才安静地睡着了。婴幼儿闹觉的这一段时间，就是困倦引起的皮质抑制诱导出与之相反的兴奋造成的。由兴奋引起或加强抑制，叫负诱导。例如，当全神贯注看书时，大脑皮质产生较强的兴奋，这种兴奋诱导出与之相反的抑制，因此就使周围正在发生的与看书无关的事物得不到反映，或反映得很不清楚，这就是一种负诱导现象。

三、高级神经活动的基本方式——反射

（一）反射及反射弧

反射是机体通过中枢神经系统对体内外刺激产生的有规律的应答活动。例如，食物放进嘴里立即引起唾液分泌，手感受到灼烫就必然缩回。体内刺激指内脏器官的活动与变化，体外刺激包括声音、光线、气味、高温或低温等。

实现反射活动的生理结构叫作反射弧，反射弧由五个部分组成（如图 2-6）：（1）感受器，如眼、耳、鼻、舌、皮肤、内脏、肌肉等，它将各种刺激转变为神经冲动；（2）传入神经，它把神经冲动传向中枢；（3）神经中枢，它对神经冲动进行分析与综合；（4）传出神经，它把神经冲动传到效应器；（5）效应器，它是产生反应的部分，如肌肉和腺体。实际上，反射弧是一个反射环。信息从神经中枢传到效应器，形成的信息反馈又回到神经中枢，使反射活动因为不断得到调节而不断完善和精确。信息反馈保证了机体能够自我调节、自我控制，能够学会各种生活和学习的技能，能够实现机体与环境之间的平衡。

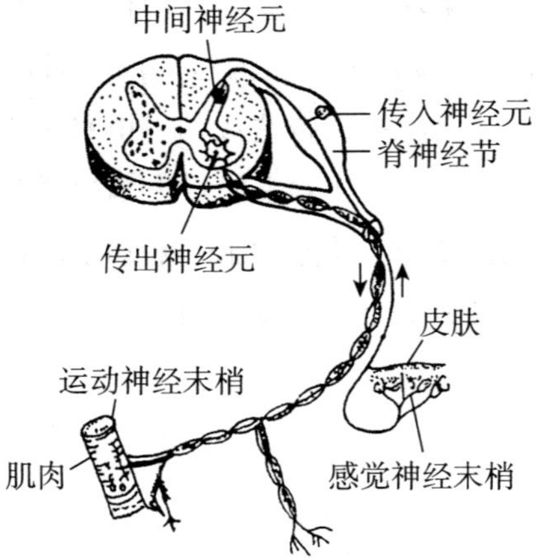

图 2-6　反射弧模式

（二）无条件反射和条件反射

1. 无条件反射

无条件反射是先天遗传的、不学而能的、固定的反射。它也可以叫作本能。例如，婴儿生下来就会吮吸，食物放进嘴里就会引起唾液分泌，强光刺激眼球就会引起眨眼，手摸到烫的水就会缩回来等都是无条件反射。引起无条件反射的刺激物叫作无条件刺激物，如上述例子中的食物、强光和烫的水。

无条件反射只能对少数刺激发生反应，而且具有刻板、固定的性质。为了适应变化着的生活条件，使机体与环境保持平衡，机体就形成了另一种反射——条件反射。

2. 条件反射

条件反射是后天形成的、经过学习才会的反射。条件反射不是固定不变的，它是一种暂时神经联系，是在无条件反射的基础上形成的。例如：吃梅子时嘴里会流口水，这是无条件反射；生活中我们看到梅子或听说梅子就流口水，这是条件反射。动物和人在个体生活中必须建立许多条件反射，以适应千变万化的周围环境。从这个意义上说，动物和人出生后所学习的一切行为都是条件反射。条件反射不仅可以在无条件反射的基础上形成，而且可以在旧的、已经巩固了的条件反射的基础上形成。这种条件反射系统就成为动物和人的一切学习、行为的基础。

（1）经典性条件反射。巴甫洛夫（П. П. Павлов，1849—1936）所研究的条件反射，叫作经典性条件反射。经典性条件反射的实验大部分是用狗做的。狗吃食物而分泌唾液，这是一种无条件反射（先天具有的反射活动）。当狗吃食物的时候，伴有铃声，这时铃声对狗是否流唾液是无关刺激，又叫作中性刺激。但铃声出现和狗吃食物相结合，经过多次重复之后，铃声单独出现，狗也会分泌唾液，这时，对铃声的条件反射就形成了。铃声是这个条件反射的重要条件，它本来与唾液分泌无关，现在成了喂食的信号，也就是说变成了条件刺激物。为建立条件反射，要求先呈现中性刺激物，然后呈现无条件刺激物，二者在时间上要有一定的重合。无条件刺激物和中性刺激物之间的结合称为强化。强化的次数越多，条件反射就越巩固。

条件反射形成后并不是一成不变的。如果呈现条件刺激物后不再用无条件刺激物强化，那么由于抑制作用的产生，条件反射就会消退。

如果一种条件反射已经形成，在此基础上还可以形成第二级条件反射，如用铃声与灯光结合，也可以形成灯光引起唾液分泌的条件反射。在巩固的第二级条件反射的基础上，还可以建立第三级条件反射。人掌握了语言这个信号，就能够形成多级的和非常复杂的条件反射。

巴甫洛夫的高级神经活动学说认为，条件反射的生理机制是大脑两半球的暂时神经联系。食物和铃声的作用使大脑皮质产生两个兴奋中心，或叫作兴奋灶。由食物刺激引起的无条件反射的兴奋中心是强中心，铃声引起的兴奋中心是弱中心。弱中心的兴奋向周围扩散并被强的兴奋所吸引，这样就在这两个兴奋中心之间形成了暂时神经联系（如图 2-7）。暂时神经联系的接通是大脑皮质的生理机能，因此才会形成条件反射。

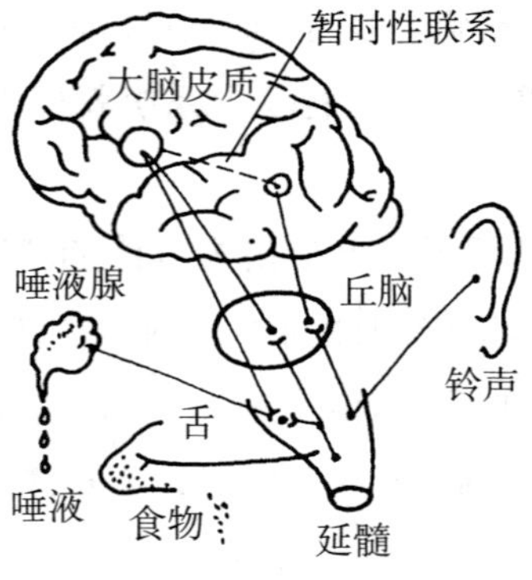

图 2-7　条件反射的形成

（2）操作性条件反射。操作性条件反射是美国心理学家斯金纳（B. F. Skinner，1904—1990）在20世纪30年代提出来的。斯金纳设计了一种专用木箱——斯金纳箱，箱内有一套杠杆装置。饥饿的白鼠被置于箱内，白鼠在箱内乱跑、乱咬、乱撞，偶尔跳上杠杆，将杠杆压下，这时杠杆带动一个活动的门，从活动的门内掉出一个食物小球滚入箱内的木槽中，白鼠取得食物。白鼠再次进入箱内，经过乱撞之后按压了杠杆，取得了食物。反复几次之后，饥饿的白鼠一进入箱内，就会主动按压杠杆取得食物。这样就在压杠杆和取食物之间形成了条件反射。这种条件反射的特点是动物必须通过自己的活动或操作才能得到强化，所以叫作操作性条件反射。

操作性条件反射与经典性条件反射的基本原理是相同的。它们都是随着强化次数的增多而巩固，由于未得到强化而消退。它们的主要差别在于：① 在经典性条件反射中，机体是被动强化的，在操作性条件反射中，机体主动操作才能得到强化；② 在经典性条件反射中，机体的反应是不随意的，在操作性条件反射中，机体的反应是能控制的，是随意的行为。在我们的现实生活中，这两种条件反射经常同时出现，操作性条件反射比经典性条件反射更为多见。

3. 条件反射的系统性

在学习和生活中，有机体的心理活动和行为方式并不是单一的条件反射活动，而是由一系列条件反射形成的条件反射系统。

（1）动力定型。大脑皮质的神经活动不仅可以建立单一的条件反射，还可以把客观环境多种刺激物按先后次序或强弱的不同，组成一个复合刺激物系统，经多次反复后，就形成适应环境的复杂的反应系统，这就是动力定型（简称动型）。如一个人比较稳定地从事某种活动，客观刺激物的系统按照一定规律作用于有机体，大脑皮质能够把这些刺激有规律地协调为条件反射连锁系统，这种条件反射连锁系统一旦形成，只要有关刺激一出现，人的活动就成为一系列的自动化的动作，这就形成了动型。

动型具有定型化、自动化、概括化的特点。人们在生活中养成的习惯、形成的技能以及生活方式等，都是在生理机制上建立的动型。动型建立之后可以大大节省我们的脑力和体力消耗，减轻神经系统的负担，提高工作效率。

（2）两种信号系统。根据引起条件反射的刺激物的性质不同，我们可将条件反射系统分为第一信号系统和第二信号系统。

第一信号系统是由具体事物或事物的属性（颜色、形状、大小、声响等）作为条件刺激物而建立的条件反射系统。这些具体事物或事物的属性称为第一信号。动物和人都具有第一信号系统。

第二信号系统是由词作为条件刺激物而建立的条件反射系统。词是具体事物的信号，也就是第一信号的信号，所以叫第二信号。第二信号系统为人类所独有。第二信号系统的产生，给人的高级神经活动和心理活动带来了新的特点：人可以抽象地反映现实，传递知识经验，揭露事物的本质和规律，有意识地调节自己的行动。第二信号系统是人的各种复杂心理活动的基础，是抽象思维和意识的基础。第二信号系统的活动，使人的反映能力在性质和范围上都不同于动物的反映能力，它是人类高级神经活动的重要特征。

在人身上，两种信号系统是密切联系、协同活动的。第一信号系统是第二信号系统形成的基础。如果词脱离了具体事物的支持，不代表具体事物，它就失去了信号意义。反过来，第二信号系统又对第一信号系统起支配和调节的作用。

第三节　心理是客观现实的反映

人的心理是人脑的机能，但人脑并不能自己产生心理现象，而必须借助外界客观事物的作用。辩证唯物主义的反映论认为，人的心理是人脑对客观现实的能动的反映。

一、客观现实是心理的源泉

脑是心理的器官，心理是脑的机能。但人脑只是人的心理产生的物质前提，它为人产生心理活动提供了可能性，而要把这种可能变为现实，必须依靠客观现实。

人的心理现象是客观现实作用于人脑的产物。没有被反映者，就不会有反映。所以说没有被反映的客观现实，心理这种反映形式也就不会存在。人的心理活动总是具有一定内容的，这样的内容是客观现实在人脑中的反映。人的心理现象，无论多么简单，还是多么复杂，其内容都来自客观现实，甚至神话中虚构的人物和故事情节，如孙悟空的神奇变化、嫦娥奔月的神话等，虽然十分离奇而且在现实生活中并不存在这样的现象，但是构成这些形象的材料仍然来自客观现实。即使是人的头脑中的鬼神迷信之类的现象，看起来似乎跟客观现实没有任何联系，实际上也是对自然界和社会力量的歪曲的反映。正是由于客观现实中复杂的事物作用于人脑，人才能产生感觉、知觉、记忆、思维、想象、情感和意志等心理过程和个性心理特征以及个性倾向性。没有客观现实的作用，心理现象是不可能产生的，所以说，人的心理活动的内容来自客观现实，人的心理是客观现实在人脑中的反映，客观现实是人的心理活动内容的源泉。

二、心理是对客观现实的主观的、能动的反映

人的心理，从最简单的感觉、知觉到复杂的观念与意识，无不是客观现实的各种特性、关系在人脑中的反映。人的心理按其内容和源泉及发生的方式来说，是客观的。但是作为主体的人，每个人的年龄

特征、生活经历、知识经验、态度、需要、心理品质、个性特点、世界观，以及当时的心理状态等都存在着千差万别，因此，客观现实中的无论哪一种条件的作用，总是通过不同的人及当时人所具有的心理状态反映出来。这就造成了人对客观现实的反映具有主观性，具有个人的特点，同时，在反映的选择性、准确性、全面性和深刻性等方面，也都会有所不同，并形成了对客观事物反映上的个别差异。因而，不同的人对同一事物的反映存在差异，即使是同一个人在不同时期和在不同条件下，对同一事物的反映也不尽相同。对同一位教师上的一堂课，全班学生往往反映不一：有的学生理解了教材并掌握了教材内容；有的学生一知半解，印象不深，对教材感到难懂。对教师要求做的作业，有的学生自觉完成，做得很好；有的学生态度随便，敷衍了事。同样的外部条件，引起了学生不同的主观的反映，因此，可以说人的心理是客观现实的主观反映。

人对客观现实的反映，不像照镜子或照相那样简单地、消极地、刻板地反映对象。人对客观现实的反映是人与客观现实相互作用的、积极的、能动的过程，绝不是简单地复制客观现实，人在实践活动中通过对客观现实的作用去反映客观现实。人总是在作用于客观现实时，完成各种行动。人在反映客观现实时，根据已有的知识经验对当前的反映进行检验、修正与补充，使主观映象更符合所反映的客观现实。因此，人对客观现实的反映，不仅能反映事物的表面现象和外部联系，而且能反映事物的本质和规律。人认识了客观事物的本质和规律，就能利用科学规律拟订活动计划，采取一定的态度，表现出克服困难的意志行动，来实现预定的计划，改造客观现实。所以说人在改造客观现实的过程中，也在改造自己的主观世界。人对客观现实的自觉的、能动的反映，这就是意识，这是人区别于其他动物的所特有的心理现象，它能反映事物的本质，不仅具有能动性，还具有创造性。所以，在人与客观现实的相互作用中，人能够创造性地改造世界。

三、人的心理是在社会实践中发生、发展的

意识是心理的高级形式。它是人们在社会性劳动中，借助于语言，并在人们的相互交往的过程中发生、发展的。

若干万年以前，在劳动的过程中，猿转变为人，才产生了人所特有的意识活动。这就使得人有可能预先设想和计划自己的行动，有意识地给自己提出符合这种或那种需要的目的，并在脑子里预先想象可能的结果。人的劳动是社会的、集体的劳动，所以人的意识的产生不仅是自然界长期发展的结果，而且也是社会的产物，并受社会的制约。

在社会集体性的劳动中，人们不得不相互交往，相互影响，相互交流思想，于是逐渐形成了有声的语言，成为人们之间思想交流的工具。可见，语言也是人在社会集体性劳动中产生的。意识之所以能够发生、发展，跟语言的发展也是分不开的。

整个人类意识的发生、发展是受社会生活实践制约的，个体意识的发生、发展也取决于他的社会实践和生活。如果一个人从小长期脱离人的社会生活实践，也就不会产生人的心理。例如，1920 年在印度发现的“狼孩”卡玛拉，她有一个完整无损的人脑，但她是在狼的生活条件下度过社会化过程的，脱离了人的社会生活，结果她没有人的语言，没有人的心理，不能像人那样劳动和思维。后来她回到了人类社会，长到 8 岁，只有相当于 6 个月婴儿的心理发展水平；到 17 岁临死时，也只有 4 岁儿童的心理发展水平。在历史上，像印度“狼孩”那样，在社会化过程中脱离了人的社会生活，而成为“熊孩”“豹孩”“猪孩”的例子不下四十起，这些孩子虽然都有健全的身体和人脑，但都没有人的心理。我国的明成祖朱棣，在夺取了建文帝的皇位后，把建文帝 2 岁的小儿子朱文圭带到北京关了起来。过了 55 年，他被放出来时，已“出见马牛不能识”，他的心理发展水平也远不如

一般人。可见，人的心理是在人的社会实践中发生、发展的，也受社会实践的制约。

由上述可见，人的活动主要是有目的地改造客观世界的活动，是社会实践活动。人正是在实践活动中，在与客观世界相互作用时，完成各种行动，操纵各种事物，反映客观世界的。因此可以说，人对客观现实的反映是在人的社会实践活动中发生、发展的。实践活动是心理产生和发展的基础。

思 考 题

一、用实例说明脑是心理的器官。

二、如何理解心理的实质在理论和实践上的意义？

第三章
注意

本 章 要 点

注意的基本特征及外部表现

注意的分类，不同种类注意的相互关系

注意的品质，良好注意品质的培养

少年期学生注意的特点

注意的规律在教学中的运用

第一节　注意的概述

一、什么是注意

注意是意识的选择性活动。意识的选择性活动具体地表现为心理活动对一定事物的指向与集中。

（一）注意与意识的警觉性

人的意识总是保持着一定的警觉水平，即警觉性。巴甫洛夫学说认为，人的意识的警觉性与大脑皮质中的警戒点有关，而警戒点不论在人清醒或睡眠状态下都存在。正因为这样，一旦周围环境发生某种变化，人就会立刻意识到并予以注意。熟睡的母亲之所以容易被身边孩子的动静惊醒，就是由于大脑皮质中的警戒点在起作用。所以，警觉性是注意产生的前提。

（二）注意与意识的选择性

在纷繁的环境中，人的感觉器官每时每刻都要接受各种信息的刺激。究竟接受哪些信息，不接受哪些信息，即注意什么，不注意什么，要由人的意识的选择性来决定。信息论的观点表明，人在每一瞬间接受的信息是有一定限量的。当信息超载时，心理活动只能对意识所选择的一定量的信息加以反映。可见，意识的选择性是注意正常活动的保证。

（三）注意的基本特征

指向性和集中性是注意的基本特征。

注意的指向性，指的是心理活动选择并朝向特定的对象和范围。这些特定的对象和范围可以是外部的事物或现象，也可以是人自身的行为、观念或者某种思想。把注意指向人自身的内部世界，是人独有的心理特性，所以人能进行自我意识、自我评价和自我监督。注意的指向性有两种情况：一是某一心理活动指向一定的对象，去感知它、回忆它或思考它；二是几种心理活动同时指向一定的对象，例如，学生上课时，要同时注意看、注意听、注意动脑筋等。

注意的集中性，指的是心理活动开始之后，注意就伴随着它深入到被选择出来的事物或活动中去，与此同时离开一切无关的事物或活动。注意的集中性也有两种情况：一种是某一心理活动持续地深入一定的对象，如注意高度集中时的“视而不见”“听而不闻”的现象；另一种是几种有关的心理活动同时深入一定的对象，如深刻领会某一事物时的“心领神会”、洞察某种事物时的“心明眼亮”等情况。人在同一时间内，不能鲜明而清晰地注意到所有的事物，只有我们集中注意的事物，才能置于心理活动的中心，被我们明显地意识到，而其余的事物则处于注意的边缘或注意的范围之外，只能被模糊地意识到。

注意的指向性和集中性是彼此紧密联系的统一体，没有指向就不会有集中，集中是指向的体现和发展。注意是一切心理活动的开端，它始终伴随着一切心理活动的进程，并保证心理活动的顺利进行。

二、注意的外部表现

人在注意时，往往伴随着某些特定的生理变化。这些特定的生理变化又会引起人的一些特有的外部表现。

（一）产生适应性运动

人为了更好地去感知某种事物，回忆某种往事，想象或思考某个问题，会习惯性地产生一系列积极的适应性运动，即有时把感官朝向所注意的对象，侧耳倾听、举目凝视，有时则会心微笑、紧锁双眉或目瞪口呆等。适应性运动的产生是为了有效地选择来自主客观世界的信息所表现出来的一种心理活动的动态特征，它随着注意对象的变化而变化。

适应性运动产生的动作或表情是可以观察到的。但是，人的注意的外部表现与其内心状态有时也存在不一致的情况。教师要根据学生其他方面的表现综合地进行分析，才能做出更符合实际的判断。

（二）无关动作被抑制

人在集中注意时，心理活动表现为相对安静的状态。这时，只有有助于完成任务的相关动作才会表现出来，一切无关的动作都会被抑制。所以，如果上课时学生东张西望，那就是“不注意”的表现。

（三）呼吸动作的变化

人在集中注意时，呼吸会变得特别轻微和缓慢。呼与吸的时间也会发生变化，一般是呼气的时间长，吸气的时间短。在注意高度紧张的时候，甚至会出现“屏息”的现象。

三、注意的功能

注意起着组织心理活动的作用，使心理活动获得必要的驱动力，并发挥着三种主要的功能。

（一）选择功能

注意使心理活动有选择地指向有意义的、符合自己需要的、有利于当前活动顺利完成的事物，同时避开、抑制或排除无关的事物及其影响，从而保证心理活动具有一定的目的性和方向性。正因为如此，当注意的对象选定之后，心理活动就会把有关的信息检索出来，并把它与各种无关的信息加以区分，使人的行为可以按照一定的需要和愿望去组织与展现。

（二）保持功能

注意的保持功能对人的心理活动有两种主要的作用：一是当大量的信息进入大脑后，它可以把选定的信息单元转换成一种更持久的形式，便于更好地保持；二是当某种事物成为注意的对象时，它可以使对象的映象在意识中保留到完成行为目标为止。所以，当被注意的对象转换为持久的形式或在意识中存留以后，其内容就不容易丢失。

（三）调节和监督功能

注意的调节和监督功能主要表现在三个方面：一是注意始终伴随着心理活动，使之维持有效的机能状态；二是对来自内外部信息的数量、强度、属性等进行筛选、过滤与调控，避免信息超载或不足而影响心理活动对信息加工的质量；三是使期待的信息进入人的意识，必要时让它成为注意的对象。

注意的三种功能是相互制约的，它们也是决定注意品质的重要条件。注意的功能越强，越有助于形成良好的注意品质。

第二节　注意的分类

根据注意的目的性和意志努力的程度，可以把注意分为无意注意、有意注意和有意后注意三类。

一、无意注意

事先没有预定的目的，也不需要做任何意志努力就能实现的注意，就是无意注意，也叫不随意注意。

无意注意是在客观刺激物的影响或人的主观心理状态发生变化的时候自然而然产生的。它是人和动物都具有的一种初级的注意形态。

（一）引起无意注意的客观原因

客观刺激物的特点是引起无意注意的主要原因。诸如刺激物的强度（包括相对强度）、刺激的新异性（包括相对新异性）、刺激物的对比性（包括对比的相对性）、刺激物的活动变化（包括活动变化的相对性）等，都可以使人产生无意注意。

（二）引起无意注意的主观原因

引起无意注意的另一个原因是人的主观心理状态。诸如能满足人的需要和直接兴趣的事物，能激起人的某种情绪的事物，能增进人的知识经验的事物，能引起人产生期待心理的事物等，容易使人产生无意注意。此外，人在精神饱满时比精神疲劳时容易对新鲜事物产生注意，人在心情舒畅时比心情抑郁时更容易注意那些平时认为是平淡无奇的事物。

引起无意注意的主客观原因是彼此联系着的。只有主客观因素都发挥作用，无意注意才容易组织，而且不会陷入被动的状态。

二、有意注意

自觉而有预定目的，必要时还需要做一定意志努力的注意，就是有意注意，也叫随意注意。

有意注意的发生、发展与人的活动任务直接相关，并且受第二信号系统的支配和调节。有意注意有两个明显的表现。一是具有明确的目的性。在心理活动进行过程中，应当注意哪些事物，注意事物的哪些方面、哪些特点、哪些性质等，这不是由刺激物本身的特点决定的，而是由预先确定了的任务来决定的。二是具有明显的意志性。为了完成预定的任务，即使在严重干扰的情况下，有意注意也可以通过意志努力加以克服而顺利地达成目标。心理学家何威（H. B. Hovey）曾经做过这样的实验，他根据大学二年级一个班学生智力测验的成绩，把他们分成平均成绩相等的两个配对组。六个星期后，控制组在正常情况下接受另一种智力测验，而实验组在有听觉和视觉干扰的情况下接受同样的测验。给实验组安排的干扰是：七个不同声音的电铃在房间的不同地方断断续续地响着，四个响亮的蜂鸣器、两个风琴管、三个口笛、一个随时被敲打的圆盘锯和一台放着音乐的留声机不停地发出声音；房间后面有一个聚光灯，不停地到处照射；实验者的同伴身穿奇装异服，手里拿着新奇古怪的仪器吵吵闹闹地走进走出。这些强大的干扰因素足以使参加实验的人感到厌烦与疲乏，但是两组的第二次智力测验的成绩相差无几，控制组得 137.6 分，实验组得 133.9 分。实验组由于干扰所造成的损失仅 3.7 分。

有意注意所具有的抗干扰的强大力量是人的意志力的表现。从这一点来看，可以把有意注意叫作意志的注意。有意注意是人类特有的高级注意形态。任何人要想在学习或工作中做出成绩，缺乏有意注意的心理特性是绝对不行的。然而，保持有意注意是有条件的。

第一，要有明确的活动目的。由于有意注意是服从于预定目的、任务的注意，所以，对完成活动任务的重要性和价值理解得越深刻，就越能激起对有关事物的有意注意。例如，让一个初学电脑的中学生记住 12 个无意义代码，在没有提出任何要求的情况下，他重复 39 遍才记住。而当对他说明在电脑上输入汉字，要用到一些代码，学会这些代码可以提高汉字录入的速度之后，他只重复了 8 遍就记住了另外的 12 个无意义代码。

第二，要排除无关因素的干扰。尽管有意注意在有干扰的情况下也可以产生与保持，然而克服干扰要付出巨大的意志努力，消耗更多的体能，使人烦躁和疲劳。因此，为了长时间保持高水平的有意注意，就要预先设法排除来自内部或外部的各种干扰。

第三，要培养间接兴趣。与活动的最后结果相联系的兴趣就是间接兴趣。间接兴趣是继直接兴趣之后形成并发展起来的，它是推动一个人自觉地做出努力，主动地克服困难的一种不可缺少的动力因素。间接兴趣越稳定的人，越能对活动保持长久的有意注意。

三、有意后注意

从有意注意转化而来，既具有目的性，又不需要做太大意志努力的注意，就是有意后注意，也叫后有意注意。

有意后注意是由自觉的目的或预定的意图引起的。它在形式上类似于无意注意，而在性质上类似于有意注意，是人的一种更为高级的特殊的注意形态。

有意后注意只有通过有目的、有组织、有系统的学习或训练，才能收到良好的效果。例如，对教师提出的学习要求，训练有素的学生会立刻做出反应的预备状态。这时，他们对一切与保持注意有关的行为都能够表现出达到熟练而自动化的程度，维持有意后注意。

四、无意注意、有意注意和有意后注意三者的关系

三种注意虽然产生的条件和性质都不相同，发展过程也有明显差异，但是，它们在人的实践活动中是不可分割地相互联系着的。例如，在教学过程中，教师生动的讲解引起了学生的无意注意。当教师深入地分析知识的重点、难点时，学生一方面要检索已有的知识来参与理解，另一方面要把新知识纳入自己的知识结构体系，这就要付出一定的意志努力，这时依靠的是有意注意。随着教学的深入，学生顺利地接受了知识，扩大了知识领域，对教师传授知识的方式方法也产生了兴趣，感到上课是轻松愉快的事，这时依靠的是有意后注意。

心理学的研究表明，学生只凭无意注意去学习或活动，虽然感觉轻松，但会使学习或活动杂乱无章，难于形成完整的知识结构，一遇干扰，活动就不能顺利进行。而如果学生只凭有意注意去学习或活动，时间长了会感到精神紧张，因而导致活动效率降低，也会影响创造性的智力活动。所以，有意注意要与无意注意协调配合。有意后注

意不能脱离与无意注意或有意注意的联系。在任何活动中，没有无意注意的支持，有意后注意就会失去活泼性，而缺乏有意注意的支持，则有意后注意会失去严肃性。

其实，三种注意可以相互替换。比如，有人最初只凭直接兴趣学习弹奏古筝，后来认识到它对陶冶情操、增长知识和才能都有重大意义，于是认真地钻研有关的理论，克服指法、乐理、识谱上的种种困难，保持对这项活动的高度注意，这是无意注意被有意注意替换的情况。随着学习的进步，他的弹奏技巧越来越纯熟，练习的自觉性也提高了，对活动的目的、意义也越来越明确。这时，他无须做过多的意志努力就能维持稳定的注意，而且不会感到疲劳。这是有意注意被有意后注意替换的情况。任何一种注意形态都可能被另一种注意形态所替换。

三种注意也可以相互转化。虽然三种注意是相对独立存在的形态，具有相对的稳定性，但是，在实践活动中，它们经常打破各自的稳定性，朝着某一顺序的发展趋势转化。这种转化有的是自然而然进行的，有的则需要一定的诱发因素的帮助。教师善于促成三种注意的转化是提高教学效率的一种艺术。

第三节　注意的品质

注意的品质主要有注意的范围（注意的广度）、注意的分配、注意的紧张性、注意的稳定性和注意的转移。

一、注意的范围

在同一时间，注意所能清晰把握的对象的数量就是注意的范围。注意的范围可以通过测量来确定。例如，用速示器测量视分析器的注意范围，结果表明，在0.1秒的时间内，成人从速示器中所能把握的对象是4～6个彼此不相联系的外文字母或者8～9个黑色圆点。对听分析器注意范围测量的结果是，在每秒呈现12次声音信号时，会听成是7次，而每秒呈现16次时，会听成是4次左右。这是由于声音融合引起听觉注意范围变化的现象。对注意范围测量的结果发现，当刺激的数量增多或呈现的速度加快时，错误就增多，一般倾向于低估。

影响注意范围的因素很多。首先是对象的特点：（1）对于具有实际意义的、易于被理解的对象，我们注意的范围就大些，反之则小些；（2）如果对象的排列有规则，能成为相互联系的整体，我们注意的范围就大些，反之则小些；（3）如果对象颜色、大小、体积等特点较单纯，我们注意的范围就大些，反之则小些。其次是个人的活动任务与知识经验：（1）如果活动任务单纯，我们注意的范围就大些，反之则小些；（2）如果个人的知识经验丰富，则注意的范围就大些，反之则小些。最后是把握对象的方法：（1）能熟练运用某些感知策略的人，其注意范围就大些，反之则小些；（2）善于应用符合心理操作规律的方法去把握对象的人，其注意范围就大些，反之则小些。

二、注意的分配

人在进行两种或两种以上的活动时，能够把注意同时指向不同的有关对象，就是注意的分配。

注意的分配是可能的。例如，我国唐代画家张璪可以“双管齐下”，一手画青翠葱郁的活松，另一手画萎谢凋零的枯松，同时下笔，同时收笔，皆为佳作。音乐教师用脚踏风琴教唱歌曲时，右手弹主旋律，左手伴奏，眼睛看乐谱，脚踩踏板，口领唱，还要观察学生的学唱情况，这要有良好的注意分配能力才能胜任。

然而，有些活动是难以分配注意的。据说古人隶首虽然精于算术，但当他弯弓射雁时，有人问他算术问题，他竟茫然不知回答。对于有些活动，如果同时给以注意，就会影响活动的效率。有人做了一个实验，对被试两只手上相同位置的指头分别施加微弱的压力，要求他说出哪一个指头的压力大。与此同时，让他看速示器，速示器上每次出现短线 3～6 根，让他说出有几根。这两件事情分开来做的成绩都是 100%正确，但同时做时，全对的只有 12%，做对一项的有 60%，两项全错的有 28%。进一步的实验还发现，同时进行的几项活动，内容和性质越复杂，注意分配就越困难。

要使注意顺利分配，并达到一定的满意水平，有赖于一些基本条件。

（一）对活动的熟练程度

如果同时进行的几项活动都很熟练，或者只有其中的一项不熟练，那么注意的分配是可能的。因为对于这一项不熟练的活动，我们可以集中较多的注意，使之成为注意的中心，其余的活动由于很熟练，可以不假思索地操作，只需分配一小部分注意即可。如果同时进行的几项活动中，有两项以上是生疏的，那么注意就难以分配，操作时就会出现顾此失彼的现象。

（二）活动内容的性质和特点

如果同时进行的几项活动的性质和特点有密切的联系，或者通过训练可以把各项动作组合成为一个完整的操作系统，那么注意的分配就可以顺利进行。有许多职业就属于这种情况。例如，教师的教学工作，除了要注意教学内容和教学方法外，还要注意语言的表达、板书的布局、教学的进度、学生的活动、教具的运用等，所有这些活动都统一在知识信息的传递与反馈这一操作系统中，因此，注意的分配是可能的。

（三）分配注意的技巧

同时进行的几项活动的动作，一般不在同一时间操作并在同一时间终止。因此，只要对各项活动的操作程序进行合理的安排，形成熟练技巧，那么即使需要进行“手挥五弦，目送飞鸿”或“眼观六路，耳听八方”这样的注意分配，也是可以应付自如的。

三、注意的紧张性

人的心理活动离开其他无关的事物，而高度专注于当时所指向的事物，并达到聚精会神的程度，就是注意的紧张性。

注意的紧张性是提高工作、学习效率的必要保证。当人高度专注于某一事物时，他的意识就会极鲜明地反映这一事物的属性与特征，这时对其他事物就会“视而不见”“听而不闻”或“食而不知其味”。但是，注意长时间紧张容易引起疲劳，有时也会导致注意的暂时性涣散。

注意的紧张性与注意的范围和注意的分配有相互制约的关系。注意的紧张性强度越大，则注意的范围越小，注意分配的数量也就越少。

在实际生活中，善于保持注意的紧张性具有重要意义。保持注意的紧张性需要具备以下的条件。

首先，要有强烈的求知欲望。良好的注意紧张性是从胸怀强烈的求知欲开始的。因此，如饥似渴地想探求未知的人就很容易把与他有关的事物置于注意的中心，并从高度专注中产生满足感。

其次，要有认真细致、精益求精的工作态度。个性的粗枝大叶、浮躁轻率是危害注意紧张性的最直接的因素。因此，培养做事沉着精细、踏实严谨的习惯和作风是保持注意紧张性的有效途径。

最后，加强意志锻炼。凡是具有顽强、坚毅意志特征的人，都能使自己的注意服从于当前活动的目的、任务，并能在攀登知识与科学高峰的征途上克服困难，经久不懈地维持活动所需要的注意紧张性。

四、注意的稳定性

人的活动以同样的强度持久地保持在一定事物或活动上，就是注意的稳定性。

把注意长时间地稳定在一定的对象上，这是学习、工作所必需的。心理实验表明，人如果被动地注意不动的、毫无变化的对象，那么，这种被动的注意一般只能保持 5 秒左右。而如果积极地去注意或研究与运用对象，则注意可以稳定 15 分钟以上。注意稳定时间的长短与年龄有关。一般 5～7 岁儿童每次注意稳定的时间约 15 分钟，7～10 岁儿童每次注意稳定的时间约 20 分钟，10～12 岁儿童每次注意稳定的时间约 25 分钟，12 岁以后的人每次注意稳定的时间约 30 分钟。

应当指出，人的注意在保持一定时间之后，会不随意地离开客体，产生一种短时周期性起伏的变化。这是与注意稳定性相反的一种现象，叫注意的动摇性。注意在 1～5 秒产生动摇，并不会破坏注意的稳定性，因为这是有机体神经机能活动的节奏性引起的。所以，注意的稳定性并不是指心理活动要始终指向同一对象，而是就注意的总方向而言的。

保持注意的稳定性，与以下的因素有关。

一是对象的特点。注意的对象如果内容丰富、特征复杂或者有变化，那么注意就容易稳定和持久。图 3-1A 的内容单调，我们对它的注意就容易动摇，而图 3-1B 的内容较丰富，注意动摇的现象就大大减少。

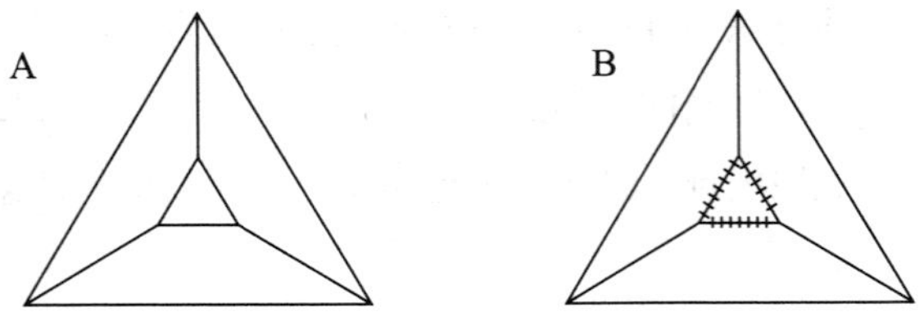

图 3-1　不同特点的三棱台

二是人对活动的态度。对活动的目的、任务明确并抱有圆满完成任务的责任心的人，注意可以保持长时间的稳定。同样，如果在完成任务的过程中，能进行积极的智力活动，或者预期克服困难之后可以获得积极的成果，那么，注意也可以保持长久稳定。

三是注意的方式方法。使活动的操作多样化，避免长时间单调地重复某一动作，可以有效地保持稳定的注意。此外，不管从事什么活动，养成一开始就认真投入的习惯，也是很重要的，这有利于造成活动开始后就进入角色，形成稳定的注意定势。

五、注意的转移

根据需要，主动而及时地把注意从一个对象转移到另一个对象，或者在同一活动中由一种操作过渡到另一种操作，就是注意的转移。

注意的转移可以在同一活动的不同对象之间，也可以在不同的活动之间进行。只要根据需要，一种活动合理地被另一种活动所代替，这是正常的，是注意灵活性的表现，它与注意的分散有本质的区别。

注意的转移有两种情况，一种是完全的转移，另一种是不完全的转移。注意转移的快慢与难易受以下几个条件的制约。

一是原来的活动吸引注意的强度。通常，注意的机能性转移为1～5 秒。但是，如果原来的活动具有极大的吸引力，非常引人入胜，那么就会影响注意转移的时间和质量。

二是新的活动和任务的特点。新的活动和任务越符合人的需要与兴趣，其重要意义越被人深刻理解，或者具有时间性、迫切性等要素，则注意的转移就越容易、越迅速。

三是事先是否有转移注意的信号。事先发出转移注意的信号，使人有心理准备，则注意的转移就会主动而及时。

四是人的神经类型与生活习惯。神经类型属于灵活型的人要比非灵活型的人转移注意的速度快。具有组织性、纪律性的人，养成严格而有规律的生活、学习、工作习惯的人，注意的转移质量就较高；反之，则注意转移的质量较低。

衡量注意转移质量的标准有三个：一是从一种活动过渡到另一种活动所需要时间的长短；二是转移注意时，是否出现动作的差错；三是与前一种活动比较，注意转移后工作效率的高低。

第四节　少年期学生注意的特点与教学

一、少年期学生注意的特点

（一）注意发展的特点

从个体注意发展的过程看，儿童最初发展起来的是无意注意，之后，又从无意注意占优势逐渐向有意注意占优势过渡，最后才形成有意后注意。

在无意注意的基础上，儿童有意注意的发展是通过与成人交往，在生活实践中形成的。一般要经历三个阶段。第一阶段，儿童服从成人的指示，学会在周围环境中分出一定的对象，从而使注意产生了选择性的指向。第二阶段，儿童开始把自己的行为逐渐建立在自我命令的基础上，于是初步形成了注意的自我组织能力。在这一水平上，支持儿童有意注意的条件是外部动作或外显的言语。第三阶段，随着有意注意的发展，支持有意注意的外部条件逐渐消失，内部的言语指令或内部的智力动作逐渐起作用。在这个阶段，儿童有意后注意也获得了有效的发展。当然，由于生活实践及其他因素的不同，儿童各种注意发展的水平是有差异的。

（二）注意的个别差异明显

少年期学生注意的一个重要特点是个别差异明显。尽管他们注意的有意性有所增强，但是无意注意在他们的学习与活动中仍然占有一定的地位。不少学生依然习惯于通过无意注意的方式去获取知识，稍做有意注意的努力或有意注意持续的时间长些，便会感到疲劳。教学环境或者教学内容、方法稍有变化，也会影响他们注意的稳定与集中。他们可以专心致志地听一堂课，也可以心不在焉地听另一堂课。这些情况说明，少年期学生的注意发展存在矛盾性，标志着他们正处于从无意注意占优势向有意注意和有意后注意过渡的时期。

调查表明，少年期学生在学习或活动中，支配自己的心理活动，使之及时定向与集中的能力是很不相同的，存在有明显差异的三种注意类型：(1) 以无意注意占优势为特征的情绪型；(2) 以有意注意占优势为特征的意志型；(3) 以有意后注意占优势为特征的自觉意志型（智力型）。

少年期学生注意的个别差异只是说明这个时期学生注意的某种倾向性和最一般的表现特征而已，它不是固定不变的。教师的任务是采取必要的手段，引导学生向正常的注意方向发展。

（三）直接兴趣在注意中起着巨大的作用

与小学生相比，初中学生更具有积极的求知欲和好奇心，他们渴望知道更多未知的东西。但是，由于他们的注意还具有明显的情绪色彩，因此直接兴趣在注意中起着巨大的作用。凡是他们感到有兴趣的东西，就能长时间地保持稳定的注意，通常每次可持续 40 分钟之久。研究表明，由于强烈的直接兴趣因素的影响，约有 90％的初中学生明显地表现出对某些学科特别爱学和特别不爱学的偏科现象。直接兴趣的作用还表现在阅读方面。对初中学生课外阅读兴趣的研究发现，62％的人阅读时只是满足于书中故事的有趣情节，而对人物的刻画及作品的社会意义则毫不介意。因此，他们常常会由于缺乏兴趣而放下上课使用的课本，去阅读更有趣味的另一本书。

教师很容易发现，初中学生往往是多种兴趣并存的。因此，教师一方面要特别重视帮助他们培养中心兴趣，另一方面要指导他们克服肤浅的好奇心和对学习抱轻率的态度，加强对他们注意的目的方向性和自我组织能力的教育。

（四）探究新奇事物的主动性增强

小学生探究新事物的能力已有所发展。到了初中阶段，学生对一切新奇的、不了解或意外的东西的探究，能表现出更明显的主动性和自觉性。例如，学习了植物生长过程与环境相互关系的知识后，有的学生就主动地设法改变植物生长发育的环境条件，从而探究是否能使它们更好地开花、结果。当然，初中学生主动探究新事物的热情还带有强烈的冲动性。他们在对某种新奇事物达到入迷的程度时，会把纪律置于脑后。有时，上着语文课，却去探究电动玩具的电动原理；上数学课时，却突发奇想，长大了要去研究怎样让树上长出谷子来；等等。

初中学生探究新奇事物的主动性增强是符合这个阶段儿童心理发展的年龄特征的。教师应当采取积极引导的态度，让学生理解获取知识的正确途径和方法，千万不能采取讽刺挖苦的态度，这样会扼杀他们的想象力。

（五）开始发展对抽象材料的稳定注意

心理学的有关研究表明，小学高年级学生对具体、生动的材料能保持较好的注意稳定性，而对抽象的、与自己的实际生活缺少联系的材料则注意的稳定性会大大削弱。初中学生则不同，由于教学的需要，他们开始接触更多的抽象材料，如定理、公式、论说文、概念等，面对这些抽象的材料，他们开始能比较长时间地稳定自己的注意。不过，他们的思维还不成熟，对于过分抽象与深奥或缺乏具体经验支持的材料，他们也会由于不理解而感到乏味，进而产生分心。

对抽象材料的注意稳定水平的提高，不是自发实现的，初中学生这一品质也只是处于开始发展的阶段，要加强培养。因此，教师既要组织丰富的教学内容，以生动有趣的教学方法去吸引并稳定学生的注意，又要重视通过培养学生正确的学习动机和端正的学习态度，促使他们保持对抽象材料的稳定注意。

二、注意的规律在教学中的运用

（一）无意注意的规律在教学中的运用

无意注意在教学中有消极的和积极的两种作用。它的消极作用是导致学生离开当前注意的对象而转向有直接兴趣的事物，从而干扰正在进行的活动。它的积极作用是帮助学生对新异事物的直接定向，这也是学生获得一些计划外知识经验的途径。无意注意规律在教学中运用的目的，是避免它的消极因素起作用，而充分发挥它的积极因素的作用。

在教学过程中，教师要成为发挥无意注意积极作用的组织者，应考虑采取以下措施。

第一，创设良好的教学环境。教学环境包括教师自身的“包装”、校园、教室布置以及对视觉、听觉产生刺激的各种因素。教师的服饰应当整齐清洁，不要过于艳丽奇特，发型要端庄素雅，不要过于招摇。教师应当会用生动流畅的普通话来表达自己的思想和传递知识，说话要有幽默感，要会熟练而美观地板书多种字体，在任何场合都要行为正派，为人师表。校园环境应当安静整洁，具有绿化、美化、净化的文明气氛和高雅的文化情调。教室的布置应当简朴而富有教育意义，不能有不必要的张贴或过多的装饰；教室要保持清洁，空气清新，光线充足；教室内的设施要符合卫生学的要求。教师要教育学生遵守课堂纪律，不要迟到、早退或随意喧哗和走动，以免干扰别人注意的稳定与集中。

第二，精心组织教学内容。精心组织教学内容是自然而然地吸引学生注意的重要条件，因此，教师在组织教学内容时，必须注意几个问题。(1) 教材要有科学性。这对培养学生的辩证唯物主义观点和热爱科学、坚持真理的精神具有重要的作用。(2) 教材要具有实践性。学生学习知识的目的是为了应用，为了解释或解决实际问题。如果学了语文而不会写请假条，学了物理而不懂得用杠杆去移动大石头，学了历史而不能激发起爱国主义情感，那么对这样的教材，学生是不会感兴趣的。(3) 教材的深度、广度要适当。教材有适当的深度和广度，才有利于开发学生的潜能和智力。喜欢涉猎比较深奥的或广博的知识是少年期学生的一种突出的心态。这个阶段的学生有好奇、好强、好胜的心理渴望有表现的机会。调查发现，他们的这种心理尤其喜欢在学习上表现出来。所以，通过对教材深度、广度的合理组织，可以发挥无意注意应有的积极作用。(4) 教材的难度要合理搭配。心理实验表明，最能引起学生直接注意的知识，既不是他们完全不懂的知识，也不是他们完全懂了的知识，而是与他们过去的知识有联系的难度适中的知识，因为这种知识有助于激发他们的期待心理。学生认为难度大的教材，通常是指那些抽象而枯燥的知识。所以，必要时教师除应当补充某些与原教材有关、内容健康、注解性的知识外，还要具有把教材化抽象为具体、变枯燥为生动与化难为易的教学艺术。

第三，采用启发式的教与学的方法。教与学的方法富有启发性，不仅是保证教学质量的重要手段，它所引起的无意注意也最具有积极性。从教的方面分析，教法要灵活多样。教师要避免教法的单调与呆板，因为这是导致学生神经兴奋性低落的刺激因素。但是过多或频繁地改变教法也是不恰当的，学生容易被教师游戏般的新异教法所吸引而忘记了学习的主要任务。所以，教师应当改变那种备课时不备教法与学法的陋习。教师备课时，应当认真考虑用什么方法最能启发学生思维，启发想象，启发记忆，启发感知，启发学生动脑、动手，让学生的智慧主动发挥出来。从学的方面分析，学法要有变换。让学生变换学习方式，是引起积极的无意注意的客观需要。所以，合理地调适学生的作业方式、动作方式、动脑筋的方式等，对于保护学生大脑机能状态的灵活性，对于维持学生愉悦的学习心境，都有极大的好处。

（二）有意注意规律在教学中的运用

教师为了有效地组织与运用有意注意，在教学中可以采取以下措施。

一是对学生加强组织性与纪律性的教育。这是维持有意注意的心理基础。心理学的研究表明，人的外部的庄重和严肃能够促使其内心世界的协调性和组织性。加强对学生组织性与纪律性教育的目的，是使学生能够自觉地依靠有意注意去协调内心世界与外部行为，使其言谈举止有意化、自动化。与此同时，教育者也必须自我教育，养成更高水平的组织性与纪律性，遵守教学过程的各项规章制度，为学生提供保持有意注意状态的榜样。

二是对学生加强学习目的性的教育。对于学生来说，只有求知的愿望是不够的，应当在这个基础上发展求成的远大理想。因此，教师要帮助学生把模糊的、抽象的学习目的化为清晰的、具体的学习目的，把单纯得到考试成绩的暂时兴趣化为追求运用知识的永久兴趣，把学习的每个课题都与实际生活联系起来。学习目的明确了，对维持有意注意就具有长效性的作用。

三是培养学生抗干扰的习惯。养成抗干扰习惯的学生，在遇到干扰时，就懂得用语言提醒自己注意，能习惯性地运用实际动作来支持有意注意。同时，为了保持长久的有意注意，他们也会用不断地给自己提出新问题的方法，为自己设定实现学习目标的一个又一个的任务，以增强抗干扰的有意注意成分。

四是把学生看成学习活动的主体。教师要尊重学生的情感、需要和价值观，并建立融洽的师生关系，相信学生自己能教育自己，发展他们的潜在智能。如果教师把学生当作学习的主体，学生就会成为有意注意的主人。

（三）有意后注意的规律在教学中的运用

首先，要使有意后注意成为教学活动的主要形式。无意注意如果不能及时地转化为有意注意，会影响教学质量；同样，有意注意如果不能适时地转化为有意后注意并成为主要的注意形式，也不利于组织生动活泼的教学活动。因此，教师要事先设计好注意转化的方案，有目的地促使学生的注意转化为对学习既心驰神往又视其为乐事的有意后注意的形式。

其次，教师要引导学生把学习活动体验为履行社会职责的责任感，从而形成自觉进取的学习动机，并依靠这种动机调整自己的注意，使自己经常处于最佳的有意后注意状态。

最后，培养学生创造性地进行学习。能进行创造性学习的学生，一般都具有良好的个性意志品质。在遇到挫折时，他们都有克服困难并继续努力去取得更大成绩的自信心，同时，他们也善于通过学习结果的反馈效应来激励自己实现更高的目标。这样的学生，只要学习活动一开始，就会很快地进入有意后注意状态。

三、避免与控制分心

分心是与注意相反的心理表现。避免与控制分心也是注意的规律在教学中应用的重要体现。

分心指的是人的心理活动在必要的时间内不能充分地指向与集中，或者完全离开与当前应当指向与集中的事物，而转移到无关的事物上去的心理现象。在教学过程中，常见的分心有以下几种表现。

一是注意的警觉水平降低，对事物和活动不能产生清晰的反映。

二是经常变换注意的对象，不能把注意长久地指向与集中在任何必须注意的事物或活动上。心理活动处于频繁动摇的状态。

三是注意滞留，缺乏灵活性和必要的紧张性，不能根据需要分配自己的注意或者不能及时地让注意转移。

四是心理活动从当前所应指向与集中的对象上完全离开，并指向与集中在无关的事物或活动上。

引起学生分心的原因很多，凡是缺乏维持注意的条件，包括主观条件和客观条件，分心就不可避免地会产生。有些学生的分心可能是偶发的，也可能是经常性的。教师应及时地探究其原因，消除造成分心的根源，采取有利于教学正常活动、避免与控制分心的措施，要防止由于采取的措施不当而中断教学活动。避免与控制分心的常用措施有以下几种。

（1）超前控制。有的分心是上课前就酝酿的，也可能有的学生的分心是习惯性的。针对这些情况，教师应当把避免分心的工作做在前头，及早消除“隐患”。

（2）信号控制。在教学过程中，教师可以用举目凝视，变化表情、手势、语气、语调，有时可以暂停言语等办法，向有分心苗头的学生发出暗示性信号，及时制止学生分心的出现。

（3）提问控制。发现有的学生不注意听课时，教师可以结合教学内容，巧妙地提出一个问题，然后让不注意听课的学生回答，以达到控制分心的目的。

（4）表扬（批评）控制。表扬专心听课的学生，使分心的学生产生警觉，从而自我改正错误，自动转入注意集中的状态。恰当的批评也是避免与控制分心的措施。不过，批评要讲究方式方法和艺术，以免引起更多人的分心。

四、注意品质的培养

注意品质是智力的构成成分之一，也是学校实施素质教育的重要内容。学校应当重视对学生良好注意品质的培养。

（一）扩大学生注意的范围

小学高年级的学生已经能够把词连成句子进行阅读，并且逐渐地注意到了句子之间的意义联系。这说明他们的注意范围在扩大。随着知识经验的积累，初中学生注意范围扩大的速度更快，因此，他们的阅读与作业的速度比小学生快得多。

扩大学生注意范围的方法，一是有针对性地加以训练。表 3-1 是用来测量或训练注意范围的一种工具。表上随意排列着 10～59 的数字，如果在 30 秒内能找到 3 个连续的数字，注意的范围属于中等，所花时间越少则注意范围越大。二是指导学生用整体认知的方式去把握孤立的客体，这样可以在同一时间里输入更多的客体特征信息。例如，学习英语单词时，对少于 4 个字母的单词应采用一次认读的方式，对 5 个字母以上的单词则宜按音节分组认读。千万不能按字母逐个认读，这对扩大注意的范围有害无益。

表 3-1 测量注意范围的数字表

34	26	40	12	50	37	25	13	52	27
19	16	35	29	43	20	41	22	18	49
42	39	14	44	36	55	17	48	21	33
54	28	56	51	24	32	53	10	31	15
45	57	30	23	11	47	38	58	46	59

（二）发展学生注意分配的能力

从小学高年级开始，随着注意范围的扩大，学生注意分配的能力也得到发展。小学高年级学生在作文时，能同时确定主题、写提纲、取舍素材、掌握完成作文的时间等。初中学生注意分配的能力比小学生有明显的发展。通过学习实践，他们能够合理地分配注意，从更多的角度接受信息。图 3-2 要求我们从中找出两个与众不同的图形，利用类似的练习方法，可以发展学生注意分配的能力与技巧。

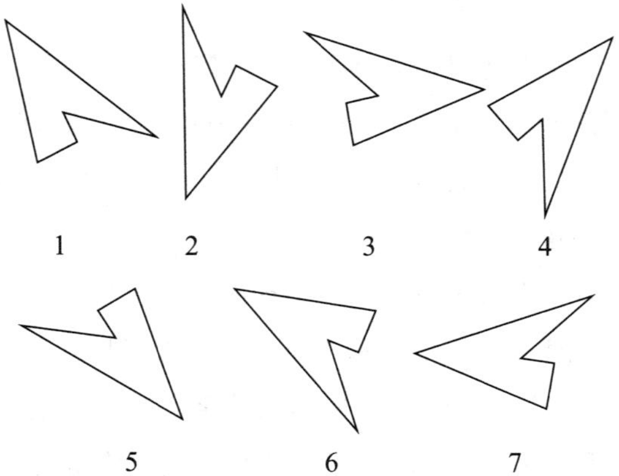

图 3-2 哪两个图形与众不同

（三）培养学生注意紧张性的品质

从小学高年级起，学生注意的紧张性就有较好的发展。他们在有人听课的时候，不会像低年级学生那样左顾右盼地去看听课的人，而会保持较长时间的注意紧张状态。初中学生维持注意的紧张性的时间比小学生长得多。注意的紧张性是一种可贵的心理品质。教师充分运用有意注意的规律组织教学，借助于第二信号系统的调节，让学生养成良好的学习与生活习惯，是培养学生注意紧张性的有力措施。当然，在学习过程中，教师要指导学生善于控制自己的注意紧张性，要有张有弛，这样才有利于在必要时全身心地投入学习活动。

（四）学生注意稳定性的训练

对小学中年级学生的研究证实，只要教师组织得好，学生可以在一节课内以稳定的注意完成与上课有关的各种活动而不会感到疲倦。初中学生注意稳定的能力就更强了，他们甚至可以稳定 1 小时以上。

注意的稳定性是获得系统知识的心理保证。训练学生养成“坚持把一件事情做完”的习惯，培养学生坚韧、沉着的个性特征，是形成注意稳定性的有效手段。采用图 3-3 的紊乱线，可以训练与测量学生注意的稳定性。如果一个学生能从上面方框起准确无误地搜寻出每条线的终点，就说明他的注意是稳定、持久而高效的。

（五）培养学生注意转移的品质

从小学中年级开始，学生注意转移的能力有了显著的发展，他们能够根据需要顺利实现注意的转移。初中学生由于逐渐地对学习目的有深刻的理解，注意的转移开始成为他们获取知识的智力活动因素。不少初中学生能够配合学习的需要从大量的课外读物中得到丰富的知识，以补充课内的学习内容，这体现了注意转移的积极作用。

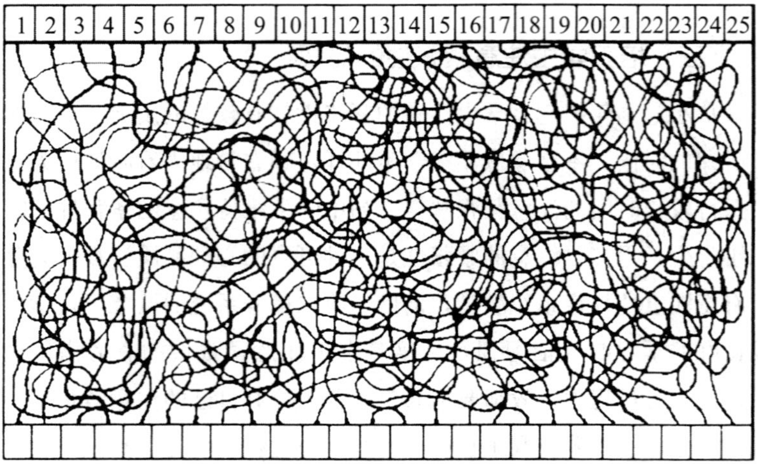

图 3-3　紊乱线

教师教育学生按时完成学习任务，树立严格的时间观念，遵守作息时间，有助于学生注意转移品质的健康发展。

思　考　题

一、什么是注意？举例说明注意的功能在学习活动中是怎样体现的。

二、在学习活动中，无意注意、有意注意和有意后注意如何表现？

三、注意有哪些品质？举例说明注意的品质对知识的掌握有什么影响。

四、注意的规律在教学中如何应用？

五、怎样避免学生分心？

第四章
感觉和知觉

本章要点

感觉和知觉的产生

感觉和知觉的分类

感受性变化的规律

知觉活动的规律

少年期学生感知的特点

感知规律在教学中的运用

观察力的培养

第一节　感觉和知觉的概述

一、感觉和知觉的定义

（一）什么是感觉

感觉是人脑对直接作用于感觉器官的事物的个别属性的反映。

客观世界是感觉的源泉和反映的内容。感觉的种类很多，我们看到颜色，听到声音，嗅到气味，感到干渴，觉得冰冷，这些都是感觉。感觉的共同特点是：第一，感觉所反映的是当前直接影响感觉器官的事物，而不是间接起作用或者过去直接起作用的事物；第二，感觉所反映的是事物某一个具体的特性，即事物的个别属性，而不是事物的全貌或整体。

感觉是一种最简单的心理现象。研究表明，在心理发展的历程中，半岁以前的乳儿有过独立的感觉存在，而在成人的现实心理活动中，单纯的感觉是极其罕见的，只有在特定的条件下或者实验室里，用人为方式才能诱发独立存在的感觉。感觉虽然是简单的心理现象，然而它对于人的生活是十分重要的，因为一切高级的、复杂的心理现象都是在感觉的基础上产生的。同时，感觉是人类认识的开端，任何知识的来源都在于人的肉体感官对客观世界的感觉。

与其他的心理现象一样，感觉既是客观的，也是主观的。从感觉的来源和内容分析，它反映不以人的意识为转移的独立存在的客观事物。从感觉的形成和表现分析，它是在人的脑中产生并存在的，是人的主观映象。可见，感觉既不是主观世界固有的或自发产生的，也不是客观世界移植或注入脑中的。感觉是人的意识与外部世界直接联系，通过社会实践而产生与发展起来的。

感觉的产生是单一分析器工作的结果。在社会实践中，人的感觉分析器循着两个方向发展：一是分化和专门化，这一发展使我们能够对客观事物的个别属性做出特定的、精确的反映；二是各感觉器官之间，以及它们与有机体的运动器官之间以最优化的形式相互联系着，从而保证有机体能对刺激做出合理的、准确的动作反应。应当指出，如果没有高度分化和专门化的感觉分析器，或者感觉器官不能正常地与运动器官相互联系，那么就不能产生感觉。所以，分析器是客观世界与人的心理活动有机联系的中间环节。

（二）什么是知觉

知觉是人脑对直接作用于感觉器官的事物的各种不同属性、各个不同部分及其相互关系的综合反映。

知觉的产生要以感觉为基础，但知觉是比感觉更复杂的心理反映形式。知觉的特点是：第一，知觉反映的是当前直接影响感觉器官的事物；第二，知觉反映的是事物的各种属性与各部分之间的相互联系和关系，即事物的整体；第三，知觉与社会实践有密切的联系。我们看到一朵花，认出一个字，听到一首歌曲等，都是知觉。感觉的有机综合形成知觉。例如，构成一朵花的感觉成分有颜色、气味、花瓣形状等。没有对花的这些个别感觉成分，就不能形成对花的整体知觉。所以，我们感觉到的事物的个别成分、个别属性越丰富，获得的有关信息越多样，知觉也就越正确、越完整。

知觉不是各种感觉的简单总和。例如，听到有人唱歌，我们除了反映声音的高低、强弱和音色这些个别属性外，还反映这些属性在时间延续、空间定位和运动节奏等方面的相互联系。在这样的情况下，我们就知觉到曲调和旋律稳定，并能表达一定感情色彩的完整的一首歌曲。可见，知觉要比感觉复杂得多，具体表现在两个方面。一是知觉包含对事物个别属性、个别成分之间相互关系意义的理解。比如看到一面红旗，知觉就要借助于经验去解释它，说出它的名称或用词去标志它。这是知觉具有主动性的表现。二是知觉是通过不同分析器的机能活动产生的。在知觉的成分中，除了包括感觉外，还包含思维、言语活动等。这是知觉具有综合性的表现。

然而，知觉和感觉都只是反映事物的外部特征和外部联系。它们都是人类认识世界的初级形式，都属于认识的感性阶段。

二、感觉的分类

依据刺激物的来源和产生感觉的分析器不同，可以把感觉分为两大类，即外部感觉和内部感觉。外部感觉是由外界刺激所引起的。这类感觉反映的是外界事物的个别属性。它们的感受器都位于身体的表面或接近身体表面的地方。外部感觉包括视觉、听觉、嗅觉、味觉和肤觉，其中视觉和听觉在人的生活中最为重要。内部感觉是由机体内部发生变化所引起的。这类感觉反映的是我们身体位置、运动和内脏器官状态及其变化的特征。它们的感觉器位于内脏器官或体内的组织里。内部感觉包括运动觉、平衡觉和机体觉。

（一）外部感觉

1. 视觉

波长 380～780 纳米的可见光波是引起视觉的适宜刺激物。接受光波刺激的感觉器官是眼睛的视网膜。在视网膜上有视锥细胞和视杆细胞。视锥细胞分布在视网膜的中央部分，它能感受强光和颜色的刺激，并分辨事物的细节，叫作明视器官。视杆细胞分布在视网膜的周围部分，它对弱光很敏感，但不能分辨颜色和物体的细节，叫作暗视器官。

视锥细胞有复杂的解剖生理结构，在光的刺激作用下，它可以引起各种不同的颜色感觉。颜色是视觉分析器对各种可见光波的主观映象。通过视觉分析器，我们能反映光波的明度、色调和饱和度三种属性。明度是指颜色的明暗和强弱的程度。据测定，人大约能分辨两百种不同明度的变化。色调是指各种物体的不同色彩。在日常生活中，我们所见到的各种色彩都是由红、绿、蓝三种基本原色调和生成的。据测定，人大约能分辨一百五十种不同色调的变化，但主要是红、橙、黄、绿、青、蓝、紫七种，其中我们对绿色的感受性最强，即看得最清晰。饱和度是指色彩的深浅程度。据测定，人大约能分辨二十种由灰色到某种最饱和的彩色的饱和度变化。

视觉是人的主导感觉。我们从外部世界接收的信息，约 85%是从视觉器官输入的。同时，视觉器官在参与知觉物体的大小、方位、形状和距离等方面都起着巨大的作用。

2. 听觉

频率为 16～20 000 赫兹的声波是引起听觉的适宜刺激物。接受声波刺激的感觉器官是内耳的戈蒂氏器官。当空气振动时，戈蒂氏器官上的感觉纤维就与鼓膜不断地接触而发生弯曲，从而产生一系列的物理与化学变化，把声波转换成神经冲动，并由传导神经把冲动传递到大脑皮质的颞叶中枢，于是就产生了听觉。

通过听觉分析器，人可以反映声波的音高、响度和音色三种基本属性。音高指声音的高低，也叫作音调。人的听分析器一般能分辨 1 500种不同的音高。人对频率 1 000～4 000 赫兹的声波感受性最高，而频率低于 500 赫兹或高于 5 000 赫兹的声波则要较大的强度才能听到。年龄不同，对音高的感受性也有差异。通常小孩能听到频率 30 000～40 000 赫兹的高音，而 50 岁以上的人只能听到频率 13 000 赫兹的高音。响度指声音强弱的程度。人的听分析器能分辨 325 种不同的声音响度。音色指声音的特色。由于声音具有各种不同的特色，我们才有可能辨别不同的发声体。人的听分析器可以分辨 30 多种不同声音的特色。

我们的听分析器还有感觉音响持续的时间长短和分辨声音节奏旋律变化的能力。此外，在日常生活中，我们还感受着各种和谐而有规律的声音（乐音）、杂乱而不规律的声音（噪音）以及语音的不同作用，从而形成了我们对声波的某些特殊的反映能力。听觉对于我们，其重要性仅次于视觉。我们接收的外界信息，约有 10%是由听觉通道输入的。

3. 嗅觉和味觉

有气味的物质微粒是引起嗅觉的适宜刺激物。引起嗅觉的感觉器官是鼻腔内鼻黏膜的嗅细胞。人们嗅到的气味，大多是嗅觉与其他感觉的复合。据科学家研究，人的嗅分析器有分辨樟脑气味、麝香气味、花香气味、薄荷气味、刺激性气味、醚气味和腐臭气味的能力，其他各种气味是由这七种基本气味复合而成的。

能溶解于水或唾液的有滋味的物质是引起味觉的适宜刺激物。味觉的感觉器官是位于舌表面、咽后部和腭上的味蕾。人的味分析器有分辨酸、甜、苦、咸四种基本味道，以及由它们综合而成的其他各种味道的能力。味觉感觉器官的不同部位对各种滋味的敏感性不同。舌尖对甜味最敏感，舌根对苦味最敏感，舌两侧对酸和辣味最敏感，腭对咸味最敏感。人的味觉器官在 20～30 ℃时感受性最强、最敏感，在太冷或太热的情况下，其敏感性都会下降。

4. 肤觉

物体的机械的和温度的特性是引起肤觉的适宜刺激物。肤觉的感觉器官位于皮肤、口腔黏膜、鼻黏膜和眼角膜上。肤觉是个总称，它包括触压觉、温度觉（冷觉和热觉）和痛觉等主要的感觉形式。产生肤觉的感觉细胞在皮肤上的分布并不均匀。触觉细胞主要分布于手掌、指尖、舌尖、鼻尖和嘴唇上，即身体的突出部分。痛觉细胞主要分布在背部、颊底的皮肤上。冷觉和热觉细胞主要分布在衣服遮蔽的皮肤部位，以腰、腹、胸部最为敏感。伤害上述皮肤的敏感部位将对皮肤的感觉能力产生影响。

肤觉对于人的认识过程、情绪的发展过程都具有重要的作用，然而有时它的重要性被视觉和听觉掩盖了。一旦人的视觉、听觉受到损害时，肤觉的代偿作用就会充分地显示出来。

（二）内部感觉

1. 运动觉（动觉）和平衡觉（静觉）

身体运动和姿势的变化是引起运动觉的刺激因素。运动觉的感觉器官位于肌肉、肌腱和关节中的神经末梢。凭借运动觉，人才能够知道自己身体的位置、运动和运动的强度以及肌肉的紧张程度和物体的轻重等情况。运动觉在人的生活中具有重要的意义，它同其他感觉相联系而产生的复合感觉使人能够辨别物体的硬软、滑涩、凹凸、粗细、远近、大小、弹性等属性。运动觉在各种复杂的运动中起着极其重要的作用。

人体和头部的重力方向、运动速度变化或受到震动是引起平衡觉的刺激因素。平衡觉的感觉器官在内耳的前庭器官中。凭借平衡觉，我们能够对头部和身体的移动、上下升降、翻身倒置、摇晃振动等状态做出识别。平衡觉与视觉、机体觉有密切的联系。当平衡器官受到刺激时，我们仿佛看到视野中的物体在移动，使人产生眩晕，有时还会引起恶心和呕吐的机体反应。

2. 机体觉（内脏感觉）

人的机体内部器官的活动和变化是引起机体觉的刺激因素。机体觉的感觉器官分布于人体的各脏器内壁。由于机体内部器官的活动变化，我们便产生了诸如饥、渴、饱、胀、作呕、疼痛、便意等感觉。通常在机体感觉产生时，会伴随着明显的情绪体验。当人的机体内部处于正常和健康的状态时，一般不会产生机体觉。

三、知觉的分类

知觉是由不同分析器的联合活动产生的。由于不同分析器在联合活动过程中受多种因素的影响，因而在脑中产生的知觉映象有的是符合客观实际的、清晰的，有的则是不符合客观实际的、模糊的，甚至是歪曲的。根据知觉映象是否符合客观实际及知觉映象的清晰程度，可以把知觉分为精确知觉、模糊知觉、错觉和幻觉等。

（一）精确知觉

对事物或现象做出符合客观实际的、清晰的反映，就是精确知觉。精确知觉可以在对物和对人两个方面体现出来。我们通常所说的知觉，习惯上指的就是精确知觉。

1. 对物的知觉（物体知觉）

依据知觉中起主导作用的分析器的活动，可以把对物的知觉分为单纯知觉和复杂知觉。在单纯知觉中，如果视觉分析器在其中起主导作用，所引起的知觉就叫作视知觉。以此类推，就有听知觉、嗅知觉、味知觉、肤知觉等。

复杂知觉包括空间知觉、时间知觉和运动知觉。空间知觉是物体的大小、形状、远近、深度、方位等空间特性在脑中的反映。时间知觉是事物和现象在时间特性方面变化的持续性、顺序性与速度在脑中的反映。运动知觉是事物和现象位移过程的速度变化特性在脑中的反映。

2. 对人的知觉（社会知觉）

对人的知觉反映的是社会成员的行为和表现。它可以分为对他人的知觉、人际知觉和自我知觉。通过对人的外部特征、言行表现以及其他可观察到的特点的了解，从而认识某人的一般心理特点，这是对他人的知觉。通过人与人之间的相互感知，从而对彼此的态度、观点等有所体察并能做出适当的评价，这是人际知觉。把自己作为知觉的对象，通过对自己的言行与身心状态，自己在社会中的地位、作用的审察，从而认识和估价自己，这是自我知觉。

（二）模糊知觉

事物或现象在脑中形成的映象不清晰，这时产生的知觉就是模糊知觉。模糊知觉也可以在对物和对人两个方面表现出来。

1. 模糊知觉的种类

（1）对物的模糊知觉（模糊物体知觉）。对物的模糊知觉有单纯模糊知觉和复杂模糊知觉两种。在单纯模糊知觉中，有视模糊知觉、听模糊知觉、嗅模糊知觉、味模糊知觉和肤模糊知觉等。复杂模糊知觉包括模糊空间知觉、模糊时间知觉和模糊运动知觉。物体的大小、形状、远近、深度、方位等空间特性在脑中形成的映象如果是模糊的、不清晰的，就是模糊空间知觉。事物或现象在时间特性方面变化的持续性、顺序性与速度在脑中形成的映象如果是模糊的、不清晰的，就是模糊时间知觉。事物或现象位移过程的速度变化特性在脑中形成的映象如果是模糊的、不清晰的，就是模糊运动知觉。

（2）对人的模糊知觉（模糊社会知觉）。对人的模糊知觉包括对他人的模糊知觉、人际模糊知觉和自我模糊知觉。对他人的外部特征、言行表现以及其他可观察到的特点不甚了解，因而只能形成对某人的模糊认识，这是对他人的模糊知觉。在人与人之间的相互交往过程中，对彼此的态度、观点等不能相互沟通，因而也不能做出恰当评价，这是人际模糊知觉。对自己的言行与身心状况、自己在社会中的地位和作用不能准确认识，因而不能正确估价自己，这是自我模糊知觉。

2. 产生模糊知觉的原因

模糊知觉在人的生活中是普遍存在的。它的产生有客观的因素，也有主观的因素。

（1）客观因素。引起模糊知觉的客观因素主要有两个方面。一是事物或现象的刺激量或刺激强度不适宜。例如，教师上课时，过小或过大的音量，学生都无法听清楚。又如，过慢的运动——花蕾的绽开、钟表时针的移动，或过快的运动——电风扇的高速转动，我们都只能模糊地感知。总之，过小或过大、过强或过弱的刺激，一般只能产生模糊知觉。二是事物或现象在空间、时间或运动等方面的特征存在模糊性。例如，图 4-1 引起的就是模糊知觉。我们常说的“现在”“过去”“上午”“下午”这些时间概念所提供的信息，也只能引起模糊知觉。当同一物体的运动速度不变时，它离我们近，我们就觉得它速度快，它离我们远，我们就觉得它速度慢，它离得更远，我们就会觉得它像不动似的。这是由于距离的因素使我们的知觉模糊了。在人与人的交往中，当社会成员所获得的有关人的行为表现的信息不够准确时，模糊社会知觉就会随之产生。

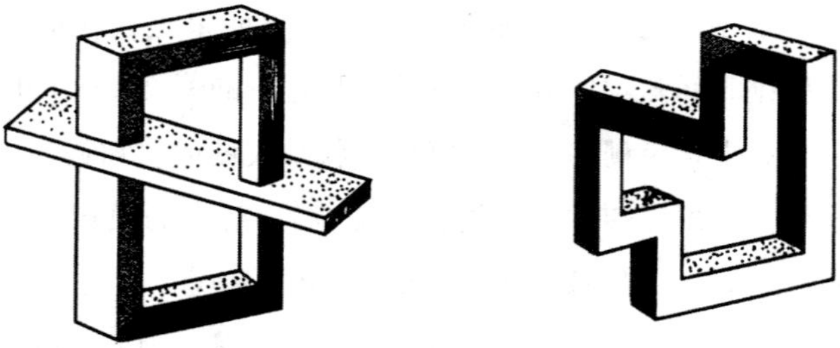

图 4-1　引起模糊知觉的“不可能图形”

（根据 O. Luterswalde）

（2）主观因素。引起模糊知觉的主观因素主要有以下几方面。一是在人的触觉、动觉和视觉的联系还不协调，而又必须对事物和现象的时间、空间、运动、性质、范围、状态等存在形式做出反应时，就容易产生模糊知觉。例如，初学电脑的人，对屏幕上命令的操作、键盘的键位、手指的动作、鼠标的移动、菜单的选择、工具栏的使用、文字的输入方法等还不能形成统一的操作系统时，产生模糊知觉就不可避免。二是缺少感知某一事物的知识经验。植物学家对一草一木的形态结构、外貌特征的感知肯定是清晰的，而一般人由于缺少植物学的知识，对陌生的植物的感知则是模糊的。三是个性的影响。粗心大意、懒散冷漠、敷衍塞责的人对事物或现象的感知多半是模糊的。四是生理特点的影响。某些听觉或视觉有障碍的人对声音或颜色的感知就是模糊的。

人脑不仅具有接收和加工各种模糊信息的能力，而且善于从中得出具有一定精确性的结论。正因为这样，我们感知潦草的笔迹，理解不完整的不合常规的语句才成为可能，也才能够对人的道德品质这种难以定量的模糊现象做出符合实际的等级评定。

（三）错觉

错误的、歪曲实际的知觉就是错觉。

有些错觉是由模糊知觉引起的。在人的错觉中，视错觉最常见。错觉是在有外界刺激的作用下产生的。图 4-2 是几种常见的视错觉。

“拧绳”错觉

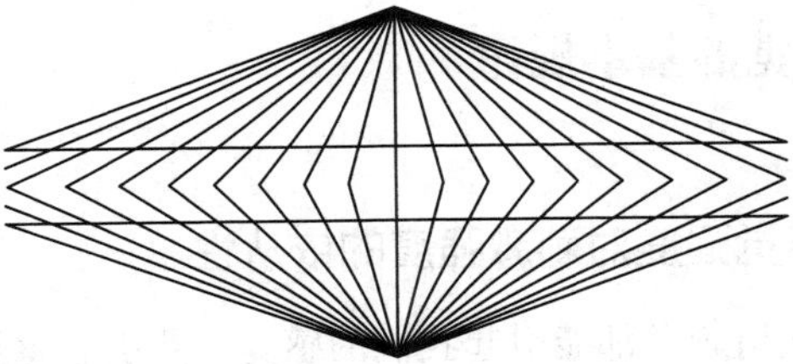

冯特错觉

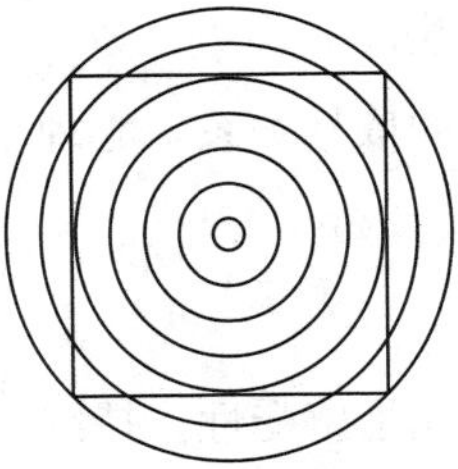

奥比森错觉

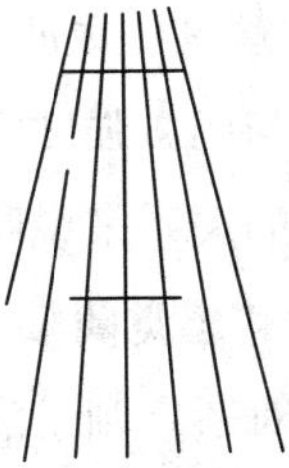

透视错觉

图 4-2　几种常见的错觉图形

产生错觉的原因较复杂，有生理方面的，也有心理方面的。例如，分析器机能障碍或不协调、刺激信息相互干扰、旧经验干扰、思维推理失误、情绪异常等，都可能导致各种形式的错觉。

（四）幻觉

在没有外界任何刺激作用的情况下，出现无中生有的知觉，就是幻觉。

幻觉是由于神经系统功能紊乱，引起大脑皮质区细胞不随意联系而发生的。幻觉是一种心理异常的表现，它会严重影响和支配患者的思维、情绪和行为。精神病患者、无辜的受害者以及脑力高度紧张或催眠状态下的人，容易产生幻觉。

第二节　感觉和知觉的基本规律

一、感觉的基本规律

（一）感觉强度对刺激强度的依从性

并不是任何刺激都能引起我们的感觉，要引起感觉必须是适宜的刺激。例如，零级静风（风速小于 0.3 米/秒）不能引起触压觉，频率高于 20 000 赫兹的声波不能引起听觉。

感觉强度与刺激强度之间存在着的依从关系，心理学用感受性和感觉阈限之间的关系来说明。

1. 感受性和感觉阈限

感觉器官对适宜刺激的感觉能力就是感受性。持续一定时间，能够引起感觉的刺激量，就是感觉阈限。感受性的大小可以用感觉阈限来度量。阈限值越低，感受性就越高；阈限值越高，感受性就越低：二者在数值上是反比例关系。人的每种感觉都有绝对感受性和差别感受性，因此要对应地用绝对感觉阈限和差别感觉阈限来度量人的绝对感受性和差别感受性。

2. 绝对感受性和绝对感觉阈限

刚刚能觉察出引起感觉的最小刺激量的能力，叫作绝对感受性，而刚刚能引起感觉的最小刺激量，叫作绝对感觉阈限（指下阈）。绝对感觉阈限的值越小，绝对感受性就越大；反之，则越小。人的各种感觉分析器有非常敏锐的感受性。据测定，人眼能感知晴朗夜晚 48 千米外的烛光，人耳能感知安静条件下 6 米外一只手表的嘀嗒声。

3. 差别感受性和差别感觉阈限

当引起感觉的刺激在强度上发生变化时，我们的感觉器官能够察觉出来。刚刚能察觉出两个同类刺激之间最小差异的能力，叫作差别感受性。刚刚能引起差别感觉的两个同类刺激之间的最小差别量，叫作差别感觉阈限。差别感觉阈限值越小，差别感受性就越大；反之，则越小。

差别感觉阈限所说的两个同类刺激之间的最小差别量，不是指它们之间相差的绝对数值，而是指相差的量与原刺激量之间的比值。德国生理学家韦伯（E. H. Weber，1795—1878）在 1834 年指出，在中等刺激强度范围内，每种感觉的差别阈限都是相对的常数（即韦伯常数）。例如，视觉的韦伯常数是 1/100，听觉的韦伯常数是 1/10，重量感觉的韦伯常数是 1/30。

（二）感受性变化的规律

人的感受性大小不是一成不变的。刺激物的持续影响或者分析器之间的相互作用，以及生活实践的锻炼，都可以使人的感受性发生变化。感受性的变化是有一定规律的。

1. 感觉适应

由于刺激物对感觉器官的持续作用而引起感受性提高或降低的现象，就是感觉适应。

视觉适应是最常见的一种感觉适应现象。视觉适应有明适应和暗适应两种情况。从光亮处走进暗室，开始时我们会什么也看不见，大约过 10 分钟，就慢慢地能看见周围的物体了，这是暗适应。暗适应说明视觉器官对弱光的感受性提高了。测定表明，人在黑暗处经过 1 小时左右，相对视觉感受性可以提高 20 万倍。如果我们从暗室走进光亮处，最初的瞬间会两眼看不清周围的东西，经过几分钟后，视觉开始恢复正常，这是明适应。明适应说明，视觉器官在强光刺激下感受性降低了。

听觉适应表现为在强音或单调声音的作用下，听觉器官感受性的暂时降低。听觉适应具有选择性的特点，通过适应只是降低对该频率以及与之相邻频率的声音的感受性。由于听觉适应所需的时间很短，同时，声音刺激的性质特殊，大脑皮质内的有关神经细胞在声音的作用下不容易立即转入抑制状态，因此我们较难感觉到听觉适应的现象。

嗅觉的适应也有选择性。例如，对樟脑气味的适应大约是 2 分钟，而对大蒜气味的适应则需要 45 分钟左右。当嗅觉的刺激信息间歇 1～3 分钟后，其感受性就可以恢复。味觉的适应也较明显，长时间吃一种食品的人会觉得这种食品的味道越来越淡。

在肤觉中，触压觉的适应最为明显，大约在 3 秒钟后其压力的感受性就下降到开始时的 1/5。温度觉的适应也较快，约 3 分钟之后便能明显地感觉到。痛觉是很难适应的。在引起痛觉的刺激持续作用下，疼痛并不减弱，有时反而会觉得增强。

感觉适应的一般规律是：除视觉的适应，其感受性有的提高，有的降低外，其他各种感觉的适应基本上表现为感受性的降低或暂时消失。但痛觉的适应例外。

感觉适应现象有助于人在变化莫测的环境中，仍然能进行正常的工作和活动。因此，充分地利用感觉适应的规律为教学服务，对保证教学质量的提高具有一定的意义。

2. 感觉的相互作用

我们生活在复杂的环境中，同一时间内会有各种不同的刺激物作用于我们的不同感官，产生各种不同的感觉。这些感觉彼此会相互影响，从而使感受性发生变化。由于感觉的相互影响而导致感受性变化的现象，叫作感觉的相互作用。感觉的相互作用可以发生在同一分析器中，也可以发生在不同的分析器之间。

在同一分析器中，感觉相互作用最有代表性的是感觉对比。感觉对比有两种：一种是同时对比，另一种是继时对比。当不同的刺激物同时作用于某一感受器时，便产生同时对比。例如，“月明星稀”现象，同一灰色的长方形放在黑色背景上比放在白色背景上看起来更亮些等等，都是同时对比引起的。当不同的刺激物先后作用于同一感受器时，便产生继时对比。例如：喝过酸梅汤后再喝蒸馏水，就会感到蒸馏水有甜味；吃过甜食之后再吃苹果，会感到苹果是酸的。

在同一分析器中，感觉相互作用引起感受性变化的一般规律是：不管是同时或先后所产生的各种感觉，会由于对比的作用，使其差别格外明显。

在不同的分析器之间，由于感觉的相互作用而引起感受性变化的事例也很普遍。例如：微弱声音、清香气味的刺激可以提高视觉对颜色的感受性，而震耳欲聋的声音、浓烈的香气则会使视觉的差别感受性降低；微弱的光刺激可以提高对声音强度的感受性，而强光刺激则降低听觉的感受性。

联觉是不同感觉相互作用的一种特殊表现。联觉指的是一种感觉兼有另一种感觉的心理现象。例如，看到红、橙、黄的颜色，人们会有暖的感觉，而绿、青、蓝则使人产生冷的感觉。

在不同的分析器之间，感觉相互作用引起感受性变化的一般规律是：某一微弱的刺激会提高另一种感觉的感受性，而某一强烈的刺激则会降低另一种感觉的感受性。

3. 感受性在实践中的发展

人的各种感受性都是在实践中发展起来的。人与人之间的生活实践不同，因此，其感受性也有很大的差异。

人的各种感受性都有极大的发展潜力。受过某种专门训练的人，他们的某一感觉器官的感受性就比未受过训练的人高得多。例如：有经验的磨工的视觉敏锐，能看出 0.000 5 毫米的空隙，而一般人只能看出 0.1 毫米的空隙；有经验的飞行员根据听觉能辨别发动机 1 300 转每分与 1 340 转每分的转速差别，一般人只能辨别 1 300 转每分与 1 400 转每分的转速差别；受过严格音乐训练的人，在钢琴相邻两个全音的键上能辨别出 20～30 个中间音来，而未受过训练的人只能辨别出两个中间音来。

有些人由于某一感觉器官有缺陷，他们可以从其他健全的感官中得到补偿。有的盲人的听觉感受性特别高，他们能凭树叶碰击发出的声音来辨别树的种类，能凭脚步声的回音来判断障碍物的距离。有的盲聋人皮肤的振动觉高度发展，能凭振动觉来欣赏歌曲。有的盲人嗅觉特别灵敏，能“以鼻代目”来认人。有的聋哑人视觉高度发达，可以“以目代耳”与别人“对话”。感觉器官有缺陷的人，他们的感官生理结构与常人并没有什么区别，是生活对他们提出了特殊的要求，才使他们具有各种特殊的感受性。

由此可见，生活实践是发展人的感受性的主要途径。对于任何人来说，在实践中锻炼，这是提高感受性的根本规律。

二、知觉活动的规律

知觉活动的规律主要体现在知觉的选择性、知觉的整体性、知觉的理解性和知觉的恒常性等方面。

（一）知觉的选择性

在复杂的环境中，我们知觉事物时不可能同时对各个事物进行感知，而总是优先地选择某一事物作为知觉的对象，从而获得清晰的映象，其余的事物则作为知觉的背景，只能模糊地觉察到。这一特点就是知觉的选择性。知觉的选择性有两种形式：一是在众多的事物中选择某些或某个事物作为知觉的对象，二是在某个事物的许多特性中选择某些或某个特性作为知觉的对象。

在知觉过程中，由于知觉任务的变化，对象与背景的关系不是固定不变的（如图 4-3）。在一定的条件下，作为知觉的对象可以变为背景，产生模糊知觉映象，而作为知觉的背景可以变为对象，产生精确知觉映象。当然，在某些物理特性的影响下，有些事物或事物的属性可以成为相对稳定的知觉对象。例如，在听知觉范围中，熟悉的声音与陌生的声音、强音与弱音、变化的声音与音调不变的声音、基音与伴音、有节奏的声音与单调的声音等，前者较容易被选择出来作为知觉的对象，后者则通常处于背景的地位。

图 4-3　石柱与人体

对知觉选择性产生影响的因素来自客观和主观两个方面。

1. 客观因素

一是对象与背景的差异关系。对象与背景的差别越大，对象就越容易从背景中突出出来成为知觉的对象，从而被清晰地感知。例如：绿色军装在雪地里容易被发现，而在草地上就难于被发现；绵羊在绿草丛中容易被发现，而在雪地里就难于被发现。

二是对象与背景的相对活动关系。在不动的背景上活动着的事物，容易成为知觉的对象，如夜空中的流星。在活动背景中不动的事物也容易成为知觉的对象，如集体广播操中站立不动的人。在同时活动着的对象中，速度明显快或明显慢的事物，容易成为知觉的对象，如百米赛跑中的最快者与最慢者。

三是对象与背景的组合关系。以视觉为例，我们倾向于把空间上接近（如图 4-4a）、形态相同或相似（如图 4-4b）、具有闭合性（如图 4-4c）以及能够构成完好图形（如图 4-4d）的刺激因素作为知觉的对象。

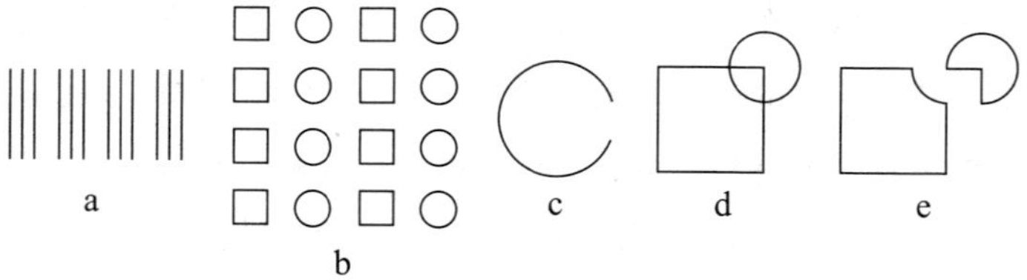

图 4-4　对象与背景的组合

2. 主观因素

知觉活动有短暂的，也有稳定的。短暂的知觉选择性受个人的需要、兴趣、活动任务和当前心理状态的影响较大。稳定的知觉选择性则与个人的职业、知识、专长等关系较为密切。

（二）知觉的整体性

尽管客观事物具有各种不同属性，由各种不同部分组成，但我们总是把它作为统一的整体来感知，这一特点就是知觉的整体性。知觉对象的各个部分或属性不论是同时被反映，还是相继被反映，不论是作用于同一分析器，还是作用于不同分析器，知觉的整体性都同样存在（如图 4-5）。

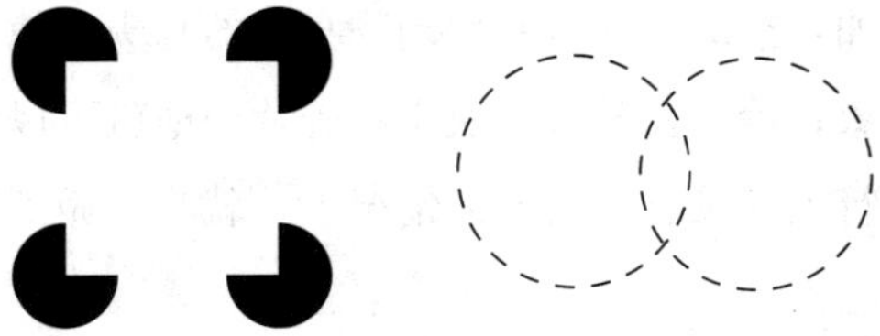

图 4-5　把彼此孤立的部分感知为整体

影响知觉整体性的因素也来自客观和主观两个方面。

1. 客观因素

一是对象各部分的强度关系。一般来说，知觉对象的各部分或各种属性的刺激强度并不是同等的，其中有的部分或有的属性刺激强度要大些，有的则小些。虽然各刺激因素都在起作用，但刺激强度大的因素具有更重要的作用。例如，只要我们感知过一个人的面部特征这一强度大的刺激因素，就不管这个人的服饰、发型如何变化，也不会把他认错。生活中具有重要意义的事物及其组成部分或属性都可以成为刺激强度大、易于形成知觉整体性的因素。

二是对象各组成部分或属性的刺激顺序关系。在感知相继的复合刺激成分时，如果其他的条件相等，那么对于陌生的对象，头一个刺激成分对形成知觉的整体性更为有效，而对于熟悉的对象，则最后一个刺激成分对形成后继的知觉整体性意义更大。正因为这样，才有所谓的首因效应与近因效应的心理现象存在。

三是对象各部分之间的结构关系。知觉映象的整体性往往不是由个别刺激因素的单一性质决定的，而是受各个组成部分或各种属性之间结构的相互关系制约的。同样的组成部分，如果结构关系不变，知觉的整体性就稳定。例如，一支歌曲不管用什么音调和乐器来演奏，不会改变它原有的歌曲整体性，而如果改变它的节拍或旋律的结构关系，尽管还保留原来的音符，也会变成另一支歌曲。

2. 主观因素

影响知觉整体性的主观因素主要是过去的经验、知识储备和语言的作用等。例如：给动物学家一块动物身上的骨头，他就可以塑造出完整的动物形象；给考古学家一块文物碎片，他就可以恢复整个文物的原貌，而外行人在没有人指导的情况下，就难于做到这一点。

（三）知觉的理解性

我们在知觉任何事物时，总是根据已有的认知或经验来解释它，赋予它一定的意义，并用语言或词把它标志出来，这一特点就是知觉的理解性。人对客观事物的理解通常有两种基本形式：一是概括化认知，即把知觉对象归入某个一般的、较广泛的类别；二是分化认知，即把对象归入一个确定的类别。可见，知觉的理解性包括思维成分，但它不像思维那样深刻，常常不是在区分出对象的所有标志之后再进行归类，而是根据有限的个别标志就试图去认知与解释。

对知觉理解性产生影响的也有客观和主观两种因素。

客观方面的因素主要是对象本身的特点和他人的语言指导等。如果对象的特征明确，我们不需要任何中介也能迅速而准确地认知，则理解就不会发生偏差或错误；如果对象的特征模糊或者我们对它不熟悉，我们就根本无法理解或常常产生错误的理解。他人的语言指导也是影响知觉理解性的重要因素。例如，让中学生感知带柄的六边形，对一班的学生说“这是墨水瓶图形”，对二班的学生说“这是乒乓球拍图形”。之后要求这些学生画出这些图形时，一班的学生画得更像墨水瓶，而二班的学生画得更像乒乓球拍（如图 4-6）。

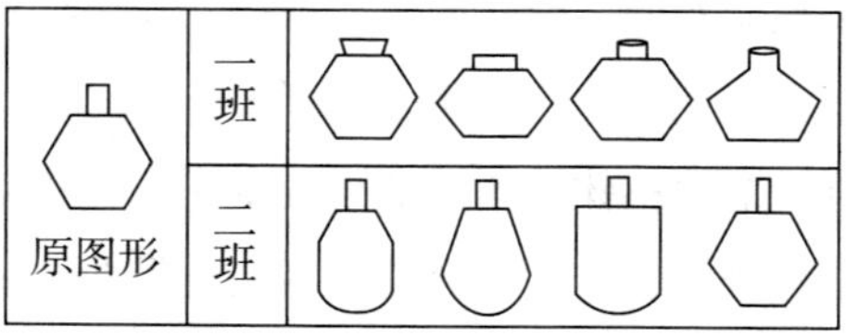

图 4-6　语言指导对知觉理解性的影响

主观方面的因素主要是人的知识经验、态度以及观点等。所谓“仁者见仁，智者见智”就说明了主观因素对知觉理解性的影响。

（四）知觉的恒常性

在知觉我们熟知的对象时，尽管知觉条件发生变化，我们获得的映象却保持不变，这一特点就是知觉的恒常性。例如，阳光下的煤仍然是黑的，暗室里的白纸总是白的。实际上，阳光下的煤所反射的光量要多于暗室里的白纸所反射的光量，因此暗室里的白纸比阳光下的煤要黑。

对知觉恒常性产生影响的因素也包括客观和主观两个方面。

客观因素主要是对象的刺激模式和功能特征。只要是我们认识过的事物，这时尽管眼前事物在脑中的映象与过去的映象有差异，但通过大脑对新旧映象的模式与功能特征的“匹配”，在允许的范围内，我们也能确认其为曾经感知过的某一事物。当然，知觉的恒常性是有一定限度和范围的，超过一定的限度和范围，知觉恒常性就会被破坏。比如，我们把视野远处匍匐前进的人误认为是动物的现象就是这样的。

主观方面的因素主要是人的经验、定势、期待心理、反馈作用等。例如图 4-7，如果你按字母顺序往下看，就会看成是男子的面孔，而如果你是逆着字母顺序看，则会看成是盘腿而坐的女子。

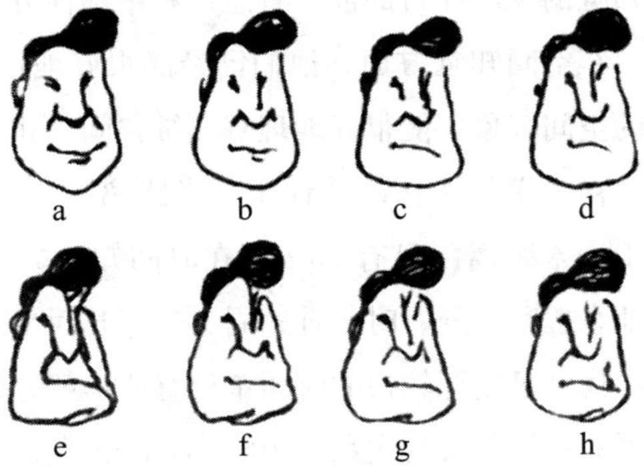

图 4-7　影响知觉恒常性的图形

第三节　少年期学生感知的特点与教学

一、少年期学生感知的特点

（一）感知发展的特点

在小学阶段，学生的感知能力已有较大的发展。由于教学的要求，小学高年级学生一般能分辨 12 种红色、10 种黄色、6 种绿色和 4 种蓝色，与小学一年级相比，他们区别颜色的精确度增加了 50％以上。初中学生区别各种颜色的精确度又有明显的提高。对于听觉的发展，音乐和语音课起着重要的作用。初中学生对各种音调的区别能力比小学一年级学生提高 3 倍以上。初中学生听觉的灵敏度甚至超过成人。随着骨骼和小肌肉群的发展与逐渐成熟，初中学生的运动觉也有明显的发展。据研究，初中学生运动觉的精巧性要比小学生提高 50％以上。这对他们学习书法、绘画、制图及体育技巧等非常有利。但是，初中学生的骨骼尚未完全骨化，教师要防止他们在激烈的运动中损伤身体。

初中学生知觉的发展在目的性、有意性和精确性方面都比小学生有很大的提高。在空间知觉方面，他们已经能很好地形成有关地球、世界、宇宙等的空间表象，能很好地理解三维空间的相互关系以及图形的透视原理。初中学生能正确估计 1 千米距离的占 68％，而小学生能正确估计 1 千米距离的只有 25％。在时间知觉方面，初中学生已经能够精确地掌握秒、分、时、日、周、月等时间单位，也开始对公元、世纪、年代、时期等较长的时间单位有所理解。初中学生正确理解 1 小时时距的真实意义的次数占 100％，而小学生只有 80％。

空间知觉和时间知觉能力的发展与知识经验的关系密切，因此对于缺乏有关知识经验的初中学生来说，他们常常会缩短遥远的空间距离以及缩短过去与现在之间的时距。

（二）知觉过程中分析与综合能力的统一发展

在教学活动中，少年期学生知觉过程的分析与综合能力也获得了统一发展。这种发展与小学生相比较，有三个特点：一是不会像小学生那样孤立地感知事物的个别部分或属性，二是不会像小学生那样割断事物的个别部分与整体的联系，三是不会像小学生那样找不出事物的重要部分以及事物各部分与重要部分之间的联系。

促使初中学生知觉过程中分析与综合能力统一发展的条件首先是教学。教学要求他们必须认真、精确地去感知各种教材。其次是教师在教学中经常采用分析、综合、抽象、概括的方法讲解教材。最后是学校的各种活动为他们提供了比较知觉对象的相同点和不同点的机会。但是，在不正确的教学影响下，初中学生知觉的片面性、肤浅性仍然有可能突出地表现出来，这是影响他们知觉过程中分析与综合能力统一发展的不良因素。

（三）应用观察成果的能力日益提高

从小学开始，由于好奇心的驱使，儿童已经能初步应用自己观察的成果。例如：看到马拉车，有的学生就让家里的猫拉玩具卡车；看到寒暑表红色液柱可以测量气温，就把红墨水灌进细玻璃管当作寒暑表。到了初中阶段，由于知识经验的增长，他们能够更有效地应用自己的观察成果。例如：有的学生观察到路灯照射的树比没有路灯照射的树，其落叶的时间推迟了，于是就在家里的花盆旁安上电灯，延长光照时间，借以研究花的落叶时间是否也推迟；有的学生从植物喜欢光得到启发，又去试试动物是否也喜欢光，把电灯安装在鸡窝旁边，并认真地观察光对鸡的生长过程是否有影响。

应用观察成果能力的提高，说明初中学生的知觉活动包含较高水平的分析、综合、抽象、概括。初中学生应用观察成果能力的发展对他们知识面的拓宽起着巨大的作用，不少初中学生就是在这一过程中成为“小科学家”的。

二、感知规律在教学中的运用

（一）感觉规律的运用

1. 感觉适应与感觉强度规律的运用

教学环境的变化很大，如果没有感觉适应的机制，学生就不容易在变化莫测的教育教学环境中对各种知识进行精确的分析，对学校各种复杂的生活条件和人际关系的适应也就会发生困难。因此，学校应当在校舍设计，校风、教风、班风、学风建设等方面，努力排除影响心理健康的不良因素的长期存在，创造符合心理要求的良好环境和人际关系，使师生的心理适应产生积极的作用。

在学校的环境中，要避免对视、听等感觉器官过强的刺激因素。教师讲课的音量不能过强或过弱，板书的大小要适宜，演示教具或实验时，要使现象清晰、明显。教师还要学会应用刺激因素的绝对强度与相对强度的积极成分来提高教学质量与组织教学过程。

2. 感官协同活动规律的运用

在教学中，要让学生有尽可能多的感官参加感觉活动。心理学实验表明：用视觉识记 10 张画，平均可以正确再现 70%；用听觉识记同样的材料，平均只正确再现 60%；利用视、听觉并允许学生大声说出画上物品的名称，则平均能正确再现 86.3%。可见，多种感官协同活动是提高识记效果的重要条件。

（二）知觉规律的运用

对于知觉选择性规律在教学中的运用，要注意以下几个问题：（1）应增强感知对象与背景之间的差异，以突出对象的感知效果；（2）要贯彻独占原则，以避免无关因素的干扰；（3）要根据需要，使感知的对象具有活动性，以避免单调的刺激使感官的反应性低落。

对于知觉整体性规律在教学中的运用，要注意以下几个问题：（1）课堂组织要严谨，应形成最优化的整体教学结构；（2）新旧知识要形成有机的联系，使学生形成完整的知识系统；（3）要合理安排教材的讲授顺序，重点要突出，讲解要有逻辑性和系统性。

对于知觉理解性规律在教学中的运用，要注意以下几个问题：（1）使用归纳法讲解教材时，应引导学生形成概括化的认知结构；（2）使用演绎法讲解教材时，应引导学生形成分化性的认知结构；（3）教师讲授任何知识时，不能发生任何语言误导现象。

对于知觉恒常性规律在教学中的运用，要注意以下几个问题：（1）在知觉情境发生变化时，教师要引导学生认识知觉映象与情境变化的相互关系；（2）应用教具时，要设计好教具与实物的恒定比例关系，例如不能在一张挂图中，把猫画得比狗大，把马画得比狗小；（3）要克服由于定势或歪曲的反馈信息造成的错觉。

（三）树立学生科学的感知观点

1. 用正确的感知观点评价人

在评价人的时候，要防止以第一印象的信息为依据或受近因效应的影响，对人进行以偏概全的评价；也要克服将知觉对象的某一印象不加分析地扩展到其他方面去，造成“一好百好，一差百差”的晕轮效应。

2. 用科学的观点解释某些日常现象

光刺激停止作用后，在视网膜上暂留的印象就是后像。如果你凝视图 4-8 帆船上的“5”字约一分钟，然后再去看一个光亮的平面，这时就会看到一只帆船的影子投射在上面。夜间，在田野农舍的白墙上，有时会晃过人影，那可能是树桩或稻草人的后像。

图 4-8　产生后像的帆船

静止不动的东西由于周围其他物体的运动而看上去好像在运动，这就是诱导运动。在没有参照物的情况下，两个物体中的一个在运动，我们就可能把其中的任何一个看成是运动着的。例如，在夜空中，我们可以把月亮看成在云层里穿行，也可以把云彩看成在月亮前面移动。这是正常的运动知觉的诱导运动现象。

在夜间或暗室里，注视一个静止的光点，过一会儿你便会感到这个光点在不停地游动，这就是自主运动，也叫游动错觉。这也是正常的知觉现象。

3. 用辩证的感知观点认识模糊知觉

模糊知觉在人的心理生活中是普遍存在的。模糊知觉是人脑以较少的代价传送较多的信息并对复杂事物做出高效率判断与处理的加工过程。利用模糊知觉，画家可以用寥寥几笔就勾画出栩栩如生的人物形象而不会令人感到失真。事实上精确并不永远完美。例如，判断远处走过来的人是谁，只要给大脑输入来人的高矮、胖瘦、走路的姿势等信息就够了。而如果追求完美的精确，让电脑来做这件事，那就要输入人的身高、体重，手臂摆动的角度、频率、速度等几十乃至几百个数据才能解决问题。

在知觉过程中，模糊与精确是相对的。例如，“老人”是个模糊概念，但我们可以应用模糊原理，以 0～1 的连续变量来描述它的隶属程度，使“老人”这一模糊映象“精确”起来。通过模糊运算与判断：50 岁的人不是老人，其隶属程度为 0；60 岁的人，其隶属程度为 0.8；70 岁的人，其隶属程度为 0.94；100 岁的人，其隶属程度为 0.99。可见，超过 100 岁的人才称得上是真正的“老人”。在教育教学中，教师对学生的操行或学科成绩进行等级评定，其实就是通过模糊处理之后，用等第隶属程度来加以描述的一种技术。

三、观察力的培养

（一）观察与感知的联系与区别

观察与感知既有联系又有区别。观察是在感知的基础上形成的，没有感知活动就不会有观察，这是两者的联系。两者的主要区别是：(1) 观察是一种主动认识对象的形式，而感知是由对象的特点或人的兴趣所指引的；(2) 观察是知觉、思维和语言相结合的活动过程，而感知只是在分析器的综合活动中体现了思维和语言的作用，所以，观察比知觉更具有理解性；(3) 观察过程要求观察者保持稳定的有意注意，而感知过程不必有这一要求；(4) 观察活动常常受到人的情感和意志的影响，而感知活动则较少受到这种影响。

所以，观察力是一种有目的、主动地去考察事物并善于正确发现事物的各种典型特征的知觉能力。培养学生的观察力要从训练他们的知觉技能入手，并为学生良好知觉能力的形成打好基础。

（二）培养观察力的途径

培养观察力应以学生观察力的个别差异为依据，因此，要了解他们观察力的不同类型差异，才能有针对性地采取相应的有效措施。学生的观察力一般有以下的类型。

一是分析型。这种学生观察事物时，注重对事物的细节和局部情况进行分析，能细心地考察事物发生、发展的原因和过程，但不善于对事物进行概括性的说明。

二是综合型。这种学生善于对事物进行概括性的认知和描述，但不注意对事物的细节进行深入的考察。

三是分析—综合型。这是分析型特点和综合型特点相结合的类型。在现实中，这种类型的学生占多数。

四是情绪型。这种学生在观察事物时注意自己的情绪体验，对于各种刺激都容易表露出过高的兴奋性，并喜欢凭自己的好恶来下结论。这样的学生也善于对事物进行情境性的描述。

虽然造成观察力类型差异的原因与人的感官结构和机能特点有关，但是，差异不是固定不变的，通过培养或训练，每个学生都可以获得观察力的高度发展。

观察力是智力的基础成分，通过各门学科培养学生的观察力是最有效的途径。培养学生的观察力，教师要加强指导，即：(1) 观察事物时，要指点学生观察什么，观察的重点在哪儿，应当收集什么材料，让学生明确观察的任务；(2) 要教给学生观察的方法，观察前要让学生订出计划，做好必要的知识准备，安排好观察的顺序和步骤，避免学生在观察时顾此失彼；(3) 要启发学生积极思维，鼓励学生对观察到的每个细节都应当从不同的角度、不同的侧面加以分析，提出自己的见解，不要满足于现成的答案；(4) 要指导学生做好观察总结，总结可以是文字形式的，也可以是图表形式的，要提倡学生相互交流观察的心得，以便相互学习，也要鼓励学生就观察涉及的问题进行比较与评价；(5) 要加强课堂与社会生活的联系，创造有利于发展学生观察的条理性、敏锐性、精确性和创造性等优良品质的机会。

思考题

一、什么是感觉、知觉？两者有什么联系与区别？

二、感觉、知觉是怎样分类的？举例说明某一类感觉或知觉在认识过程中有什么作用。

三、举例说明某一感觉规律或知觉规律在教学中如何运用。

四、观察记录几个初中学生感知的特点，并分析他们观察力的差异。

五、观察力与感知有什么不同？怎样培养学生的观察力？

第五章
记忆

本章要点

记忆及其测量

记忆的形式

记忆过程分析

遗忘及其原因

教学过程中记忆的组织

第一节　记忆的概述

一、什么是记忆

记忆是人对事物的识记与保持所形成的知识经验，以再认或重现（回忆）的方式在脑中的反映。

记忆是心理过程在时间上的持续。我们过去经历的事如果不能再在脑中反映出来，这就是记忆的丧失，即通常所说的遗忘。

记忆是由识记、保持、再认和重现组成的彼此紧密联系而统一的心理过程。其中的识记和保持是人脑对外界输入的信息进行编码与储存的阶段，即记的阶段，其目的是使信息通过心理操作转换成大脑可以接受的形式，并对这些信息进行加工与组织。再认和重现是将信息从脑中检索出来并经译码加以运用的阶段，即忆的阶段。没有记就没有忆，记是忆的前提，忆是记的表现。

二、记忆的测量方法

人脑的记忆容量是相当大的。据测算，正常人脑可以储存 10^{12}～10^{15} 比特的信息量。这个信息量相当于现在全世界图书馆藏书信息量的总和。为了了解学生的记忆力，心理学采用以下的测量方法。

（一）再认法

这个方法用来测量学生的再认能力。具体做法是：先向学生呈现识记的材料，如单词或图片等，时间通常为 30 秒，然后，把识记过的材料与等量的未识记的材料混杂起来，再呈现给他们，让他们辨认并说出哪些是已经识记过的材料。再认的成绩可以用以下公式计算出来：

$$再认能力(分数)=\frac{正确再认数-错误再认数}{识记材料的总数}\times 100$$

（二）回忆法

这个方法用来测量学生的回忆能力。可以用一连串的数字作为实验材料，见表 5-1。让学生从表中任选一行，在 1 分钟内读完，然后把记住的数字写出来（可以不按顺序）。回忆的成绩可以用以下公式计算出来：

$$回忆能力(分数)=\frac{正确回忆数-错误回忆数}{提供回忆的总数}\times 100$$

表 5-1　测量记忆能力的数字表

73	49	64	83	27	41	29	38	93	74	97	38
57	45	32	94	86	67	43	75	28	89	24	46
36	29	73	87	28	14	62	81	59	93	65	53

（三）再学习法（节省法）

这是德国心理学家艾宾浩斯（H. Ebbinghaus，1850—1909）提出的一种方法。具体做法是：先让学生学习一些材料，经过一定的时间后，让他们重新学习这些材料，然后比较先后两次学习所用时间（次数）的相差数值，以节省的时间（或次数）多少为指标来衡量记忆的效果。节省的效果可以用以下公式计算出来：

$$\text{节省效果(百分数)}=\frac{\text{初学时所用时间(次数)}-\text{重学时所用时间(次数)}}{\text{初学时所用时间(次数)}}\times 100\%$$

记忆是知识的仓库，人如果没有记忆，每次都要重新去认识已经经历过的事情，那么其智力水平将永远处于新生儿的状态。

三、记忆的分类

根据记忆内容的不同，记忆可以分为形象记忆、逻辑记忆、情绪记忆和运动记忆四类。

（一）形象记忆

以感知过的事物的具体形象为内容的记忆就是形象记忆。从各种感官输入的各种事物的信息都可以形成形象记忆。但是，人脑对视觉、听觉和运动觉的形象记忆发展得最好，储存在脑中的这几种记忆映象的数量最多。从嗅觉、味觉、肤觉等通道输入的信息所形成的形象记忆，主要与职业活动相联系，例如，烹饪师的嗅觉和味觉的形象记忆就高度发展。

形象记忆是我们从事艺术活动时进行构思、创作与表演的基础。

（二）逻辑记忆

以语词所概括出来的逻辑思维成果为内容的记忆就是逻辑记忆。诸如概念、公式、定理、思想、规律等都是关于事物的意义、关系、性质方面的内容，是通过思维活动形成的，具有高度的抽象性和概括性，我们只有借助于语词，通过理解才能更好地识记、保持、再认或重现它们。

逻辑记忆是在其他记忆类型的基础上形成的，是人类所独有的。

（三）情绪记忆

以体验过的某种情绪、情感为内容的记忆就是情绪记忆。人在各种活动中所产生的情绪、情感以及由此而引起的态度体验，如愉快、悲哀、痛苦、恐慌等都会在脑中留下映象，并在一定的条件下再现或回忆出来。情绪记忆比其他类型的记忆保持的时间要长久得多。情绪记忆是人的道德感、美感和理智感发展的基础，它也可以作为联想有关事物的起点。

（四）运动记忆

以做过的运动或动作为内容的记忆就是运动记忆。运动记忆是掌握语言、劳动、体育、音乐、舞蹈等方面技能技巧的基础。运动记忆通常识记时较难，但一经保持则不易遗忘。

在人的实践活动中，不同类型的记忆都是相互联系着的，只是每个人都有自己主导的记忆类型。苏联学者涅恰耶夫（А. П. Нечаев）对 1 000 多个 10～20 岁学生进行的研究发现，在被调查者中约有 2％的人属于视觉表象记忆类型，1％的人属于听觉表象记忆类型，3％的人属于运动觉表象记忆类型，16％的人属于视-听觉表象记忆类型，33％的人属于视-动觉表象记忆类型，9％的人属于动-听觉表象记忆类型，还有36%的人属于无差别的综合记忆类型。

四、记忆的形式

客观现实的刺激物所具有的是物理特征，这些物理特征必须转换成具有心理特性的形式，才能被储存，日后也才能被取用。经过转换的具有心理特性的记忆形式主要是记忆表象和语词。人依靠这两类形式储存知识。

（一）记忆表象

曾经感知的事物不在面前，而在脑中再现出来的心理形式，就是记忆表象。

客观现实是记忆表象形成的源泉，也是检验记忆表象是否符合实际的标准。感知是记忆表象形成的基础，因此，知觉形象越丰富，在脑中储存的记忆表象就越多样、越复杂。然而，记忆表象和知觉形象有着本质的不同，主要表现在以下两个方面。

1. 直观性

知觉形象和记忆表象都具有直观性，但是知觉形象是在客观事物直接刺激下产生的，而记忆表象是受有关事物影响而间接引起的。所以，知觉形象较清晰、鲜明，记忆表象较模糊、暗淡；知觉形象较完整、全面，记忆表象较零碎、残缺。

记忆表象以知觉形象为基础，是经多次感知并由大脑加工概括之后形成的，因此它比知觉形象更高级。

2. 概括性

记忆表象和知觉形象在概括性方面也有区别。知觉形象概括的是事物的个别属性，它是当前事物的具体映象。记忆表象是曾经感知过的事物留在脑中的映象，这种映象是对相关事物进行概括之后而形成的，它反映的是同一事物或同一类事物在不同条件下经常表现出来的一般特点。

记忆表象具有直观性的特点，与知觉相似；而它具有的概括性特点，则与思维相似。由于记忆表象所概括的事物形象包括非本质的属性，概括水平并不高，因此与思维有本质的不同。记忆表象实质上是从知觉过渡到思维的必不可少的中间环节。记忆表象的作用是使人的认识活动可以摆脱当前事物直接影响的限制，为想象、思维等心理过程提供感性支持。

（二）语词

利用语词形式记忆是人类所特有的，人的大量记忆属于这类形式。语词形式更符合人脑对信息的储存，据推算，一个语词可以推演出 1 000 个表象性信息。

语词具有高度的概括性，它可以标志客观事物，所以记住了语词，也就记住了它所代表的事物。语词可以概括具有相同本质属性的同类事物，不同的语词可以代表不同的事物。例如，“笔”这个词概括了所有用来书写的工具，包括钢笔、毛笔、铅笔等，但它们又是不同的，用不同的材料制成，有各自不同的适用性。语词可以起信号作用。语词的音、形、义都可以作为信号，用来预示与揭示所标志的事物及其复杂的联系和关系，使我们能够把事物与事物、表象与表象联系起来，也可以把语词与语词联系起来构成记忆“组块”，形成逻辑系统或联想链，便于人们进行思想交流并掌握记忆的规律和方法。

在现实生活中，有人善于以表象形式进行记忆，有人则善于以语词形式进行记忆。调查表明，更多的人属于两者结合的中间类型。

记忆表象和语词两者之间有着密切的关系。首先，记忆表象可以使语词富于形象化和具体化，并使语词的活动更具有稳定性。其次，语词对记忆表象有改造和说明的作用。离开语词表征的记忆表象往往是不够精确的、片断的。同时，借助于语词，人可以唤起记忆表象并加以控制，也可以与别人交流。最后，记忆表象和语词可以相互结合，互为依据，相得益彰。心理学实验表明，对于由记忆表象系统和语词系统共同标志的内容，人们可以获得最佳的记忆效果。

第二节 记忆过程分析

记忆的识记、保持、再认和重现等过程是相互联系、相互依存的。识记、保持是再认和重现的前提与保证，再认和重现是识记、保持的结果与证明。

一、识记

通过反复感知而识别、记住某种事物，并在脑中留下映象的过程，就是识记。

识记是整个记忆过程的开端，更是保持的必要条件，外界刺激的信息在这一环节中进行编码。就像录音机将声音信息转换成电磁信号一样，大脑把进入识记环节的信息转换成便于储存与取用的心理表征形式。根据识记时的自觉性和目的性的不同，可以把识记分为无意识记（不随意识记）和有意识记（随意识记）。

（一）无意识记

没有预定的目的，不必经过任何努力，也没有运用任何专门的方法所进行的识记，叫作无意识记。

无意识记的心理基础是无意注意。无意识记这一心理事实表明，心理活动对有些信息的输入能够自动操作和进行编码，同时不知不觉地储存起来。以后，在适当的条件下，这些信息也可以经过译码恢复起来。所以，儿童的一些不教而能的行为和表现，就是通过“潜移默化”“耳濡目染”这样的无意识记途径获得的。

当然，并不是生活中的任何事物都可以经由无意识记途径进入记忆，只有那些对人的生活具有重要意义的、符合人的活动需要的、与人的兴趣密切相关的、能够引起人的强烈情感的事物，才容易在人的脑中留下较深刻的印象。这说明无意识记具有一定的选择性。正因为这样，通过无意识记获得的一些知识经验不可能具有完整性和系统性，因为它没有自觉地受到意识的有效控制。

（二）有意识记

有预定的目的，采取一定的方法和步骤，并在必要时经过一定的努力所进行的识记，叫作有意识记。

有意识记是积累系统的知识经验、形成成套的技能技巧的主要途径。有意识记的心理基础是有意注意。有意识记是一种复杂的智力活动和意志活动，在人们的工作和其他一切形式的活动中，特别是在学习中占有重要的地位。根据材料的性质以及对材料的理解程度，人们通常采用机械识记和意义识记两种方式进行有意识记。

1. 机械识记

机械识记是指根据材料的外在联系，采取多次重复的方式所进行的识记。采用这种办法进行识记的材料一般有两种情况：一是材料本身是有意义的，但是有的人习惯于采用机械重复的方式去识记，或者由于缺乏必要的知识，没有发现材料之间的意义联系，而采用机械识记的办法，如死记硬背定理、公式等；二是材料之间没有任何意义联系，如外国地名、数据等，只好采用机械识记的办法。

机械识记的基本条件是重复地感知材料。

2. 意义识记

意义识记是指通过对材料的理解，找出材料之间的本质联系、因果关系或者新旧知识经验之间的联系之后而进行的那种识记。采用这种办法进行识记的材料一般也有两种情况：一是材料本身有意义，虽然有时也难于发现材料的内在意义联系，但通过理解把它挖掘出来了，如数学公式、哲学规律、高深的理论等；二是材料本身并不具有意义联系，但通过联想或人为地赋予材料某种意义，如电话号码49162536，可以分别用 2^2、3^2、4^2、5^2 和 6^2 排列起来进行识记。

意义识记的效果不论在全面性、准确性、巩固性或速度方面都优于机械识记，因为它是把要识记的材料与头脑中已有的知识建立联系。意义识记的基本条件是理解。

机械识记和意义识记两种方式的合理配合与运用，可以更好地取长补短，增进识记效果，因为在有意义的材料中也会遇到需要用机械识记方式去识记的内容。

二、保持

识记时获得的知识经验在脑中保留与巩固的过程就是保持。

（一）信息的三种储存系统

信息加工的观点认为，保持过程有三种信息储存系统（如图5-1）。

1. 瞬时储存系统

保持在瞬时储存系统的信息有以下的特点：（1）保持的时间很短，一般只有1秒钟左右；（2）以感觉的形式被保持，以事物的物理特性进行编码，后像就属于这种形式；（3）容量大，据实验推算，瞬时储存信息的容量可达刺激信息量的76％左右；（4）如果受到特别

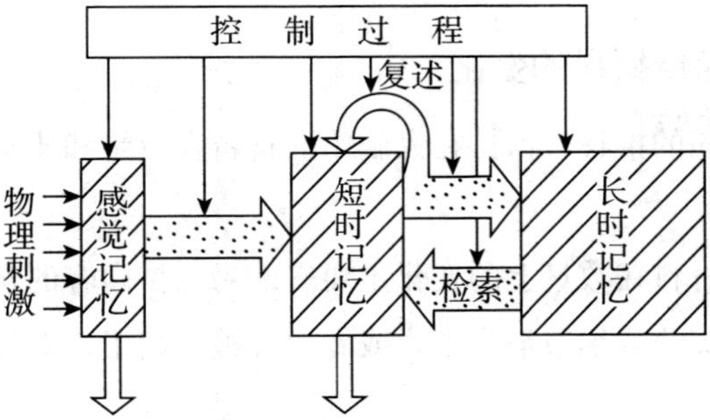

图 5-1　记忆的三种储存系统

注意，信息就能转入短时储存系统，否则，就很快消失。信息的消失有积极意义，可以避免与后面输入的信息混杂。

2. 短时储存系统

短时储存的信息可以获得更高水平的加工。短时储存系统的特点是：（1）对语言材料，以听觉形式（即音码）为主进行编码与储存，对非语言材料，则以视觉形式（即形码）为主进行编码与储存；（2）保持的时间约 1 分钟；（3）信息容量约为 7±2 个意义单位（组块）；（4）储存的内容可以被意识到，经过有意复述可以转入长时储存系统。

3. 长时储存系统

长时储存系统的信息有以下特点：（1）保持时间长，从 1 分钟到几年甚至终生；（2）容量极大，以意义形式（即义码）为主进行编码，以组块状态储存信息；（3）系统中的信息可以是几分钟以前的事物，也可以是很久以前的事物，但如果不去有意回忆就不会意识到它的存在；（4）系统中的信息来源于对短时储存系统中内容的复述和再编码。

以上三种储存系统是密切联系的。通常，刺激信息从瞬时储存系统进入短时储存系统，再进入长时储存系统。

（二）保持材料的变化

随着时间的推移，保持在人脑中的材料在数量和质量方面都会发生变化。

保持的材料在数量上的变化主要表现为保持内容的减少，比如内容中的某些部分或细节消失了，或者内容被压缩了，有的是被概括化了，等等。

保持的材料在质量上的变化主要表现为：（1）增添或歪曲了原材料没有的内容或细节；（2）颠倒了材料主要线索的顺序或内容结构；（3）遗漏了材料的主要内容；（4）夸大了材料的情节；等等。

在保持过程中，材料所发生的变化，有的具有积极的意义，如对材料的概括化有利于培养学生的智力技能，有的则具有消极的作用，会影响人对知识经验的积累和运用。在保持过程中，材料的变化与个人的知识经验、需要、兴趣、职业特点以及记忆品质等因素有关。善于运用记忆术的人，可以减少保持过程中材料的消极变化。从保持过程中材料发生变化的事实来看，记忆是应用各种可供利用的信息进行重新构造的一种复杂的心理活动。

三、再认

过去经历的事物再次出现时，仍然可以被识别出来，这就是再认。

再认是“忆”的初级表现。再认要比重现容易，因为再认时，要识别的事物就在眼前，或者有类似的替代物可以提供有用的线索。如果保持在脑中的材料发生较大的变化或者识别条件不具备，那么发生“误认”的现象也是存在的。

再认的速度和正确性取决于三个主要条件：一是识记的准确性与

保持的巩固性；二是再认的事物与识记时留下的映象的一致性，当呈现在眼前的事物与原来的事物映象一致时，再认就不会有太大困难；三是环境线索的类似性，如果再认时，提供了与识记时相类似的环境或有关联的情境，则再认就容易些。

四、重现

根据需要把经历过的事物独立地在脑中呈现出来的过程就是重现。

重现不需要过去感知过的事物重新出现便可以进行。它可以在没有预定目的的情况下引起，也可以在有预定目的的情况下产生。前者是无意重现，后者是有意重现。有时，有意重现要经过较大的努力，进行比较艰苦的思索，才能在脑中呈现过去感知的事物映象，这种现象叫作追忆。

重现的速度和正确性与三个因素有关。(1) 重现材料的数量。要重现的材料数量越多，所需时间就越长，即重现速度就越慢。实验发现，平均从储存系统中搜寻和提取一个记忆项目，要花 38 毫秒的时间。(2) 识记时材料的组织。一项心理学实验表明，识记有层次组织的词，重现正确率为 65%，而识记随机排列的词，重现正确率只有 19%。(3) 情绪的作用。愉快的情绪有利于重现，不愉快的情绪会干扰重现。此外，重现时的情绪状态若与获取信息时的情绪状态相同或相似，便可促进重现，反之则阻碍重现。

不论是再认或重现，如果在搜寻与提取信息时发生错误，就会以遗漏、篡改或歪曲原材料的形式表现出来。正是这样，所以在教学中再认和重现都可以作为检查学生知识掌握情况的手段。试卷的是非题、选择题等是再认的检查形式，问答题、填空题等是重现的检查形式。在一般情况下，能重现就一定能再认，而能再认不一定能重现，因此再认不能作为检查记忆牢固程度的可靠指标。

第三节　遗　　忘

一、什么是遗忘

当识记正确时，由于保持不牢固或产生干扰而不能再认或重现，或者发生错误的再认或重现的现象，就是遗忘。

遗忘是与记忆相反的，然而是正常的心理现象。遗忘有积极的和消极的两种作用。对正确的知识经验、技能技巧、行为习惯的遗忘有消极的作用，对一些无关紧要的东西，还是把它忘掉为好，以免占据人脑的记忆空间。

由于保持的丧失而造成的遗忘，一般是永久性的，其表现形式有部分遗忘和全部遗忘。如果保持牢固，但不能再认或重现，或者发生错误的再认或重现，这一般是干扰引起的，一旦干扰排除，则记忆可以恢复。因此，这种遗忘是暂时性的，其表现也有部分遗忘和全部遗忘两种情况。

二、遗忘的原因

遗忘有生理方面的原因，例如，脑的器质性损伤会导致"识记困难"或"重现障碍"等。遗忘也有心理方面的原因。目前，关于遗忘的心理原因有两种主要的假说，即消退说和干扰说。

（一）消退说

这种假说认为，遗忘是因为记忆痕迹得不到强化而逐渐衰退，以至于最后消失。记忆痕迹的消退一般从细节开始，而后扩展至其他部分。消退说强调，记忆痕迹一旦消失，不经重新学习并再建立神经联系，则记忆不能恢复。

（二）干扰说

这种假说认为，遗忘是因为受到内外因素的干扰，使记忆痕迹产生抑制，而不是痕迹的消退。干扰说确认，记忆的神经联系一经建立，痕迹就可以永久保持，即使暂时受到抑制，一旦抑制解除，记忆便可恢复。干扰说提出，干扰性抑制主要有前摄抑制和倒摄抑制两种情况。

1. 前摄抑制

先学习的材料对后来学习的材料所产生的干扰作用叫作前摄抑制。

研究前摄抑制所用的实验模式是：

实验组：学习字表 B ⟶ 学习字表 A ⟶ 重现字表 A

控制组：休　　息 ⟶ 学习字表 A ⟶ 重现字表 A

大量的实验结果表明，控制组重现的成绩比实验组重现的成绩好。这说明实验组受字表 B 的干扰，产生了前摄抑制。实验还发现，前摄抑制的影响随先前学习活动的次数与对某种材料保持时间的增加而增长（见表 5-2）。

表 5-2　先前的学习活动与前摄抑制作用

次数	前摄抑制/%	保持时间/min	前摄抑制/%
1	8	15	13.8
2	18.1	30	18.9
3	28.6	60	20.6

前摄抑制在无意义材料的学习中干扰较大，因为先后学习两种无意义材料容易产生泛化现象。对于有意义材料，由于材料之间的联系

较多，易于建立意义联系与保持分化，因而前摄抑制影响较小。

2. 倒摄抑制（后摄抑制）

后学习的材料对保持与重现先前学习的材料所产生的干扰作用叫作倒摄抑制。

研究倒摄抑制所用的实验模式是：

实验组：学习字表 A ⟶ 学习字表 B ⟶ 重现字表 A

控制组：学习字表 A ⟶ 休　　　息 ⟶ 重现字表 A

实验表明，实验组的重现量比控制组的重现量少，这说明实验组受到倒摄抑制的干扰。

上述两种干扰所产生的影响发生在两种材料的学习之间，对此，有两种解释：一种解释认为，在学习停止后，原来引起的神经活动仍然在持续加工输入的材料，因此，紧接着学习另一种材料，就会影响对先后两种材料的保持与巩固；另一种解释认为，学习不同的材料，意味着要分别对它们进行不同的加工活动，由于不同的加工活动之间可能出现混淆，因此对材料回忆的质量和数量都会产生影响。

三、遗忘的规律

第一个研究遗忘规律的人是德国心理学家艾宾浩斯。他用两千多个无意义音节作为学习材料，以自己为被试，用节省法测量了遗忘的进程。艾宾浩斯把材料完全熟记之后，分别在不同的时间间隔重新学习这些材料。结果发现：遗忘的发展先快后慢，到了一定的时间，几乎不会再遗忘了；遗忘的进程是不均衡的，总的趋势是最初忘得多，以后忘得少。根据这一遗忘规律，他绘制了著名的艾宾浩斯遗忘曲线（如图 5-2）。之后，一些心理学家的重复实验结果与艾宾浩斯遗忘曲线的描述一致。

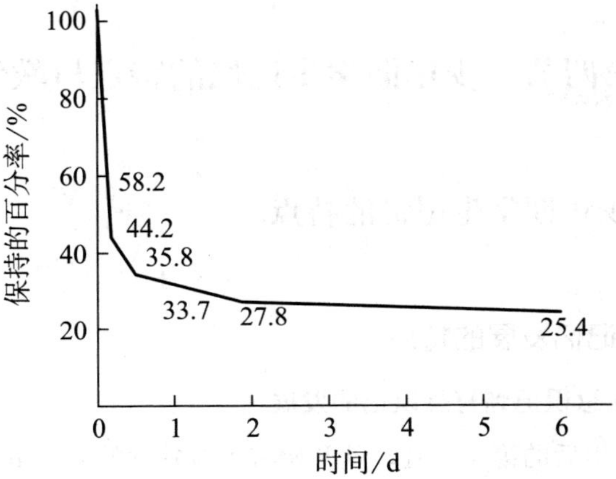

图 5-2　艾宾浩斯遗忘曲线

苏联心理学家沙尔达科夫（M. H. Шардаков）用地理、历史、文学等有意义的材料，对学生进行保持与遗忘的研究。结果证实，对于有意义的材料，其遗忘规律仍然是先快后慢，先多后少（见表 5-3）。

表 5-3　不同时间间隔对教材保持的百分数　　%

有无复习	时间间隔				
	1 天	3～4 天	1 个月	2 个月	6 个月
无复习	77	66	58	48	38
有复习	88	84	70	62	60

研究还发现，材料的内容、性质、数量、熟记程度、记忆方法以及动机与情绪等因素对遗忘都有影响。因此，最先被遗忘的是那些没有重要意义的部分、材料的细节部分、不能引起兴趣的部分、不符合需要的部分、学习时不思牢记的部分，以及采用不科学的记忆方法去记的部分。

第四节　少年期学生记忆的特点与教学

一、少年期学生记忆的特点

（一）记忆发展的特点

1. 从无意识记到有意识记的发展

儿童出生后的第 4 个月，就开始有了对熟悉的人和事物的识记能力。3 岁以前，儿童的无意识记占优势；3 岁以后，由于积极参加游戏及其他活动，儿童的有意识记开始发展，但还很不完善。

从小学中年级开始，有意识记逐渐占据主导地位。初中阶段的学生为了搞好学习，必须主动地识记一些难记的材料，必须学会自觉地检查识记效果，正是这些因素促使他们的有意识记得到有效发展。少年期的学生有意识记和无意识记都在发展，但有意识记比无意识记发展得快。据研究，少年期前后的学生无意识记成分比小学二年级学生约增加 25％，比小学中年级学生约增加 1％，而有意识记成分比小学二年级学生约增加 48％，比小学中年级学生约增加 16％。所以，教师要有这样的教学艺术：既要把教材组织得能让学生有目的地进行识记，又要适当地通过无意识记让他们记住一些有益的知识。

2. 从机械识记到意义识记的发展

从识记方法的角度看，小学生还习惯于用机械识记来学习材料。到了初中阶段，学生慢慢地学会并掌握了意义识记的方法和技巧，机械识记的成分就相对地减少了。进入高中前后，学生的意义识记开始明显地占有优势。一项研究表明，在正常情况下，机械识记成分与意义识记成分之比在小学低年级是 7∶3，在小学中年级是 6∶4，在初中前后是 5.5∶4.5，在高中前后是 2∶8。

促使初中学生意义识记逐渐占优势的原因：一是教师经常要求学生把教材内容按意义分成各个段落，还要确定各个段落之间的意义联系；二是学生在学习中必须通过理解来识别和记住一些定理、法则、公式等。所以，这个阶段是学生从机械识记向意义识记过渡的关键期。教师应当通过各种教育和训练的手段，促使学生的机械识记与意义识记和谐地得到发展。

3. 从形象识记到抽象识记的发展

小学低年级学生主要以直观形象的方式来识记事物的特征和属性，积累个别事物的表象。从小学中年级开始，学生学会了改造记忆中的表象，开始在脑中形成一般的记忆表象和想象表象。在这个基础上，初中学生对词的抽象识记能力得到了迅速发展。用具体形象的词和抽象的词作为材料，在不同年级的学生中进行实验，结果表明，初中前后的学生对具体形象材料的识记比小学一年级学生增加 84%，比小学中年级学生增加 34%，而对抽象材料的识记比小学一年级学生增加 192%，比小学中年级学生增加 124%。

初中学生对具体形象材料和抽象材料识记能力的提高，是因为他们不仅要从直观、具体的材料中学习知识，而且要大量地掌握各门学科的概念、规则、原理并进行判断、推理和证明。所以，初中学生一方面发展着形象识记能力，另一方面又要去理解大量的语汇和概念，抽象识记能力也日益增强。因此，在初中阶段，发展学生形象识记和抽象识记的能力都是教学的重要任务。

（二）记忆范围不断扩大

记忆范围的大小用在同一时间内记忆材料数量的多少来衡量。采用记忆广度数字表是测量记忆范围的最简易的方法。这种数字表一般由 3～12 位数组成。在呈现数字表之后，让被试从 3 位数开始重现，直到发生错误为止。测量结果表明，小学低年级学生平均的记忆范围可达 5 位数，初中学生平均记忆范围达到 7 位数。另一项用文字材料作为记忆内容，对 8～16 岁学生进行的实验发现，初中一、二年级学生对文字材料的记忆增加量最为明显。可见，这个阶段的学生的记忆范围在迅速扩大。

由于初中学生还缺乏记忆经验，也不善于把所学的知识与已有的知识联系起来，因此记忆的方法往往不够合理。教师要注意指导他们采用科学的记忆方法，以促进他们记忆范围的扩大。

（三）对带有情绪色彩的记忆材料感兴趣

与小学生相比，初中学生的智力活动更明显地伴随着情绪色彩。因此，他们在积累知识经验的过程中，也就同时记忆着当时所体验到的情绪与情感，甚至于日后将记忆内容忘掉了，却留下它的情绪与情感的体验。用“痛苦、喜悦、悲伤、满意、蔑视、愉快、恼怒、高兴、挫折、沉思、坚强、失望、懦弱、灰心、厌烦”等词为材料的实验发现：从小学高年级起，学生对带有情绪色彩的材料的记忆量增加得很快，平均是小学低年级学生的一倍多；初中学生对这类材料的记忆量又比小学高年级学生平均增加 30%以上。

人所体验过并保持在记忆中的情绪与情感映象，可以成为坚持某种行为的心理动力，也可以成为放弃某种行为的心理诱因。因此，通过教学让学生在积累知识经验的同时，培养学生热爱真理、热爱科学、热爱祖国、热爱劳动等情感，是进行素质教育的重要途径之一。

二、记忆的规律在教学中的运用

（一）教学中识记和保持的组织

为了提高教学的效果，必须重视识记和保持的组织，遵循识记和保持的规律。

1. 要有明确的识记目的

识记对活动的目的、任务有明显的依存性。识记的目的、任务不明确，既影响识记内容的清晰性，又影响保持过程的巩固性。这些影响已被许多心理学实验所证实。

有一项实验，让两组学生识记一首七言古诗（边看边读一遍），诗的字里行间有10组两位数。要求第一组学生只记诗句的内容，要求第二组学生除了记住诗句内容外，还要尽可能地记住数字。实验结束后，要求两组学生都写出所识记的诗句和数字。结果表明：第一组学生平均写出诗句的意义单位是58.5%，正确写出的两位数是1.2%；第二组学生平均写出诗句的意义单位是56.5%，正确写出的两位数是11.8%。显然，第一组对数字的识记目的是不明确的，因而影响了保持的效果。

在另一个实验中，让学生识记两段难度相似的语文材料。对学生说："……第一段材料明天测验，第二段材料一星期后测验。"实际上这两段材料都在两个星期后测验。结果，学生对第一段材料平均只记住40%，而对第二段材料平均记住80%。显然，不同的识记目的对保持的牢固性产生了不同的影响。

由此可见，在其他教学条件相等的条件下，教师在课堂提问时，如果提问的内容不只是限于前一次上课的内容，那么，久而久之就会给学生形成"每次上课都要把学习的知识长久地记住"的定势。这一明确的识记目的，一定会大大提高学生保持的效率和质量。

2. 合理安排识记材料的数量

每次识记的材料过多，学生识记起来费时间，费精力，保持的效果也不好。但是，每次识记的材料过少，也不能充分发挥学生的记忆潜能。因此，每次的识记量要适宜。实验证明，随着识记量的增加，虽然识记的绝对数量可能增加，但保持的百分率会下降。例如：学生每次识记 5 个词，可以全部重现（100%）；每次识记 10 个词，平均重现 7 个词（70%）；每次识记 20 个词，平均重现 12 个词（60%）；每次识记 40 个词，平均重现 16 个词（40%）；每次识记 100 个词，平均重现 25 个词（25%）。

出现上述情况的原因是，随着识记材料的增加，脑细胞的抑制程度也在增强，同时连续识记较多的材料，也会使神经系统产生反应低落的现象，从而影响了对材料的保持。所以，教师要根据需要和学生的情况，合理地给学生安排每次识记的数量。

3. 根据材料性质，精心组织识记

材料的性质（包括材料的形象性、意义性、组织性与难度等）对识记和保持的影响也是明显的。一般地，形象性的材料与单纯的文字材料相比，其识记和保持的效果要好些。在单纯的文字材料中，描写性的材料和理论性的材料，有韵律、节奏的材料和没有韵律、节奏的材料，有意义的材料和无意义的材料，前者识记和保持的效果均比后者要好得多。但是，材料的组织形式不同，对识记和保持的效果影响也很大。有些人为加以组织的无意义材料也可以和有意义的材料一样，获得极好的识记和保持效果。有人做过这样的实验，让学生识记同样的 12 个音节，一组学生采用连续识记的形式，另一组学生把 12 个音节配成 6 对进行识记。结果，后一组学生保持效果比前一组学生好。通常难度大的材料，识记时困难大些。但是，过于简单容易的材料，由于不能引发学生的积极思维，保持的效果也不一定好。实验表明，那些难度适中、学生经过一定的努力可以获得最新知识成果的材料，保持的效果最好。

教师要充分地了解学生的年龄特征和识记能力，根据材料的性质，有针对性地合理安排，精心组织识记。

4. 让识记材料成为直接操作的对象

让识记材料成为学生直接操作的对象，可以使学生的注意力集中，并发挥思维的独立性，因此保持的效果可以大大提高。有一个实验，让学生学习八对句子，其中每对句子和一种语法规则相对应。要求他们分析这些句子的语法规则，并按照这些语法规则，自己再造八对句子。第二天，要求这些学生把原有的句子和自己造的句子全部默写出来，结果他们平均写出自己造的句子比原有的句子多三倍。

在教学过程中，应当重视让学生自己动手直接操作识记的材料，如绘制地图、制作图表、安装仪器、丈量计算、模拟实验等。这样，识记的材料就容易保持牢固。

5. 在理解的基础上识记

理解是智力活动的一种表现。通过理解而识记的材料，不仅易于保持，而且在运用时也易于提取。根据艾宾浩斯的研究，识记 12 个无意义音节，平均要 16.5 次才能成诵，识记 36 个这样的材料，则需要 55 次才能成诵，而识记《唐璜》中的 6 首诗，共 480 个音节，只要 8 次就能成诵。因为诗的内容是通过理解来识记的。

理解有两个标志，一是找出材料的本质特征和内在联系，二是找出新材料与已有知识之间的关系和联系。通过理解，对新材料的识记就增加了分析与综合的智力活动，同时又可以把新材料纳入已有的知识系统，为建立联想提供了可能性。

把要识记的材料进行归类或者系统化整理，是理解的重要手段。信息编码与储存的效果关键在于对信息的组织与归类。在学习过程中，学生对信息的组织与归类的常用方法是给材料编写提纲。根据实验，识记同样的材料，没有编写提纲的，遗忘率达 43.2%，而编写提纲的，遗忘率仅 24.8%。

为了通过理解来获得良好的保持效果，教师要创设有利于学生思维活动的教学氛围，指导学生学会把材料组织成为便于保持的“锁链”和便于重现的“据点”。对于那些本身难以理解的材料，如历史年代、外语单词、统计数字等，教师可以教给学生“人工联系”的方法，以帮助识记。当然，对有些材料必须逐字逐句地去识记。因此，给学生指出哪些材料可以逐字逐句识记，哪些材料不应当逐字逐句识记，是教师的一项教学任务。

6. 合理选择识记方法

常用的识记方法，有分记法、全记法和综合法三种。把材料分成若干部分，然后逐一进行识记，直到成诵，就是分记法。每次都识记整个材料，往复进行直到熟记为止，就是全记法。把分记法和全记法结合起来，一般是先采用整体识记，而后采用部分识记，两种方法交替进行，直到熟记为止，就是综合法。

实验证明，不同的识记方法，保持的效果是不一样的。让 3 个学生用不同的方法识记同一首诗的实验说明了这一点。第一个学生用分记法。他把诗的第一部分重复识记 35 次，第二部分重复识记 32 次，第三部分重复识记 18 次，共花了 16 分钟才牢记这首诗。第二个学生用全记法。他重复识记 13 次，花了 8 分钟熟记了这首诗。第三个学生用综合法，他把这首诗重复识记两遍之后，就去重复难以识记的诗句，只用 6 分钟就完全记住了。20 天后，让这 3 个学生重现这首诗，以提示的次数为指标，衡量不同识记方法的保持效果。结果是，对第一个学生提示 7 次，对第二个学生提示 4 次，对第三个学生只提示 1.5 次。显然，分记法效果最差，原因是这种方法把材料的意义联系割断了，不能使之形成统一的意义整体，妨碍了对材料意义的理解。同时，由于多次重复某一部分材料，降低了注意的稳定性。全记法的效果比分记法好，因为它保持了材料的统一性，有助于学生对材料获得全面的意义理解。但是，由于材料各部分的意义和难度不一样，采用全记法会造成保持的薄弱环节。综合法兼有分记法和全记法的长处，又避免了两者的短处，符合识记的心理要求。它既可以增进对材料的理解，又可以加强识记的信心，提高智力活动的积极性，因此，它是理想的识记方法。

三种识记方法的保持效果受材料性质与学生识记习惯的制约。因此，教师在指导学生识记材料时应注意：一般无意义的材料，可以让学生用分记法识记；有意义的分量不多的材料，用全记法较好；如果材料较多，而且是有意义的，则采用综合法识记最好。

7. 运用尝试重现

在完全牢记识记的材料之前就进行尝试性回忆，这种做法就是尝试重现。尝试重现可以大大提高保持的效果。有人用一段文章作为实验材料，让两组学生来识记，给他们的时间都是 1 小时。第一组用机械重复的方法，一遍又一遍地识记 1 小时。第二组用一部分时间反复识记，另一部分时间用来尝试重现，同样用了 1 小时。1 个星期后，让两组学生重新复习这段文章至记住为止，然后计算各自复习所用的次数。结果，第一组平均复习 14 遍，而第二组平均只复习 8 遍。另一个实验也证实了尝试重现的良好效果。让两组学生识记一段教材，第一组单纯反复识记 4 遍，第二组采用反复识记与尝试重现各 2 遍。然后，在未经复习的情况下检查他们的保持效果。1 小时后，第一组平均回忆 52.5％的意义单位，第二组平均回忆 75％的意义单位；24 小时后，第一组平均回忆 30％，第二组平均回忆 72.5％；10 天后，第一组平均回忆 20％，第二组平均回忆 57.5％。

尝试重现的保持效果是显而易见的。首先，这种方法能使学生看到自己识记成绩的进步，从而提高识记的自觉性。其次，这种方法易于发现难以识记的部分，从而集中注意攻克难点。最后，尝试重现的过程也是检查保持牢固性和可靠性的过程，便于补救保持的薄弱环节。进一步的研究发现，在识记材料时，用 40％～60％的时间进行尝试重现，可以获得最理想的识记与保持效果。

（二）怎样提高回忆的效果

1. 利用联想

由一事物想起另一事物的心理现象就是联想。客观事物总是相互联系的，人脑反映并储存着这种联系。因此，只要善于利用联想，就可以增进回忆的效果。

回忆时可以利用的联想有四种。一是接近联想，即利用事物在时间或空间上接近的线索进行回忆。二是相似联想，即利用事物在性质、特点、形态、作用等方面的相似性线索进行回忆。三是对比联想，即利用事物具有的相反特征或相互排斥的表现所提供的线索进行回忆。四是关系联想，即利用事物的因果关系、种属关系、部分与整体关系、上位与下位关系等线索进行回忆。

形成联想与利用联想是提高记忆能力的有效措施。教师在分析教材时，应注意揭露事物之间的各种联系和关系，使学生在回忆知识时能充分地利用各种联想规律。

2. 运用推理

利用联想进行回忆的基础主要是依据事物之间的外部联系，而运用推理进行回忆的基础则是依据事物之间的本质联系和规律性。例如，距离、时间、速度三者存在着明显的内部规律：当时间固定时，用快速，走的路长，反之，则走的路短；当速度固定时，花时间多，走的路长，反之，则走的路短。这样，就可以很自然地运用推理来回忆计算公式：距离＝速度×时间。

回忆是一种复杂的心理活动。学生学会运用推理来把握已知事物与所要回忆的事物之间的内在联系，是促进他们智力水平提高的有效措施。

3. 正确组织复习

复习是记忆之本。识记之后缺乏复习，将会导致全面、永久的遗忘。心理学的研究已经归纳出不少避免遗忘的措施，但最根本的是复习。

首先，复习要及时。遗忘的“先快后慢”进程提示我们，复习要赶在遗忘全面展开之前进行。按照学生的学习规律，学生应当做到当天的功课当天就复习一次。以后的复习时间间隔大致可以按以下的安排进行：一至三天，一个星期，两个星期，一个月，三个月，半年，一年。按照这样的时间间隔安排，有助于把知识信息纳入长时储存系统。艾宾浩斯曾经用 80 个音节的一首诗让被试识记，达到成诵后逐天进行复习。结果是：第一天平均复习 7.8 次，第二天平均复习 3.8 次，第三天平均复习 1.8 次，第四天平均复习 0.5 次；以后不复习，被试也能背诵。

其次，复习要多样化。多样化复习的做法是：一要动员多种感官参加复习活动，把看、听、写、读、思结合起来。因为不同的感官通道输入的信息在脑中储存的部位不同。这样，在回忆信息时，可以保证从其中的某一脑区部位提取信息。二要让不同性质的材料交叉复习。例如，先复习语文，后复习数学，再复习生物等。这样做可以大大减少前摄抑制与倒摄抑制。三是不要机械重复。机械重复复习某种材料，意味着长时间地使用大脑的同一部位，这样容易导致神经细胞的兴奋性低落。复习应从不同的角度，用不同的分析方法来理解或复述。例如，在复习“五四”运动发生的时间时，也把它发生的原因、条件、意义、结果等联系起来。这样，有助于构成联想。避免机械重复的另一个办法是把熟记的材料归入某一知识结构中来复习，使知识之间形成网络。比如，制作知识分类表，绘制知识框图等，就是这一办法的具体应用。

最后，要正确运用集中复习与分布复习的方法。学生每次复习的时间可以集中安排，也可以分布安排。在一段时间内，集中、连续地进行复习，这叫集中复习。把复习工作有计划地分成若干次，有间隔地进行复习，这叫分布复习。分布复习的效果比集中复习的效果好。例如，在两个教学条件和学生水平相近的班级里，教师都拟用五个课时的时间进行物理期末复习。甲班采用集中复习方法，乙班分为四次按单元进行分布复习。期末测验时，乙班的成绩优于甲班（见表 5-4）。

表 5-4　集中复习与分布复习的效果比较

复习方法	成绩分布情况/%			
	优	良	中	差
集中复习	3.4	49.4	36	11.2
分布复习	13.6	55.5	30.8	0.1

由于缺乏科学的指导，学生容易养成集中复习的习惯。教师应当向学生讲明集中复习与分布复习效果差异的心理学依据，培养学生善于运用分布复习的习惯。

4. 适当超额学习

在完全识记了材料并足以正确回忆之后，又继续增加学习或练习的次数，使学习的巩固水平超过刚能背诵的程度，这就是超额学习。超额学习也是防止遗忘的一种措施。例如，学习某种材料 4 遍后就能记住并正确回忆，为了巩固记忆，又多学了 2 遍。这 2 遍就是超额学习量，其超额比例为 50%。超额学习所获得的记忆效益并不与超额的次数或时间成正比。据研究，超额学习在 50%～100%时效果最佳，高于 100%的超额学习，效果会渐次降低，甚至反而无益。有些实验证实，在 14 天内，50%的超额学习可多产生 20%的保持效果，而 100%的超额学习，只能再多产生 8%的保持效果。

不适当的超额学习在学生中很普遍。这种不适当的超额学习很容易导致学生注意分散、精神疲惫、反应的敏捷性消退等不良后果。所以，教师应当善于组织学生安排好超额学习的活动，把学生节省下来的时间和精力用于记忆新的知识。

5. 减少前摄抑制与倒摄抑制的干扰

学生在学习过程中，要连续完成不同的学习与复习功课的任务，因此，先后学习或复习的材料彼此产生干扰的现象是难以避免的。为了减少这种干扰，可以采取以下措施。（1）让先学习或复习的材料达到 100%的巩固。（2）减少前后学习或复习的两种材料的类似程度。实验得出的结论是，先后的两种材料相似程度越高，干扰就越大。例如，把学生按学习成绩平均分为三组。第一组先学习 10 个形容词，后学习另外 10 个形容词。第二组也先学习那 10 个形容词，后学习 10 个名词。第三组还是先学习那 10 个形容词，后学习 10 个两位数。在分别检查前摄抑制与倒摄抑制的影响时，证实了原来的结论：第一组的回忆率是 32%，第二组的回忆率是 40%，第三组的回忆率是 52%。当然，相类似的两种材料如果能够互相补充或说明，那么，反而可以增进回忆。（3）避免回忆材料时的系列位置效应。在回忆材料时，往往有这种情况：最后呈现的材料较容易回忆，遗忘最少，最先呈现的材料也较容易回忆，遗忘也较少，而材料的中间部分则较难以回忆，遗忘最多。有人做过这样的实验：让学生阅读两篇短文之后，要求他们写出所记住的句子。结果，最前面的句子平均回忆 18.75%，靠近前面的句子回忆 12.31%，中间的句子回忆 7.06%，靠近后面的句子回忆 9.43%，最后面的句子回忆 13.34%。所以，加强对材料中间部分的识记，是避免这种效应的好办法。（4）注意科学用脑。要让学生在学习或复习两种材料之间有适当的休息。实验表明，学生在课间 10 分钟的积极休息可以使脑力活动效率提高 30%。人在睡眠中，遗忘进程的速度变慢，所以要让学生有足够的睡眠时间。同时，睡眠之前学习或复习难度大的材料，有助于知识的保持，因为没有倒摄抑制的干扰。

6. 运用记忆的技术和方法

记忆的技术和方法也叫记忆术。让学生掌握并能运用一些符合自己习惯的记忆术，对于完善记忆操作和避免遗忘是有好处的。特别是对于历史年代、外国地名、外语词汇、运算数据等近乎无意义的材料，采用合理的记忆术，可以达到经久不忘。学生常用的记忆术可以归纳为以下四大类。

第一类，以获得鲜明、具体的事物形象为目的的记忆术，如直观形象记忆法、图解记忆法、发掘特征记忆法、形状记忆法等。

第二类，以获得对抽象概念、理论、定理等的理解为目的的记忆术，如索引记忆法、人工意义记忆法、口诀记忆法、网络系统记忆法、列表对照记忆法、表解记忆法、改错记忆法、卡片记忆法、自问自答记忆法等。

第三类，以获得强烈的情绪体验为目的的记忆术，如夸张记忆法、争论记忆法、情境联想记忆法、趣味记忆法、对比记忆法等。

第四类，以巩固行为动作为目的的记忆术，如交谈记忆法、读写记忆法、实践记忆法、朗读记忆法、多角度重复练习记忆法等。

三、记忆品质的培养

（一）记忆品质的类型

良好的记忆品质包括记忆的敏捷性（即在单位时间里比别人记忆的数量多）、记忆的持久性（即对记忆的材料能长久地保持）、记忆的正确性（即回忆准确无误）、记忆的备用性（即善于从储存系统中迅速提取所需要的材料）。

记忆的品质在不同的个体身上有不同的结合，这反映了个体记忆能力的差异。所以，记忆的品质可以用来作为衡量个体记忆能力好坏的综合性指标。学生的记忆品质大致有以下几种主要的类型。

一是记忆数量多、保持牢固、善于准确回忆的类型。这是最理想的记忆类型。这类学生一般学习比较专心，能够在理解的基础上记忆材料。当然，也有记忆数量多、保持牢固，但不善于准确回忆的学生，这主要是思维品质的差异造成的。

二是记忆数量多、保持不牢固的类型。这类学生往往满足于追求记忆的速度，缺乏对材料的分析与比较，记忆过后又不及时复习，因而很快就把材料遗忘了。

三是记忆数量少、保持牢固、善于准确回忆的类型。这类学生常常要花较多的时间才能记住材料。他们依靠毅力和耐心，能够持之以恒地进行熟记，一旦记住就经久不忘，也能准确地回忆所需要的材料。也有的人记忆速度慢，保持虽然牢固，但不善于准确回忆，这主要是个性因素的影响造成的。

四是记忆数量少、保持不牢固的类型。这类学生虽然比别人多花几倍的时间去识记材料，但收效甚微。产生这种现象的原因可能是多方面的，比如学习目的不明确，识记材料时心不在焉，缺乏正确科学的记忆方法，知识基础太差，丧失学习信心，以及心理或生理上有某种疾病等。

学生记忆品质类型的差异不是一成不变的，经过培养，人人都可以具备理想的记忆品质类型的特征。

（二）良好记忆品质的培养

积累知识经验，巩固和运用知识经验，都与良好的记忆品质关系密切。记忆品质是智力的重要组成成分。教师要把培养学生良好的记忆品质作为一项重要的任务。

首先，要帮助学生认识自己记忆上的优缺点。教师可以通过观察或必要的心理测试，来了解学生记忆品质的状况，发挥学生记忆上的优势，并依靠优势去克服记忆上存在的劣势，为学生树立信心，鼓励他们成为具有理想记忆品质类型的人。

其次，要指导学生严格按照记忆规律学习知识。记忆的规律反映了大脑在信息输入、编码、储存、加工、检索、译码等过程中的一般活动特点，按照这些规律去学习，就事半功倍，否则，事倍功半。熟能生巧，习惯也能成自然，养成符合大脑活动特点而进行学习的习惯，必然会形成记忆的良好品质。

最后，要指导学生在实践中运用储存在头脑中的知识。只有通过应用，知识才能巩固与更新。学生已经形成的良好记忆品质也只有在实践中才能不断地完善与发展。在教学中，知识的应用一般包括两个方面：一是理论应用，即学生在识记教材之后，通过理解进行解题、问答、作文、实验等形式的作业来应用知识；二是实际应用，即让学生在社会实践、生产实践或科技实践中应用所学的知识。使记忆的材料成为活动的对象——解释性应用，或者使记忆的材料成为活动的结果——验证性应用，都是很好的应用形式。

思考题

一、什么是记忆？用什么方法可以测量人的记忆？

二、记忆有哪些类型？各种类型的记忆有什么特点？

三、记忆是以什么形式来储存知识的？

四、记忆有哪些过程？各个记忆过程有什么特点与规律？

五、什么是遗忘？怎样解释遗忘现象？

六、少年期学生的记忆有什么特点？

七、举例说明记忆的某一规律在教学中如何运用。

八、分析、记录几个初中学生记忆品质的类型及个别差异。

第六章
思维和想象

本章要点

思维的特征，思维和语言的联系与区别

思维的分类

思维过程与思维形式

创造想象和创造性思维

解决问题的思维程序

创造性思维的特点

少年期学生思维和想象的特点

思维和想象的规律和理论在教学中的运用

第一节 思维的概述

一、什么是思维

思维是人脑对客观事物的本质属性与内部规律性的间接和概括的反映。

思维是人类所特有的认识世界的高级形式。虽然思维是在感觉和知觉的基础上产生与发展的，但它的反映内容和形式都与感知不同。就反映的形式看，思维是通过一定的推理、判断间接地去反映客观事物，而感知是对客观事物的直接反映。就反映的内容看，思维概括了事物的本质属性、内部规律性及必然的联系和关系，而感知反映的是事物的个别属性和外部联系与关系。所以，间接性和概括性是思维的两个重要特征。

（一）思维的间接性

借助于已有的知识经验或其他媒介来反映客观事物，这就是思维的间接性特征。由于思维具有间接性，所以我们能够以间接的形式去推知过去、认识现在与预测未来。

思维的间接性有三个作用。一是使我们能够超越感官结构与机能的局限去认识客观事物。比如，我们能够认识紫外线和红外线的存在。二是使我们能够突破时间与空间的限制去了解遥远的过去或宏观与微观世界物质的结构与运动。比如，我们能够知道珠穆朗玛峰地区在四千万年前是一片汪洋大海，知道由于地壳的运动，那里现在每年都仍在升高。三是使我们能够触及由于事物的内隐性特点而无法直接被感知的那些属性与规律性。比如，我们能够了解大脑皮质高级神经活动的特点与规律。

（二）思维的概括性

通过思维活动，把同一类事物或现象的共同、本质的属性抽取出来并加以概括，同时，把概括出来的认识推广到同类事物或现象中去，这就是思维的概括性特征。

思维的概括性也有三个作用。一是让我们能够认识同一类事物或现象的本质特征。例如，禽的本质特征是“二足而羽”，兽的本质特征是“四足而毛”。二是让我们能够在多次感知的基础上，发现事物与事物之间内在联系的必然性，而舍弃它们之间那些偶然性的外部联系。例如：地球的昼夜交替与季节变化是地球绕太阳公转和自转形成的；太阳的东升西落是地球自转而形成的相对运动引起的，而不是太阳绕着地球转所引起的。三是让我们能够摆脱对个别事物的直接依赖而更深刻、更正确地反映客观事物，并能举一反三地把在一种场合获得的认识推广运用到其他同类的场合。例如：蝙蝠虽然会飞，但我们确认它不是鸟类，而是哺乳类；鸡、鸭、鹅虽然是养在家里的，但我们确认它们都是鸟类。

思维的间接性和概括性是相互联系的。当我们离开具体事物而进行抽象、概括活动时，基本上都表现为间接认识的形式；而我们间接认识客观事物的基础是思维的概括性活动。当然，思维之所以能够进行间接与概括的活动，是因为它有感知提供的材料，并经过“去粗取精，去伪存真，由此及彼，由表及里”的加工过程。所以，感性认识是思维活动的基础。

二、思维和语言的联系与区别

思维的间接性和概括性特征是借助于语言而实现的，可见思维和语言的关系极为密切。但人并不是以语言为唯一工具来进行思维的，因为语言的历史要比人类的历史短得多。因此，思维和语言既有联系，又有区别。

（一）思维和语言的联系

1. 语言是思维的工具

语言也具有间接性和概括性的特点。语言是人可以理解的物质形式符号，它不仅是个别事物的符号，也是一类事物的符号，这是概括性的体现。语言符号不是事物本身，但它代表一定的事物，反映事物最稳定、最本质的属性。因此，用语言来标志事物，就不会把这一事物与其他事物混淆起来，这是间接性的体现。语言还具有物质性。语言的声音和形状属于物质的东西，而语言的固有意义虽然属于非物质的成分，但它包含一定的思想内容，通过听觉或视觉分析器接收之后所发生的刺激作用，可以在脑中形成神经联系，于是人们就可以揭露语言所固有的意义，从而顺利地运用概念进行思维活动。

2. 语言是记载和巩固思维成果的工具

人的思维活动的成果只有凭借语言才能被记载下来，保存于脑中或书籍中。这样，人与人之间的思想交流、个体经验的积累和人类知识的储存才成为可能。

（二）思维和语言的区别

思维和语言不是同一的东西。第一，思维是一种心理现象，而语言是一种社会现象。第二，思维与客观事物是反映与被反映的关系，两者有必然的内在联系，而语言与客观事物是标志与被标志的关系，两者没有必然的直接联系。第三，思维的内容是由概念组成的，而构成语言的材料是词。第四，不同民族的思维规律是相同的，而不同民族的语言及其语法结构不会完全相同。

三、思维和实践的关系

人的思维是在自身长期实践的基础上形成的，并受社会生活实践的制约，所以，人的思维具有社会性。实践对思维的作用体现在两个方面。一是实践给思维提供感性材料。离开了实践和社会生活条件，人就不会有高度发展的思维，因此实践是思维发展的原动力。二是实践是检验思维的唯一标准。人在实践中所获得的认识不是一次就达到十全十美的境界，而是经过实践、认识、再实践、再认识，以至无穷的思维加工过程才实现的。在这个过程中，思维是否正确，必须由实践来检验。

思维对实践也有反作用。这种反作用也体现在两个方面：一是思维揭露出的事物的本质属性和发展规律，使我们在改造客观世界与主观世界的实践过程中更具有自觉性与主动性；二是通过思维活动，我们能够更周密、更完善地确定行动目的，考虑行为方向，研究克服困难的对策，避免实践活动的盲目性。

思维和实践的结合，是保证思维的正确性，并发挥人改造主客观世界的能动作用的重要保证。

四、思维的分类

随着对思维研究的不断深入与取得的成果，心理学研究者从不同的角度对思维进行分类。

（一）根据思维的抽象程度分类

根据思维的抽象程度不同，可以把思维分为动作思维、形象思维和抽象思维。

以实际动作去解决问题的思维就是动作思维。凡是问题的性质是直观的，解决问题的办法和过程要经由实际操作才能进行，这时的思维活动就属于动作思维。例如：儿童触摸、摆弄玩具，把有毛病的玩具修好；汽车司机检查线路、油路的接头，拧紧螺帽，更换零件，使马达正常运转。当然，成人的动作思维有过去的知识经验和语词的参与和调节，而儿童由于尚未完全掌握和精通语言，知识经验也不足，因此，儿童与成人之间的动作思维有着本质的差别。

利用事物的具体形象或表象去解决问题的思维就是形象思维。凡是问题的性质是形象化的，在解决问题时，都需要进行形象思维。形象思维有不同的水平层次。利用原始的直观形象进行操作而去解决问题的，是初级形象思维；在原始的直观形象基础上进行加工，使之与同类事物的形象或表象产生联系而解决问题的，是中级形象思维；在大量的表象基础上，进行分析与综合、抽象与概括等操作过程，以形成典型的解决问题的模式的，是高级形象思维。

以概念、判断、推理的形式进行的思维，就是抽象思维。凡是问题的性质是理论性的，要以概念为支撑才能使问题得到解决的，这时就需要抽象思维。抽象思维也有不同的水平层次。概括化程度较低，应用一般常识经验就可以把问题解决的，这是经验型抽象思维。概括化程度较高，必须应用较高水平的理论知识才能解决问题的，这是理论型抽象思维。

（二）根据探索答案的方向分类

根据探索答案的方向的不同，可以把思维分为求同思维和求异思维。

把与问题有关的信息聚集起来并进行重组和推理，得出解决问题的唯一正确答案的思维，就是求同思维。根据问题所提供的信息，沿着不同的途径去思考，探求解决问题的多种可能性答案的思维，就是求异思维。

（三）根据解决问题时的创造性成分分类

根据解决问题时的创造性成分的不同，可以把思维分为习惯性思维和创造性思维。

依靠已有的知识经验，采用常规的方法去解决问题的思维，就是习惯性思维。当依靠已有的知识经验不能解决问题时，把储存在脑中的信息提取出来，通过最优组合形成新的解决问题的方法的思维，就是创造性思维。

此外，根据解决问题时是否有明确的步骤或清晰的意识，可以把思维分为直觉思维和分析思维。

我们是为了解决问题才去思维的。在解决问题的全过程中，单纯应用某一类思维的情况极其少见。为了使问题圆满解决，各种思维总是协同活动着的。

第二节　思维过程和思维形式

一、思维过程

思维活动包括分析与综合、分类与比较、抽象与概括、具体化与系统化等过程。其中，分析与综合是思维的基本过程，其他过程是通过分析与综合来实现的。

（一）分析与综合

分析是在脑中把事物或现象分解为各个组成部分或个别属性的思维过程。

分析包括两种具体的方式：一是在脑中把事物或现象分解为它的各个组成部分，例如把 $(x+1)^2$ 分解为 x^2+2x+1 或 $(x+1)(x+1)$；二是在脑中把事物或现象的属性分解出来，例如把学生的心理素质分解为认知、情感、意志、性格、气质、能力、兴趣、信念、世界观、人生观等。

通过分析，我们才能具体地认识某个事物，并使这种认识从事物的表面开始深入到事物的内部。

综合是在脑中把事物或现象的各个组成部分或各种属性联合成为一个整体的思维过程。

综合也包括两种具体的方式：一是在脑中把事物或现象的各个组成部分综合为一个整体，例如把 x^2+2x+1 或 $(x+1)(x+1)$ 综合为 $(x+1)^2$；二是在脑中把事物或现象的属性综合为一个整体，例如把某个学生的认知、情感、意志、性格、气质、能力、兴趣、信念、世界观、人生观等特点综合起来，构成这个学生较完整的心理素质内容或人格特征的总和。

通过综合，我们才能了解事物的各个组成部分与各种属性之间的联系和关系，使我们的认识更加全面与完整。

分析与综合是彼此相反而又相互联系的辩证统一的过程。分析中有综合，分析要以综合为前提。综合中也有分析，综合是以分析为基础的。总之，分析与综合是认识事物和现象的基本手段和方法。分析得越细致、越精确，综合也就会越全面、越完善。同样，综合得越贴切、越完备，我们就会对事物的各个部分、各种属性认识得越深刻、越准确。

在认识活动中，人的思维一般循着“综合（最初的整体）—分析—综合（被认识得更充分的整体）”这三个阶段展开，并进行多维度的分析与综合活动。分析与综合可以在不同的水平上操作。第一种水平是通过直接摆弄物品而进行的分析与综合。例如，学生把玩具的零件卸下，检查后又装配起来。第二种水平是通过图表、图像、表象进行的分析与综合。例如，学生用作图的办法计算圆柱体的表面积。第三种水平是通过语词、符号而进行的分析与综合。例如，学生应用数学定理、数学符号解答数学方程。

（二）比较与分类

比较是在脑中确定事物或现象之间存在异同的思维过程。

客观事物之间存在着同一性和差异性，这就为比较提供了前提。当我们为了解决诸如事物或现象之间性质的异同、数量的多少、形式的美丑、质量的好坏、品质的优劣等问题时，就必须运用比较。

分析与综合是比较的基础。没有分析与综合，就无法进行比较。比较可以在同一类事物或现象中进行。通过这种比较，我们可以把该类事物的本质特征与非本质特征区别开来，这有助于概念的形成与鉴别。比较也可以在不同类但具有相关特性的事物或现象中进行。通过这种比较，我们可以确定不同事物或现象之间的关系及区别。

比较有两种形式，即纵向比较和横向比较。把现在的与过去的进行比较，这是纵向比较。把现在的或某时的此事此物与彼事彼物比较，这是横向比较。纵向比较有助于发现变化，横向比较有助于找到差异。

进行比较时，应遵循以下规则：(1) 相互比较的事物或现象必须在性质上有联系；(2) 比较必须始终按照同一标准进行；(3) 在比较的事物或现象中，至少要有一种事物或现象是熟悉的。此外，利用语言提示有利于获得正确的比较结果；为了使比较顺利进行，比较最好从差异点开始，然后再过渡到相似点。

分类是在脑中依据事物或现象的本质特征，把它们归入适当的类别中去的思维过程。

分类是一种变式的比较，同时也是一种特殊的分析与综合。通过分类，可以揭示事物或现象的从属关系和等级系统以及概念的内涵与外延。

分类是一种复杂的思维活动。依据事物或现象的外部特征和非本质属性进行分类，这是前科学的分类。只有根据事物或现象的内部特征和本质属性进行的分类，才是真正意义上的科学分类。

进行分类的规则是：(1) 不能仅仅依据事物或现象的个别本质属性进行分类；(2) 分类要自始至终使用统一的标准。

(三) 抽象与概括

抽象是在脑中把同类事物或现象的本质属性抽取出来，而舍弃其非本质属性的思维过程。

抽象主要在分析、比较的基础上进行。例如，对“鱼类”的本质属性进行分析之后，抽取“生活在水里”“用鳃呼吸”“行动靠鳍”

“有脊椎”等属性，并把这些属性与鲤鱼、鲫鱼、鲸鱼、鳄鱼的属性进行比较。结果发现：只有鲤鱼、鲫鱼具备了鱼类的全部本质属性，是鱼类；而鲸鱼、鳄鱼没有具备鱼类的全部本质属性，不是鱼类。抽象的作用就是使我们认识事物的本质与内部规律。

有人认为，科学的抽象似乎离感性的现实更远。其实不然，正因为抽象触及一类事物的本质特征，洞悉了事物的内在规律，因此它更能真实而正确地反映客观现实。

概括主要在抽象、综合的基础上进行。例如，对“鱼类”进行抽象之后，再把抽象出来的本质属性综合起来，就得到了“鱼是生活在水里，用鳃呼吸，行靠鳍的脊椎动物”的认识，这就是概括。概括的作用是让我们的认识由感性上升到理性，由特殊过渡到一般。

概括有两种形式：一种是概括事物或现象的外部特征，并通过初步比较，舍弃互不相同的那些特征，然后把共同的特征加以概括，这是知觉、表象水平的概括；另一种是根据事物或现象的本质特征，通过科学的比较与抽象，然后加以概括，这是真正思维水平的概括，是概括的高级形式。

抽象与概括是彼此紧密联系的。通过抽象与概括，我们就可以把有限事物的本质特征推广到一类无限多的事物中去。所以，通过抽象与概括就形成了概念、原理、定律等，同时，我们也才能发现事物或现象之间普遍存在着的联系以及这些联系的规律与法则。

（四）具体化与系统化

具体化是在脑中把抽象、概括出来的概念、原理、理论运用到实际中去的思维过程。

在具体化过程中，我们可以把一般与个别、理论与实际、抽象与直观等结合起来，把理论转化为能够实际应用的技能、方法或策略，从而促使问题更容易被理解。具体化的作用是使初级的理性认识上升为更具体、更理性化的认识，并赋予这种理性化认识更真实、更可靠的特征。

教师在教学中应用范例来说明各种抽象化和概括化了的理论知识，使之不成为形式的、空洞的、与生活割裂的教条，这就是具体化的具体体现。

系统化是在脑中把具有相同本质特征的事物，按一定顺序归入一定类别系统中去的思维过程。

系统化一般采用分类来完成。首先，按事物的相同本质特征，把它们区分出较小的类别，然后再组合成为较大的有层次的类别。这样，逐层逐级地进行分类，最后才形成层级分明的完整的系统结构。系统化的作用，是使知识经验形成有规则的网络和认知结构体系，使之不仅便于储存与记忆，而且便于提取和运用。

教师指导学生对学习的材料进行归类、编写提纲、绘制知识树图或知识分类表，就是系统化的实际操作。

在解决问题的过程中，上述各个思维过程是相互补充、协同活动的。它们往往既是思维过程，也是思维方法；对于学生来说，甚至也可以说是学习方法。

二、思维形式

思维形式是相对于思维内容而言的。人的各种思维内容都有其一定的思维形式。人的思维活动极其复杂，因而相同的思维内容可以用不同的思维形式来表达，不同的思维内容也可以用相同的思维形式来表达。思维形式有概念、判断、推理。

（一）概念

概念是人脑对客观事物的本质属性，以及对具有这些属性的事物的概括反映的思维形式。

概念是思维的成果。一切思维最终都以概念及其联系的形式表现出来，所以人可以利用概念去推演事物的那些不可见的特征。例如，“原子”这个概念的信息以前是无法直接知觉的，但是，通过概念的推演，我们知道它确实存在。

概念是在表象的基础上形成的。最初我们把标志概念的词与有关事物的表象联系起来，为概念的形成奠定基础。然后我们从表象中认识了某类事物的一些特征，包括本质特征与非本质特征。最后我们将这类事物的本质特征抽取出来，加以概括，这时才形成并学会应用某一概念。概念虽然是在表象的基础上形成的，但两者有本质的不同。概念反映的是事物内在的属性和关系，具有抽象性，而表象反映的是事物的形象，仍然具有形象性的特点。

概念不是一成不变的，它是在人类社会历史的进程中不断地形成和发展的。我们每个人都要通过掌握这些具有发展性的概念来获得前人积累的知识经验，在这个基础上，才能进行正常的心理生活并参与社会活动。

（二）判断

判断是用概念去肯定或否定某事物具有某种属性的思维形式。

判断用两个或两个以上的词，加上“是、不是、有、无”等词组成的句子表示。例如：“师范学校是培养教师的场所”，这是肯定形式的判断；“他不是学生”，这是否定形式的判断。

判断分为直接判断和间接判断两类。一般以感知方式或具体动作表现出来的，不需要伴随复杂思维过程的那种判断，就是直接判断，例如说“苹果是红的”。间接判断反映事物内部的一定关系和联系，需要通过对事物表现在时间、空间、条件或因果等方面的关系和联系做复杂的思考。例如，我们常说“天将雨，而群石燕飞”，从“群石燕飞”而判断出“天将雨”，这是复杂的思维过程，是间接判断。

（三）推理

推理是从已知判断推出新的判断的思维形式。

推理是我们间接认识客观事物的基本途径。推理由前提和结论两个部分组成。在推理过程中，所运用的已知判断叫前提，根据前提引出的新判断叫结论。例如，运用“师范学校是培养教师的场所”（大前提）与“这所学校不培养教师”（小前提），引出新判断“这所学校不是师范学校”（结论）。

推理一般有归纳推理、演绎推理、类比推理。从特殊事例出发，推导出一般原理的思维形式就是归纳推理。比如从金、银、铜、铁等金属受热后膨胀的事例，得出“一切金属受热后都会膨胀”的结论。从一般原理出发，推导出特殊事例的思维形式就是演绎推理。比如从“所有的中学生都有学生证”和“张三是中学生”的事例出发，推导出“张三应当有学生证”的结论。归纳推理和演绎推理是相互联系的。归纳得出的结论，可以用演绎去验证，而演绎的前提是从以往的归纳获得的。从某个特殊的事例推导出另一个特殊事例的思维形式就是类比推理。比如把鱼类的特征与鲸鱼的特征比较，再把哺乳动物的特征与鲸鱼的特征比较，得出鲸鱼是哺乳类动物，不是鱼类，这就是类比推理的过程。

要获得正确的推理，有两个要求：一是推理材料要真实可靠，二是推理过程要合乎逻辑。如果推理的材料不真实可靠，或者推理过程违反逻辑，就会发生“误推”。从心理因素的角度分析，造成推理错误的原因往往有两个：一是“气氛效果”的影响，即由于前提形成的气氛，使人不顾逻辑步骤而得出错误的结论；二是“情绪偏见”的影响，即明知结论是错误的，但符合自己的情绪要求，因而也认为是正确的。

在教学中，教师应当对学生在学习时运用概念进行推理、判断的内部思维活动加以考察，而不能满足于只看学生回答或演算的结论。这样，教师就可以对学生理解教材、分析问题与解决问题等思维活动做更有针对性的指导。

第三节 想　　象

一、什么是想象

想象是人脑在思维的参与下，对表象进行加工、改造而创造出新事物形象的心理过程。

人通过想象可以创造出自己没有经历过的、现实中尚未存在或者根本不可能存在的事物的形象。想象的形象无论多么新奇，但构成想象的材料都是我们过去感知过的现实中存在的客观事物的形象。

人脑对表象的加工、改造有五种基本方式。

（一）拼合

拼合是把两种或几种事物的特征、性质合并，从而产生新的事物或新产品。例如，通过巧妙设计，把大楷笔头、中楷笔头、小楷笔头、小小楷笔头装在一支笔杆儿里，“产生出”多用毛笔。

（二）联合

联合是把几种事物的已知功能进行独特的有机结合，使之成为具有特殊结构与用途的完整的新事物。例如，电脑就是集图像显示和信息接收、储存、输出等功能于一体的高科技产品。

（三）夸张

夸张是把事物的某一特点或某一部分突出出来，从而建构出一种新的特殊事物。夸张有两种具体手法：一种是扩大或增加原事物的某一特点或部分，如千手佛等；另一种是缩小或减少事物的某一特点或部分，如短腿神行太保。

（四）典型化

典型化是把某一类事物中具有代表性的特征提炼出来，然后集中到某一事物上，重新塑造出事物的新的形象。文学艺术上新形象的创作和科技新产品的创造普遍采用这种方式，如鲁迅笔下的阿 Q 形象，能进行图像、声音、气味等模式识别的识别机。

（五）猜想

先提出假设，而后再去证明它的存在方式就是猜想。科学家常用这种方式去建构科技含量较高的新事物。例如，豆科植物在固氮酶的作用下，可将空气中的氮变成蛋白质或核酸，以供其生存。科学家由此猜想，可以设计发明一种能在常温常压下直接由空气合成氮的新工艺。

想象过程所产生的新事物的形象，叫作想象表象。有想象才有创造。任何文学艺术创作、科学发现、技术发明都需要想象。

二、想象的种类

根据想象时有无预定目的，可以把想象分为无意想象和有意想象。

（一）无意想象

事先没有预定的目的，由一定的刺激引起的、不由自主进行的想象，叫作无意想象。

语言诱导是引起无意想象的主要因素。无意想象也可以由疾病或药物引起。人在意识减弱的昏昏欲睡状态下容易产生无意想象。看到天上的白云，根据它的变幻，不由自主地想象为一群绵羊、一堆棉花或积雪的奇异山峰。学生根据教师绘声绘色的描述而不由自主地展开的想象，都是无意想象。

梦是无意想象的极端形式。梦在睡眠中发生。人有两种睡眠，一种叫慢波睡眠（普通睡眠），另一种叫快波睡眠（异相睡眠）。慢波睡眠有四个阶段，即似睡非睡阶段、浅睡眠阶段、较深睡眠阶段和深睡眠阶段。在慢波睡眠之后，人就进入了快波睡眠。这时人的面部和四肢肌肉紧张，有时会出现全身性运动，心跳和呼吸节律加快，出现与人觉醒时相似的脑电波。根据研究，这是做梦的表征，如果这时把人叫醒，几乎所有的人都会报告正在做梦。快波睡眠大约经历半小时，慢波睡眠大约经历一个半小时。在慢波睡眠过程中，只有在第三、四阶段，有的人才会做梦，但往往梦中的细节记不起来。

梦是脑的正常活动，它不仅无损于人的健康，而且对脑的正常功能的维持是必要的。研究过梦的心理学家认为，在创造性的活动中，梦境可以给人以灵感。在正常的情况下，人每晚在睡眠时约做五个梦。由于梦不受意识支配，因此它有离奇性。但梦境是由自己经历过的事物构成的，所以它又具有逼真性。对梦的研究发现，梦中的环境、人物、情节等都与个人的生活经验相关。有人统计了做梦者在梦中的情绪表现，结果是：愉快情绪的占41％，不愉快情绪的占25％，混合情绪的占11％，没有情调的占23％。这与被调查的个体在日常生活中的情绪表现完全一致。

（二）有意想象

根据某种目的，自觉地进行的想象，叫作有意想象。

有意想象可以分为再造想象、创造想象和幻想。

1. 再造想象

再造想象是根据语词的描述或图像、符号的示意在脑中形成相应事物形象的过程。

再造想象的特点是再生性，它的形象不是自己创造出来的，而是根据某种需要或任务重新去塑造的。语词的调节与已有的知识经验是塑造某种事物形象的关键。因此，不同的人在相同的情况下，由于语词的调节和个人知识经验不同，再造出来的形象可能是不相同的。这也说明，再造想象中也有创造性的成分。

再造想象在人的认识活动中有着重要的意义。凭借再造想象，我们可以摆脱狭小的经验范围和时间、空间的限制，去获得自己不曾感知或无法感知的有关事物的形象及知识。进行有效再造想象的条件，一是正确理解语词与各种图像、符号的意义，二是要有足够的记忆表象储备。

2. 创造想象

创造想象是独立地在脑中形成新事物形象的过程。

通过创造想象产生的新事物形象应当具有新颖性、独创性和奇特性，还要有一定的社会价值，才会得到人们的认可与肯定。创造想象是创造活动的必要因素。它使人在问题具有不明确性的情况下，能够拟订活动的程序，并且将创造过程结束时可能得到的结果事先呈现在创造者的头脑中，指导着创造活动的进程与方向。发展创造想象，需要具备以下的条件。

（1）社会需要与个人的创造欲望。社会需要是激发创造想象的源泉和动力，也是产生创造想象欲望的基础。一旦社会需要与个人的强烈创造欲望结合起来，在正确观点的指导下，人们就会产生创造新事物的实际行动。

（2）高水平的表象建造能力。在创造想象中，要获得具有新颖性、独创性和奇特性的想象产品，只有一般的表象建造能力是不够的，它只能产生平淡无奇的想象产品。平时对有关事物认真观察，积累丰富的材料，并有意识地在头脑中就储备的表象进行想象建造演练，这有助于人的表象建造能力的提高，从而发展创造想象的水平。

（3）原型启发。进行创造想象时对解决问题起启发作用的事物就是原型。原型之所以有启发作用，原因有两个：一是原型与所要创造的新事物形象有共同的特点，能够成为创造新事物形象的起点；二是在原型的基础上，各种联想容易产生。

（4）积极的思维活动。创造想象要由思维调节，才能更有效地展开。例如，艺术家塑造新的艺术形象，要根据一定的主题思想进行构思；工程师设计新机器，要思考各种部件之间配合的协调性，并根据有关的理论和数据来绘制新机器的蓝图。这些想象过程都伴随着积极的思维活动。

3. 幻想

幻想是与个人的生活愿望相结合，并指向未来的一种想象。

幻想是创造想象的特殊形式，它有两个特点：一是体现个人的需要和愿望，幻想的事物一般都是个人向往的；二是幻想的事物一般不会体现在直接的创造行动上，而是对未来活动的设想。

幻想有积极的和消极的两种。切合生活实际、符合事物发展规律、具有社会意义的幻想，是积极的幻想，也叫理想。这种幻想是可以实现的，它是促使人们进行创造活动的心理力量。例如，人们幻想在空中自由翱翔，这导致了飞机的发明。脱离现实生活实际、违背事物发展规律的幻想，是消极的幻想，也叫空想。这种幻想是有害的，它只能引导人们脱离现实生活，成为崇尚空谈的空想家。

三、想象的个别差异和影响想象的因素

（一）想象的个别差异

人的实践活动千差万别，因而每个人都有自己想象的特殊色彩，形成想象的个别差异。

从想象表象的性质分析，人的想象表象有视觉表象、听觉表象、运动觉表象。我们每个人都同时具有这三种类型的想象表象，但不同的人可能有某种想象表象占优势的倾向。苏联作家奥斯特洛夫斯基、达·芬奇的想象表象以视觉表象占优势，法国哲学家狄德罗、贝多芬的想象表象以听觉表象占优势，运动员与舞蹈家的想象表象一般以运动觉表象占优势。

（二）影响想象的因素

1. 记忆表象贫乏

想象的水平与记忆表象的储备有直接的关系。储存的记忆表象数量越多、越真实，想象就会越丰富、越完备。研究表明，感官迟钝与表象不清晰是造成人的记忆表象贫乏的主要原因。

2. 思维刻板

思维离不开想象，想象也离不开思维。个性的过分依赖性和表象组装能力差是思维刻板的具体表现。这种人也一定缺乏丰富的想象力。目前，学校里较普遍存在着的求同思维的教学模式是造成学生思维刻板的原因之一。培养学生的求异思维习惯，发展学生的联想能力，是避免学生思维刻板与发展他们的想象力的有效途径。

3. 缺乏判断力

想象离不开判断力。想象虽然一方面以一定的客观现实为基础，但另一方面又总是超脱现实的，是对现实的一种超前反映。为了实现

超前反映，我们就要进行想象，就要对某种活动的目的、问题、资料、证据、事实、观点等做出取舍、区别与鉴定，从而判断其正误，使想象的方向端正。所以，缺乏判断力的人要想在浩瀚的现实生活中，把记忆表象化为具体的想象命题或假设是不可能的。因此，缺乏判断力的人必然缺乏想象力，而缺乏判断力的关键是缺乏知识经验。

第四节　创造性思维

一、什么是创造性思维

创造性思维指应用独特的、新颖的方式解决问题的思维活动。

创造性思维产生于复杂的问题情境之中，是在用习惯的思维方法不能解决问题时展开的。因此，它是思维的最高表现形式。创造性思维活动的成果往往具有较高的社会价值，可以为社会提供有创见的新产品、新思想或新发明。

根据心理学的分析，创造性思维在解决问题时，既有与一般思维相类似的程序，也有其自身独特的解决问题的思维特点。一般解决问题的思维包括提出问题、明确问题、提出假设、检验假设等一系列相互联系的程序。

（一）提出问题

爱因斯坦有一个著名的观点：提出一个问题比解决问题更重要。的确，提出问题，特别是提出有价值的问题，并不是一件容易的事。所以，是否善于提出问题是思维发展水平的一个重要标志。巴甫洛夫在人们司空见惯的“吃东西就会流口水”的现象中提出了有价值的问题，发现了条件反射，并进而揭露出高级神经活动的规律。这是善于提出问题的典型事例。

提出问题常用的方法有五种。

（1）怀疑法。怀疑法是人的一种特殊的思维方式，历史上的许多重大发明、发现都从怀疑开始。从现成的结论、他人的研究成果中寻找疑点与不足之处，是提出问题的起点。

（2）比较法。把某一事物或现象的特征、功能与另一事物或现象的特征、功能进行比较，通过比较也很容易发现与提出新的问题。

（3）边缘法。两种事物或现象必定会在时间上、空间上或运动形式上存在着交叉，这是提出问题的切入点。比如，在幼儿园向小学过渡、小学向中学过渡、中学向大学过渡的各个阶段中，寻找学生心理特点的异同，就可能提出一些有研究价值的问题。

（4）迁移法。借用其他学科或领域解决问题的观点和方法来研究本学科或本领域的事例，也有助于发现与提出问题。例如，用物理实验法来研究心理现象，就发现、提出并解决了许多心理学的问题。

（5）剖析法。从事物或现象的非本质属性入手，解剖、分析蕴含于其中的本质属性或规律性，也是提出问题的良好途径。

提出问题的标志是能够用语言或图形与符号准确地把问题表述出来。

（二）明确问题

提出问题之后，就要对问题进行研究，使问题的实质明确。明确问题实际上就是分析解决问题的要求与条件，找出要求与条件之间的联系和关系，使问题的解决有明确的方向。

明确问题的标志是把问题的范围缩小，认识问题的本质，分清问题的主次，以及弄清问题的内在联系与关系。

（三）提出假设

提出解决问题的策略就是提出假设，这是解决问题的思维过程中体现创造性的一个关键步骤。通常解决问题有两种策略。一种叫算法策略，就是把解决问题的方案全部拿出来，然后逐一尝试，从中找出可以解决问题的方案。这种策略应用起来比较烦琐，容易使人产生厌烦。另一种叫启发策略，这是根据自己的知识经验，判断并选择某一种最佳的方案进行直接尝试。这可以避免烦琐的操作，但有时不能保证一次就尝试成功。

提出假设的标志是找到了问题与答案之间的联系或关系，并应用了解决问题的原理和理论依据。

（四）检验假设

检验假设的目的是确定所提出的假设是否符合实际。检验假设的方法可以是直接的，也可以是间接的。直接的检验就是把解决问题的方案加以实施。间接的检验是在头脑中进行推断，因此也叫思维实验，它通常在不能立即以实际行动来加以检验的那些复杂的问题上使用。例如，伽利略用这种间接的检验，推翻了亚里士多德关于“物体从高处落下来，其速度与质量成正比”的错误结论。之后，他又在比萨斜塔上直接检验，结果证实了他的思维实验是正确的。

二、创造性思维的特点

创造性思维与一般思维所遵循的逻辑依据有很大的区别。在解决问题时，创造性思维具有以下主要特点。

（一）非逻辑性

强调遵循逻辑规则，在解决问题之前，必须对事实材料进行分析，然后通过一步一步的判断与推理，从而得出科学的结论，这是逻辑性的思维。创造性思维也需要这些规则。但是，人们发现，善于进行逻辑思维的人，不一定善于创造。在创造活动的关键阶段，具有非逻辑性特点的思维起着主要的作用。思维的非逻辑性主要包括直觉和灵感。

1. 直觉

对问题的一种突如其来的领悟与理解，从而产生能够直接阐明问题的思想，使问题得到解决的思维，就是直觉，或叫直觉思维。

直觉思维不像逻辑思维那样有意识地按照判断与推理的规则进行。在这种思维中，思维的中间环节被省略了。直觉可以在人们自觉地思考问题时突然产生，也可以在不自觉地想着某一个问题时，戏剧性地突然跃现。据说 19 世纪俄国的罗巴切夫斯基和德国的黎曼提出的几何上平行问题的非欧几里得公理，就是来自直觉。直觉的作用是：(1) 使人容易从许多可能的创造方案中选出最佳方案；(2) 帮助人们在创造活动中迅速做出预见；(3) 引导人们在创造活动中提出新概念、新理论或新的科学思想。

并不是任何人在任何时候都有直觉产生。产生直觉的时机往往是：(1) 对问题进行过长时间的琢磨，在思想达到充分饱和时；(2) 不受任何分心因素干扰，注意集中在所思考的问题时；(3) 在紧张地工作一段时间后，暂时放下工作或暂时闲适的间隙；(4) 在阅读与自己欲解决的问题无关的资料，受到某种技巧或原理的启发时。当然，高水平的直觉能力总是来源于个体的学识、经验、勇气和信心，但归根到底是来源于实践。

然而，直觉也有局限。它容易使人只凭有限的事实就提出假设或引出结论，也常常会使人把两个毫不相干的事物纳入虚假的联系之中。

2. 灵感

在创造活动达到高潮的阶段，出现的一种最有利于创造性地解决问题的心理状态，就是灵感。

灵感是创造性思维过程中认识飞跃的心理现象，它同样是人脑对客观事物的反映，并不神秘。灵感只有在注意高度集中、大脑处于优势兴奋的状态下才会来临。灵感与直觉虽然在表现形式上有类似之处，如突然性、直接性等，但两者有性质上的区别。首先，灵感通常是在对新发明、新产品、新理论、新思想进行长时间酝酿且接近成熟的阶段产生，而直觉可以在解决问题的任何阶段产生。其次，灵感的产生总是伴随着积极的情感，同时，创造想象也在其中起着明显的促进作用。因此，在解决问题过程中常常出现消极情绪或思想僵化的人，就很难触发灵感，而直觉似乎距情感和创造想象要远些。最后，灵感在意识中心产生，它使人的思想具有高度的灵活性、鲜明性和深刻性，而直觉一般是在意识的边缘产生，形成的思想也比较模糊与肤浅。

（二）发散性

发散性表现为当依据原有的事实、原理已经不能达到解决问题的预期目的时，能够提出与众不同的设想，从而有效地去解决问题。它是创造性思维最具特色的一个特点。发散性包括以下四种因素。

一是流畅性，即当按照常规去解决问题或认识世界遇到阻碍时，心智灵活顺畅，能迅速改变主意，表达出多种解决问题的观念和方法。

二是变通性，即思考解决问题和认识世界的思路宽阔，方法多变，并能触类旁通、随机应变，绝不墨守成规。

三是独特性，即在解决问题与认识世界时，不拘泥于一般的原理、原则和方法，敢于标新立异地提出自己的独立见解。

四是精密性，即为了解决问题或认识世界，对事实和材料力求精确分析，周密思考。

三、促进创造性思维顺利展开的条件

人们在学习或工作上要有所创造，除了切忌懒惰、胆怯、兴趣单调和性格上的狭隘性外，还要具备促进创造性思维顺利展开的一些条件。

（一）明确而强烈的创造意识

创造意识越明确、越强烈，就越能产生新的假设和构想。牛顿在谈到他成功的秘诀时说："我一直在想，想，想……"牛顿用这句话来表达他全部强烈而目标明确的创造意识。的确，多想出智慧。多想可以增强人的创造欲望和意识的强度，并推动创造欲望和意识升华到更为科学的境界。

（二）符合规律的推理能力

创造性思维的活动经常要把各种事物，有时是风马牛不相及的事物联系起来加以分析与研究。因此，没有高水平的推理能力就容易误入错误推理的歧途，也容易违背推理的规律。例如，在氧气尚未被发现之时，英国的一位化学家已经"触摸"到了氧气的存在与它能助燃的事实，然而他错误地推测：这种气体就是燃素。几个月后，他把这种现象告诉了法国的一位化学家。法国化学家经过认真的实验与研究之后，最后做出判断：这种气体就是氧气。可见，符合规律的推理有助于人们将事实组织、整理、概括为新的认识。

（三）合理的信息转换策略

解决任何问题都需要策略。策略的运用主要表现为信息的转换工作。在创造性思维活动中，信息转换的工作是非常复杂的，经常会出现"山重水复疑无路"的困境，因此要有锲而不舍的精神才能悟出信息转换的合理策略。例如，美国发明家莫尔斯发明电报后，他遇到的最大障碍是远距离传输时信号发生衰减的问题。在百思不得其解的困惑中，有一天他在旅途中发现邮车每到一个驿站就要更换拉车的马。

于是，他产生了一个策略：在电报线路沿途设置信号放大站，不断地放大信号。终于，他解决了电报信号长途传输的衰减问题。在转换信息的过程中，人们往往要经历这样的过程：由未知变为已知，由已知变为未知，又由未知变为已知；由否定变为肯定，由肯定变为否定，又由否定变为肯定；由不能变为可能，由可能变为不能，又由不能变为可能。这样，经过多次往复，策略就一步一步地由低级向高级发展，由片面向全面运动，最后才使艰苦的思维活动合理地转化为创造发明，转化为精神的或物质的财富。

第五节　少年期学生思维和想象的特点与教学

一、少年期学生思维和想象的特点

（一）思维发展的特点

1. 比较能力的发展

学生的比较能力是从小学高年级才逐步完善起来的。到了初中阶段，学生不但能对具体事物的异同进行比较，而且也能对抽象事物的异同进行比较；不仅能就事物的明显差别做比较，也能就事物的细微差别做比较，并且能够遵循比较的规则。

小学生在进行比较时，常常发生一些错误。例如：有时对两种事物的比较还没有结束，就突然去比较另外的两种事物；有时对相同属性的比较还没有结束，又突然去比较不同的属性；在比较时会毫无根据地加入多余的比较因素。这样的现象在初中学生那里就少见了。

2. 分类能力的发展

心理学的研究表明，小学低年级学生可以对自己熟悉的具体事物分类，但不能正确说明分类的标准。小学中、高年级的学生开始能对自己所理解的字词分类，但还不能进行多级的组合分类。初中学生的分类能力有了明显的发展。他们能够运用分析、比较对事物的因果关系展开思维论证。他们懂得先确定事物的本质属性和特征，然后比较该事物与一般事物之间的本质属性和特征的异同，最后再按规则进行归类。这说明初中学生已经掌握了一定的分类技能。

3. 概括能力的发展

从小学中年级开始，学生的概括能力就从具体形象的概括向抽象的概括过渡。小学高年级的学生达到初级的本质抽象概括的水平。

初中学生概括能力的发展表现为三种形式：(1) 概括事物或现象的本质属性，从而获得事物的概念，如金属、文具、水果等概念；(2) 概括事物或现象之间的联系和关系的本质特征，从而获得关系概念，如部分和整体、优与劣等关系，以及反映事物和现象规律的概念等；(3) 对学习内容加以概括，如制订学习计划、编写提纲、归纳文章的中心思想等。

（二）想象发展的特点

1. 想象的有意性增强

在目的明确的教学过程中，小学高年级学生能够产生符合教材内容和教学要求的想象。例如，在作文课中，他们可以按照命题去构思作文的主题、范围、内容、层次结构等。然而，小学生的想象还带有较多的无意想象成分，具有不稳定性和片面性。

初中学生想象的有意性和主动性都大大增强。他们可以通过想象去模仿文学作品中人物讲话的语气、语调、表情和动作，进行即兴的表演。他们可以根据需要，通过想象来设计与主题相匹配的黑板报版面和插图。初中学生的想象也比小学生更具有稳定性和完整性。

2. 想象的创造性成分明显增多

小学生的想象往往是复制性的，想象的过程也具有实感性。例如，他们对童话、寓言、神话故事很感兴趣，并认为那是真的。在初中学生的想象中，创造性成分明显增多。例如，在作文时，他们可以把最后的成品事先在头脑里反映出来，并在头脑里进行修改。这意味着初中学生已经有在头脑中创造没有直接被感知的事物新形象的能力。当然，初中学生对表象的概括能力还不十分成熟。因此，他们创造的新事物形象还不可能具有很高的典型性。

3. 想象更富于现实性

小学生的想象往往不符合实际。例如，他们看了动画片中的魔笛，就真的希望自己也能有一支魔笛。在想象中，小学生可以把现实的事物任意地扩大或缩小。初中学生的想象具有明显的现实意义。他们爱看有关战斗英雄的书籍、电影、电视，对英雄模范人物的形象和事迹在头脑中会留下强烈的印象，他们确信自己将来也可以成为想象中的那个英雄，因为书籍、电影、电视上的英雄形象和事迹更接近他们向往的生活。

初中学生的想象更富于现实性还表现在幻想方面。在正确的教育引导下，初中学生的幻想可以更多地体现时代的要求，比如，他们想当军事家、科学家等。但是，在缺乏正确教育的情况下，初中学生也容易产生不切实际的空想。

二、思维、想象与教学

（一）排除教学中影响学生思维和想象的因素

1. 动机的影响

并不是任何动机状态都对学习有利。动机过弱，往往由于摄入的信息量不足，学生不能对教材进行精细的分析、综合，因而容易产生畏难的情绪。动机过强，则往往摄入的信息过剩，大脑对过多的信息进行加工时，容易导致反应混乱。最有利于学生进行思维和想象的理想的动机状态，是让学生既积极振奋又镇静从容的适中强度。

2. 定势的影响

由先前一定的心理活动所造成的思维准备状态就是定势。它有影响后继心理活动的倾向。定势对学生学习的影响是很复杂的。一般在学习情境相同的情况下，它有利于提高学生学习的反应速度；在变化了的情境中，它会阻塞学生更合理、更有效的学习思路。所以，要排除定势的消极影响。

3. 功能固着的影响

认定某一知识只有一种固定的功能，而无视它的其他作用，这种心态就是功能固着。学生在学习中不能举一反三、触类旁通地运用知识，其心理障碍之一就是受知识功能固着的影响。学生还往往会因这种影响把知识张冠李戴，导致学习上的失误。

4. 个性的影响

心理学的许多个案研究证实，学生具有的谨慎、进取、创新、顽强、坚韧、自信、自制等个性特点，是现在学习与将来工作成功的基础，而粗暴、畏缩、拘谨、动摇、怯懦、自负、自卑等个性特点，是学习与工作的绊脚石。在学习中，个性会直接影响学生思维和想象的方向性与目的性。

（二）通过教学提高学生的思维水平

1. 提高学生掌握概念的水平

有关的研究指出，学生掌握概念的过程可以分为四个阶段。第一阶段是指出概念的功用性定义。例如，对“鸟”的定义是鸟会飞。第二阶段是指出概念的一些本质特征和非本质特征，但是在定义中不能突出本质特征。例如，指出鸟是会飞的动物。第三阶段是在列举概念的特征中，本质特征占主要地位。例如，指出鸟是卵生，有羽毛，是脊椎动物。第四阶段是能完全揭露概念的本质特征，能给概念下科学的定义。

初中学生对概念的掌握正处于从第三阶段向第四阶段过渡的时期。因此，教师要通过教学，不仅使学生对概念的掌握在内涵上得到充实与改造，而且也要让他们在概念系统的掌握上，不断地向精确与全面的方向发展。学生掌握概念水平的提高是思维从经验向理论发展的一个标志。

2. 提高学生的理解能力

初中阶段学生的理解能力已有明显的提高。以对事物因果关系的理解为例，小学生主要是凭记忆来进行叙述或解释这种关系，而初中学生则开始能够依靠自己的思维去寻找事物的各种因果关系，如“一因一果”“一因多果”或“多因一果”“多因多果”等。同样，他们也能从结果反推原因，找出事物之间因果的可逆关系，并在复杂的因果关系中分出主次，判别出它们之间的从属或矛盾的关系，等等。

理解可以分为直接理解和间接理解。直接理解是与知觉融合在一起的，不需要任何中介就可以实现的思维活动。间接理解则需要通过一系列复杂的分析与综合活动，从模糊的、未分化的认识向明确的、分化的认识过渡。有关的研究表明，小学低、中年级的学生尚处于直接理解的水平，从小学高年级开始，学生处于由直接理解向间接理解过渡的时期。初中学生，特别是初三以上的学生，大部分都达到了较高的间接理解水平。

理解既是思维活动，也是思维活动的结果。在初中阶段，教师要特别注意从学生已有的知识经验出发，引导他们认识事物之间的联系及其本质规律，以推动学生间接理解能力更快地提高。

3. 发展学生的判断与推理能力

小学生已经能初步进行判断与推理，但是他们不善于发现判断与推理过程中发生错误的原因。初中学生有目的进行恰当判断的能力与合乎逻辑的推理能力正处于迅速发展的阶段。但是，有些初中学生对比较抽象或困难的材料进行判断与推理时，常常有违反逻辑规则的现象，这说明他们这一方面的能力发展是不平衡的。据研究，在初中各年级中，归纳推理水平高于演绎推理水平。在解决归纳推理的课题时，有90%的人基本合乎逻辑要求，并得出基本正确或完全正确的结论；而在演绎推理方面，初中低年级只有40%的学生，高年级只有60%的学生达到上述的水平。

可见，初中学生判断与推理能力的自觉性还不高。教师要切实从学生的实际出发，及时地纠正他们不合乎逻辑的判断与推理，引导他们独立地对各种事物和材料进行分析与综合，以训练与提高他们的判断与推理能力。

（三）让想象在教学中发挥应有的作用

1. 利用想象深化知识

学生的学习也是一种创造活动，在想象的支持下，学生才能更有效地理解和掌握教材。想象能使学生用形象的方式去改造旧的知识经验，使已有的知识经验不断地获得更新。科学家经常利用想象提出假设，通过假设进行推理，从推理中得到科学结论。学生在学习新知识的过程中所展开的想象活动也是如此。因此，如果学生也能合理地运用类似科学家从假设到得出结论的想象程序，那么，就能掌握更深刻而崭新的知识。

2. 借助想象探求未知

学生除了掌握人类积累的知识外，教师还应当适当地引导学生去探究与预见未知。想象是探究与预见未知的向导。通过想象，学生可以把已知与未知，把过去、现在与将来，把此事此物与彼事彼物，把宏观世界与微观世界联系起来，沟通起来，形成思接千载、视通万里的广阔空间。这不仅有利于学生理解与掌握教材，更重要的是能激发学生探究新知识的热情，发展他们的想象力和创造力。例如，科学家为了探索原子的结构，运用想象建立了太阳系模型、正电原子球模型、动力子模型等原子模型，帮助人们认识肉眼看不见的原子结构。任意等分角器、针孔显虹仪、圆心定位仪都是初中学生通过想象发明的，这说明初中学生也具有发现未知的潜在能力。

3. 端正学生想象的方向

少年期是富于想象的年龄阶段。由于少年期学生想象的内容具有片断性与模仿性，而且想象的事物也往往不符合现实的要求，因此容易产生“想入非非”的空想。想象是在人的思想意识倾向支配下展开的，同时也受个性品质的影响。因此，教师在教学中必须贯彻思想性与科学性相结合的原则。教师要教育学生树立崇高的理想，端正他们想象的方向，及时纠正他们不切实际的幻想或不良的愿望。同时，也要注意培养他们热爱科学与实事求是的良好个性品质。

三、让学生掌握创造的基本方法

创造是一种复杂的思维和想象的活动。人人都可以搞创造。尽管一般人的创造与科学巨匠或文坛泰斗的创造相比，在水平上和价值上有极大的不同，但是，它们在本质上并没有什么两样，我们很难找出两者在解决问题时思维和想象方面的绝对差异。

学生在学习上与众不同的方法和见解，只要能产生正确的有创见的结果，也应当视为创造。让学生掌握创造的方法是学校教育的重要任务之一。

（一）仿生法

通过模仿生物系统的结构、功能、原理等，创造出具有类似于生物系统特征的产品，就是仿生法。

人类最早的仿生创造是轮子。它是根据圆形的果实、圆柱状的树干、圆形的卵石而仿制的。现在，仿生创造的成果不胜枚举，如模仿狗的嗅觉功能制成“电子警犬”，模仿昆虫的复眼制成“复眼照相机”，模仿人的神经网络制成“翻译机”“图像识别机”等。

（二）适应需要法

为了满足社会或个人的某种要求与期望而进行创造的方法，就是适应需要法。

需要是思维和想象积极活动的源泉，也是创造的动力。例如，德国数学家高斯刚入小学时，为了解决从 1 到 10 的自然数连加的问题，采用了首尾自然数对应相加的办法，得到 5 个 11，答案为 55。一个初中学生从 $1^2=1$，$2^2=1+3$，$3^2=1+3+5$……的推导演算中，发现了“任何一个自然数 n 的平方，等于从 1 开始的 n 个连续奇数的和”，即 $n^2=1+3+5+\cdots+(2n-1)$。这些都是为了解决学习上的问题而进行的创造。

（三）缺点反思法

发现事物的缺点不回避它，而是有针对性地进行反思，从对事物缺点的认识中产生改正缺点的动力，就是缺点反思法。

一个初中学生从电源开关存在着不能让人判断出它处于开或关的状态这一缺点出发，反复琢磨，把开关加以改造，使开时响两声，关时响一声，制成了可以用声音来准确判断电路状态的“单向断电开关”。这个学生利用缺点反思法进行了创造发明。

（四）特性迁移法

把其他事物的某些特征移植到自己要解决问题的事物上，就是特性迁移法。

有人仔细研究了面包由于放了发酵剂而具有多孔、松软的特征后，就试着在橡胶中加入发泡剂，果然，如愿以偿地制成了海绵。所以，“他山之石，可以攻玉”是常有的事。

（五）逆向求索法

利用求异思维，从与习惯性思维相反或相左的方向去思考问题，就是逆向求索法。

据说圆珠笔最初有个会漏油的毛病，通过分析是写了二万五千字左右，笔珠变小所致，于是有人用宝石等材料做笔珠。然而，笔芯头部内侧与笔珠接触的部位被磨损了，使口径变大，仍然漏油。日本有一位经销商对圆珠笔漏油的问题苦苦思索了一年之后，突然，他把问题倒过来思考：让圆珠笔写到一万五千字至二万字时笔油就用完了，不就可以了吗？于是他将笔油容量减少，问题也就解决了。

（六）扩展用途法

把某一事物单一的用途扩展出去，让它具有多种用途，就是扩展用途法。

拉链是由于感到系鞋带太麻烦而发明的。最初，用拉链做鞋带的人寥寥无几，因此生产很不景气，产品往往赔本出售。后来，有人发现了拉链的新用途，于是拉链的产量也随之大幅度增加。现在，拉链已在服装、帐篷、渔网、苗棚、箱包、家具等方面被广泛使用。学生从天平的平衡原理得到启发，想到数学方程式的平衡、化学反应方程式的平衡，以及生态平衡等，也是把平衡原理加以扩展的体现。

四、培养学生良好的思维和想象品质

决定人的思维和想象品质的因素是大脑的机能敏捷性和思维、想象受到系统锻炼的程度。前者是先天的条件，除少数超常者与智力障碍者外，绝大多数人并无明显的差异。后者是后天的条件，由于每个人的经历、所处的环境、个人的努力程度以及接受教育的情况不尽相同，因而就造成了人与人之间思维和想象品质的区别。

（一）良好思维品质的培养

1. 思维的广阔性和深刻性

学校要注意培养学生善于全面地看问题，了解事物之间的各种联系与关系，遇事能从各个不同角度去分析、研究再得出结论的习惯。具有这一良好习惯的学生就具备了思维的广阔性。学校还要重视培养学生在学习、生活中，善于从繁杂的现象中抓住解决问题的最本质与最核心的要素，经过深入钻研达到对问题的深刻理解，从而想出解决问题的最佳办法的习惯。这是具有思维深刻性的表现。

与思维的广阔性相反的是思维的狭隘性。思维狭隘的人往往看问题片面、主观，只凭有限的知识经验思考问题并急于对问题下结论。与思维的深刻性相反的是思维的肤浅性。这种人常常被一些表面的现象所迷惑，满足于一知半解，在未触及事物的实质之前就想解决问题。这两种不良的思维品质应当加以克服。

2. 思维的独立性和批判性

培养学生善于独立地发现问题、分析问题和解决问题，即培养学生思维的独立性，也是学校的任务。具有这一品质的学生能创造性地运用新方法去解释与解决学习中遇到的问题。学校还要培养学生善于根据客观标准和实践观点来检查自己的思维活动及其结果，即培养学生思维的批判性。这样的学生才能正确地评价自己的一切言论和行动，有明确的是非观念，敢于既坚持正确的东西，又放弃错误的东西。

与思维的独立性相反的是思维的依赖性。这是习惯于人云亦云、盲从迷信、易受别人暗示影响的不良品质。与思维的批判性相反的是思维的任意性。这种人总是自以为是或者随波逐流、毫无主见。这两种不良的思维品质在办事不讲原则的人身上最容易表现出来。

3. 思维的灵活性和敏捷性

善于根据客观条件的发展变化，灵活地采取有效措施，及时地去处理和解决问题的学生，具有思维的灵活性。这样的学生在面对任何问题时，都不抱偏见，能够因时、因地、因人调整解决问题的方案，使之获得最佳的效果。善于当机立断并采取必要的措施去处理问题的学生，具有思维的敏捷性。这样的学生在解决问题时能准确而迅速地做出判断。

与思维的灵活性相反的是思维的固执性。这种人墨守成规，固执己见，不顾条件的变化仍按老一套办事。与思维的敏捷性相反的是思维的迟钝性。这样的人遇事优柔寡断，临阵惶惑，束手无策。不思进取、缺乏改革创新精神的人一般都具有这两种不良的思维品质。

思维品质是构成人的智力的核心因素，因此，在学校的素质教育中，应当重视良好思维品质的培养。

（二）良好想象品质的培养

1. 想象的丰富性

具有想象丰富性品质的学生在面临问题时，能够唤起数量多且质量高的表象，使想象的内容充实，且解决问题的方案有多种选择。而缺乏想象丰富性的学生往往囿于有限的表象内容，即使创造出了新事物，其形象也是单调与贫乏的。

2. 想象的主动性

具有想象主动性品质的学生在任何问题面前都能驾驭自己的想象，使之有目的地沿着解决问题的方向行进。在发现有的方案不能解决问题时，又能主动而及时地改变想象方向去探求更有效的途径。而缺乏想象主动性的学生在任何问题面前都懒于展开想象，有时一旦展开想象，也容易失去方向，容易误入想象的歧途。

3. 想象的新颖性

具有想象新颖性品质的学生不论在想象的内容上还是在想象的形式上都敢于标新立异，且又立足于现实。而缺乏想象新颖性的人往往只会依样画葫芦，在任何问题或活动中，其表现都平淡无奇。

4. 想象的现实性

想象归根结底要以客观现实为基础。虽然想象经常跑在现实前面，但它并没有与现实脱离关系。具有想象现实性品质的学生所想象的事物可以在现实中得到体现。而缺乏想象现实性的人往往想入非非，他们的想象与现实脱节，无法在现实中得到落实，最终只是一种梦想。

想象品质是构成人的心理素质的基本成分之一，学校应当重视对学生良好想象品质的培养。有关的研究指出，人的大脑有四个功能区，即感受区、储存区、判断区和想象区，由于不重视想象区功能的开发，它只被动用15%。由此可见，开发想象区的前景是无比广阔的。

思　考　题

一、在认识事物的过程中，思维区别于感知觉的主要特点是什么？

二、思维和语言有什么联系与区别？

三、不同的思维过程在人类的认识活动中各有什么作用？

四、利用想象怎样创造出新事物的形象？

五、与一般思维相比，创造性思维有什么特点？

六、以一个初中学生为例，分析其思维和想象的发展各有什么特点。

七、举例说明某一思维规律或想象规律在教学中如何运用。

八、试分析学校培养学生良好的思维和想象品质有什么重要意义。

第七章
情感

本 章 要 点

什么是情感、情绪与情操

情感有什么功能

情感的分类

少年期学生情感的主要特点

情感在教学及品德教育中的作用

怎样培养学生良好的情感品质

第一节　情感的概述

一、什么是情感

情感是人对客观事物是否符合自己需要而产生的态度的体验。

情感是客观事物与人的需要之间关系的反映。客观事物是情感的源泉，人的需要是产生情感的中介。随着客观事物与人的需要关系的不同，人对客观事物就产生不同的态度，从而使人产生不同的情感。凡是能满足人的需要或符合人的愿望的事物，就会引起愉快、喜爱等积极情感；凡是不能满足人的需要或违背人的愿望的事物，就会引起难过、愤怒等消极情感。至于那些与人的需要无关的事物，一般不能引起人的情感。在情感过程中，由于客观事物错综复杂，人的需要丰富多彩，因此客观事物与人的需要之间构成了复杂而矛盾的关系，致使一种事物能满足某一方面的需要，但不能满足另一方面的需要，甚至与其他方面的需要相抵触，进而引起人的复杂而又矛盾的情感，如啼笑皆非、悲喜交加、百感交集等。

情感是人对事物态度的主观体验。情感不同于认识过程，它以主观体验来反映客观事物与人的需要之间的关系。当人们对客观事物采取肯定的态度时，就会体验到满意、喜悦、幸福等；当人们对客观事物采取否定的态度时，就会体验到悲哀、恐惧、愤怒等。总之，情感是人们对客观事物所抱态度的主观体验。

二、情感的两极性

情感有两极性，它既表现在情感体验的质上，也表现在情感体验的量上。

情感的两极性在质上首先表现为肯定和否定的两种对立的体验。如果外界的事物能够满足我们的需要，符合我们的愿望与观点，就会使我们产生肯定的情感，如满意、快乐、敬慕、热爱、兴奋等；反之，就使我们产生否定的情感，如不满意、悲哀、蔑视、憎恨、烦闷等。

情感的两极性在质上还表现为积极的增力作用和消极的减力作用。积极的情感驱使人积极地去行动，消极的情感减弱人的活动能力。在有些情况下，同一种情感可能既具有积极的性质，又具有消极的性质，如恐惧可以抑制人的行动，减弱人的活动能力，也可以驱使人在危险的情境中进行斗争。

情感的两极性在量上表现为强烈和微弱、紧张和轻松、激动和平静等。

情感的强烈和微弱是情感强度的两极。在强弱之间，量度等级的变化形成不同状态的情感，如怒可分为愠怒、愤怒、大怒、暴怒、狂怒等，喜可分为欣喜、欢喜、大喜、狂喜等。

情感的紧张和轻松是情感紧张度的两极。情感的紧张度取决于活动的性质、意义和人的主观准备程度，以及是否具有必要的知识、技能。紧张的情感体验通常在活动的紧要关头或具有决定性意义的时刻出现，而当关键时刻过去之后，则会出现轻松的体验。一般来说，紧张有助于注意的集中，对活动有促进作用。但紧张也不能超过限度，过度的紧张会产生抑制作用，妨碍活动的正常进行。

情感的激动和平静是情感兴奋度的两极。激动的情感是强烈的、短暂的、爆发式的体验，常在事件对人具有重要意义或出乎意料、超出意志控制力的情况下产生，如激情、狂喜、绝望等。与激动的情感形成对比的是持续较长时间、平稳、安静的情感体验，它保证了人们的正常生活和持续工作的需要。

情感的两极性是相辅相成的。没有满意，就无所谓不满意；没有爱，就无所谓恨；没有紧张，就无所谓轻松。情感的两极性在一定条件下可以互相转化。

三、情感、情绪、情操的联系与区别

情绪和情感是两个既有区别又有密切联系的概念。

情绪和情感的区别表现在三个方面。(1) 情绪具有情境性和短暂性，它往往由当时的情境所引起，并随着情境的改变而改变，甚至在短时间内消失；而情感则具有较大的稳定性和持久性。(2) 情绪具有明显的外部表现，如大喜时笑逐颜开、手舞足蹈，愤怒时咬牙切齿、暴跳如雷；而情感始终处于意识支配的范围内，常常以内隐体验的形式存在，其外部表现不明显。(3) 情绪，特别是原始情绪，通常是有机体在维持生存的自然需要是否获得满足时而产生的体验，是人和动物所共有的，但人的情绪受社会性所制约；而情感是在人类社会历史发展进程中产生的，并与社会性需要是否满足相联系，是人类所特有的。

情绪和情感是密切相联系的。一方面，情绪是情感的活动过程，稳定的情感是在情绪的基础上形成的，并且通过情绪的形式表现出来，离开情绪的情感是不存在的。另一方面，情感是情绪的本质内容，情绪离不开情感。在情绪发生过程中常常包含着情感，情感的深度决定着情绪表现的强度，情感的性质决定情绪表现的形式。

由上可知，情绪和情感是不可分割的心理过程，都是人脑对客观事物与人的需要之间关系的反映，都是人的主观体验。所以，有些心理学家对情绪和情感不加区分，统称为感情。

情操是比较复杂的、理智的、高尚的情感。它是一种以满足社会性需要为中心的、有组织的情感倾向，是持续发生的若干情感的统一。情操和情绪不同，它与生理需要没有直接联系，也没有显著的身体变化。情操是构成人的品德的重要因素，并因个人修养程度的不同而产生显著的差异。

四、情感与认识过程

情感与认识过程是紧密联系着的。认识过程是产生情感的前提和基础。人只有在认识事物的过程中，才能反映客观事物与人的需要之间的关系，从而产生情感，正所谓“有所知，才有所感”。如果没有对事物的认识，就不能产生情绪和情感。例如：聋者没有听觉，对噪声不会感到厌恶；盲者没有视觉，对美丽的颜色不会感到喜悦。人在认识事物过程中，随着对事物认识的不同，必然会体验到不同的情感，并随着认识的加深，情感体验也必然增强。例如，学生对祖国光辉的历史及革命传统了解得越多，热爱祖国的情感就越深厚。这就是

“知之深，爱之切”的道理。

人的情感不仅以认识过程为基础，而且反过来又会影响认识过程。积极的、良好的情感能激励感知的积极性，提高认识的效果，保持识记的牢固性，加强想象和思维的生动性和创造性；消极的、不良的情感会影响认识的积极性，降低记忆和思维水平，产生消极的影响。

五、情感的外部表现和生理变化

情感的外部表现是通过人的面部、体态、言语等表现出来的，亦称表情。表情以有形的方式体现情感的内在体验，成为人与人之间情感交流和相互理解的手段，也是了解情感的主观体验的指标之一。

面部表情是指由面部肌肉和面色的变化所表达的情感状态，其中以眉、眼、鼻、嘴及颜面肌肉的变化为主。例如：人在喜悦时，双眉展开，两眼闪光，鼻孔扩张，嘴唇扩展，笑容满面；人在愤怒时，横眉立目，咬牙切齿，面部发红；人在悲哀时，眉头紧锁，眼泪汪汪，嘴角下斜；人在恐惧时，双眼呆滞，鼻孔收缩，面色苍白。面部表情能最精细地表现不同性质的情感，因此，它是鉴别情感的主要标志。

体态表情是指由身体的姿态和动作的变化所表示的情感状态，其中手、头、脚是体态表情的主要动作部位。例如：人在高兴时，手舞足蹈，昂首挺胸，欢呼跳跃，捧腹大笑；人在愤怒时，双手握拳，捶胸顿足，全身发抖；人在悲伤时，失声痛哭，低头肃立，步履沉重，动作迟缓；人在恐惧时，紧缩双肩，手足无措，全身发抖。

言语表情是指由言语的音调、音色、节奏、速度等的变化所表示的情感状态。例如：人在高兴时，音调高昂，节奏轻快，语音高低差别较大，音色悦耳动听；人在愤怒时，音调高亢、尖锐、严厉、生硬、刺耳；人在悲哀时，音调低沉，言语缓慢，语音高低差别较小；

人在恐惧时，音调高而急促，声音刺耳、颤抖。

以上三方面的表情不是孤立存在的。当人处于某种情感时，三个方面的表情通常都协调一致，共同表达着特定的情感。

人类的表情既具有先天性，又具有社会性。表情的先天性是指人类的表情是由动物的表情演化而来的，具有程序化的模式和生物适应性，是适应环境的结果。表情的社会性是指人类的表情受社会环境所制约。在不同的生活环境、社会文化、风俗习惯的影响下，人们表现出不同的表情；人也能在社会环境中学会掩盖和控制自己的表情，以达到适应客观环境的目的。

随着情感的发生，人会产生一系列的生理变化。这些变化主要表现在呼吸系统、循环系统、消化系统和腺体活动的变化上，它们是情感状态变化的客观指标。

（1）呼吸系统的变化。情感状态变化时，呼吸的频率、深浅及均匀程度等都会发生变化。例如，人平静时一般每分钟呼吸 20 次，高兴时每分钟呼吸 17 次，悲伤时每分钟呼吸 9 次，愤怒时每分钟呼吸 40 次，恐惧时每分钟呼吸 60 次。狂喜或突然悲痛时，呼吸器官会发生痉挛现象。

（2）循环系统的变化。情感状态变化时，循环系统会发生一系列的变化。例如：人在愉快时，心跳正常，血管舒张；惊恐时，心跳加速，血输出量增加，收缩压升高，血糖和血含氧量增加；羞愧和气愤时，面部血管时而舒张，时而收缩。

（3）消化系统的变化。情感状态变化时，会引起消化系统机能的变化。例如：人在愉快时，胃肠的蠕动和消化腺分泌会加强，机体的消化机能会提高；悲伤时，胃肠蠕动功能下降，消化液分泌减少，酸度下降，造成食欲减退；愤怒时，胃黏膜充血发红，胃酸分泌增多，胃的运动增加，易引起胃痉挛。

（4）腺体活动的变化。情感状态变化时，流泪、冒汗是最容易观察到的外部腺体活动的变化。例如，人在悲伤、愤怒、喜悦时都会流泪，愤怒、焦虑或恐惧时都可能冒汗。情感状态变化时，内分泌腺的活动也会发生一系列的变化。例如：人在紧张时，肾上腺分泌增多，导致血糖、血压、消化及其他腺体活动的变化；愤怒时，去甲肾上腺素分泌增加，引起血糖、血压升高和肌肉紧张度提高；焦虑不安时，抗利尿激素的分泌受到抑制，引起排尿次数增多。此外，情感状态发生变化时，脑电、肌电等都会发生明显的变化。

六、情感的功能

情感不是认识过程的消极产物，而是影响人的身心活动的强大的精神力量。它不仅是思想品德结构中的一个重要成分，而且也是教学中重要的非智力因素。情感在教育教学中具有多种功能。

（一）信号功能

情感在信息交流中具有信号意义。教师能以体验的方式表达自己对周围事物的认识和态度，并对学生施加影响。也就是说，教师将自己的愿望、要求、态度及观点，以情感信号传递给学生并影响他们，如教师挥拳表示坚决，点头微笑、轻拍肩头表示赞赏，用手势示意控制学生在课堂中的行为，面部表情严峻表示不满或问题的严重性等。这些情感信号常常对学生起激励或阻抑的作用。情感的信号功能使学生对事物的认识或态度具有更加鲜明、生动的外显的特点，因而更易为学生感知和接受。

（二）调节功能

情感在教育教学中，对教师和学生的行为或活动具有支配、指引和维持方向的作用。例如，某些行为若能引起愉快的情绪体验，就会使人产生积极模仿与反复进行的趋向，而不愉快的情绪则会使人产生改变或避开的趋向。人们面临某种有重要意义的任务或关键时刻所产生的情绪紧张和过分激动，会促使人们根据外界情境与机体内部的变化来调节行为。适度的紧张对活动有促进作用，过度的紧张往往会对活动产生阻碍作用，并且不利于身心健康。

（三）感染功能

在教育教学中，教师不仅要用自己的专业知识、良好的言行去影响学生，而且还要以自己的情感去感染学生，使学生产生强烈的内心体验。情感的感染功能使教师的要求较容易转化为学生的需要，使学生乐于接受教育。教师的情感感染功能还在于教师以自己的信心和克服困难的乐观精神去感染学生，使他们增强处理冲突与挫折的勇气，摆脱由挫折造成的消极情感。

第二节　情感的分类

人的情感是极其多样的。我国古代就有喜、怒、哀、乐、爱、恶、惧七情的说法。有的心理学家则把快乐、愤怒、悲哀、恐惧列为情感的最基本的形式。根据不同的标准，可以对众多纷繁的情感进行不同的分类。

一、按情感状态分类

（一）心境

心境是微弱而持久的情感状态，也就是平常说的心情，如心情舒畅、郁郁不乐、恬静、烦闷等。心境的特点是：从其发生的强度来看，是微弱而较平稳的；从其延续的时间来看，持续时间较长，可以少则几天，多则数年；从其影响范围来看，它具有非定向的弥散性，不只是指向某一特定的对象，而是使人们的整个生活都染上某种情感色彩。例如：当人在心情愉快的时候，干什么事心里都乐滋滋的；当人在心情抑郁和烦闷的时候，见事往往会产生厌烦。

形成心境的原因是多种多样的，人们所处的经济地位和社会地位、工作的顺利和不顺、事业的成败、激情的余波、身心状态，以及自然环境中的景色、气温、噪声等的变化都会引起心境的变化。但是，一个人的心境不是由环境及生理条件机械地决定的，而是与一个人的世界观、人生观、个性特征密切相关的。凡是具有高度修养的人，不论在任何艰苦的情况下，都能保持乐观主义的积极心境；凡是懦弱的人，在失败、困难、挫折面前，就会悲观失望或畏缩不前。

心境对人的生活、工作和学习有很大的影响。积极的心境有助于创造性的发挥，并保持克服困难的乐观态度，从而提高工作或学习的效率。消极的心境则会妨碍工作和学习，影响人的身心健康。因此，我们应自觉地调节自己的心境，正确分析、评价和控制自己的心境，使之经常保持心情舒畅的状态。

（二）激情

激情是一种强烈而短暂的情绪状态，如狂喜、暴怒、恐惧、悲哀等。激情的特点有两个：一是激动性，激情常常伴随着强烈的情绪体验，使人的身体内部突然发生剧烈的变化，人的表情明显外露；二是冲动性，激情的冲动性不仅表现出强烈的情绪体验，还具有盲动性质，但一旦离开引起激情的具体情境，得到“冷却”或冲动一过，则激情的冲动性就会逐渐消失或弱化为某种心境。

引起激情的原因很多，具有特殊意义的事件、相互矛盾的愿望和冲突、过度的兴奋或抑制都能引起激情。当然，引起激情的原因是具有相对意义的，同一客观刺激对于具有不同世界观、不同心境、不同愿望、不同气质的人会产生不同性质和不同程度的激情。

激情有积极与消极之分。积极的激情常常能调动人的身心的巨大潜力，使人奋不顾身地去工作和战斗。消极的激情常常会使人惊慌失措或盲目行动。为了控制消极的激情，我们必须用理智和意志加以调节或采用言语调节，使之得到合理释放与转移，例如数数、散步、下棋、欣赏音乐、找人谈心等。但是，最根本的方法是培养正确的思想意识，加强思想修养，遇事善于分析、判断，以坚强的意志克制自己。

激情与艺术创作、科学发明有着密切的关系。作家在创作灵感来临时，常常被自己创造的人物所感动，处于强烈的情绪体验之中。例如，有的作家在创作时，感情就像火山一样爆发出来，甚至全身战栗，紧闭牙关。科学家诺贝尔为了研究炸药，不顾自己生命危险进行试验。在一次试验中，爆炸空前猛烈，浓烈烟雾冲天，诺贝尔从浓烟中冲出，满脸鲜血淋漓，但他发疯似的高喊："我成功了！我成功了！"

（三）应激

应激是由出乎意料的紧迫情况所引起的急速而高度紧张的情绪状态。例如，亲友生死离别、意外事故、严重疾病、考试与事业失败等都能引起应激。应激的发生比激情更突然、更剧烈。它能很快地改变有机体的激活水平，使心率、血压、内分泌、肌肉紧张度发生显著的变化，引起情绪的高度应激。

应激可表现为两种状态：一种是积极的状态，它使人精力旺盛，活动激化，思想特别清晰，动作机敏、准确，从而化险为夷、转危为安，及时摆脱困境；另一种是消极的状态，它使人手足无措，慌乱不已。如果长时间处于应激状态，就会出现意识自觉性降低，思维混乱，分析、判断能力减弱，感知和记忆出现错误，注意的分配与转移困难等情况，甚至会使心理活动受到抑制。应激状态的消极表现是可以控制和调节的，关键是要提高思想觉悟，增强事业心、责任感和高度的献身精神。

（四）热情

热情是一种强有力的、稳定而深厚的情感状态。与心境相比，热情虽不像心境那样广泛地影响情绪体验，但比心境强烈、深刻而稳定。与激情相比，热情虽不如激情强烈，但比激情深厚而持久。

热情涉及整个人的身心活动，决定着一个人的思想、行为的基本方向，具有巨大的推动力。巴甫洛夫在《给青年的一封信》中勉励大家要有热情："科学要求人的努力与至高的热情。要热情于你的工作，热情于你的研究。"没有革命的热情，要坚持艰巨的工作和学习是不可能的。没有对科学的热爱和献身精神，就不能苦战攻关，攀登科学高峰。

热情的社会价值是由它所指向的对象和目标的社会意义决定的。为社会主义而学习和劳动的热情可以造福于社会和人民，为大众所赞扬。相反，损人利己、损公肥私、追求个人名利的热情则是不可取的。我们要抛弃消极自私的热情，把热情和科学态度、实事求是的精神紧密结合起来，更好地服务于人民、造福于社会。

二、按情感的社会内容分类

（一）道德感

道德感是由人的道德需要是否得到满足而产生的体验。人的道德需要以及由此而产生的道德要求是社会道德准则在人脑中的反映。每个人都是以社会道德准则去感知、分析、评价自己及别人的道德行为的。当道德需要得到满足时，就产生满意、愉快等积极的情感，否则就会产生不满意或内疚等消极的情感。道德感是伴随着人们的道德认识而产生和发展的，它对道德行为起着巨大的调节作用和动力作用。

道德感是受社会历史制约的，不同的历史时期、不同的社会制度有不同的道德感。在阶级社会里，由于阶级利益的不同，各阶级都有自己的信念、理想和世界观，因此就形成不同的道德需要，产生不同的道德观。

道德感对人们的实践活动有着重要的作用。它可以帮助人们按照道德准则的要求，正确地去衡量周围人们的各种思想和行为。同时，也可以使自己的思想和行为自觉地符合社会道德准则，做一个道德高尚的人。

（二）美感

美感是由人的审美需要是否得到满足而产生的体验。它是人对客观事物及其在艺术上表现的美或丑的评价，并由此而产生的肯定或否定、愉快或不愉快、喜爱或厌恶的态度体验。

人们对美的感受、理解和追求在生活中起着巨大的作用，它使人的精神生活更加丰富多彩、更加高尚，使人有美好的理想和远大的奋斗目标，使人朝气蓬勃，积极从事劳动、工作和学习。

（三）理智感

理智感是由人在智力活动过程中认识、探求或维护真理的需要是否得到满足而产生的体验。它是与人的好奇心、求知欲、热爱真理等社会性需要相联系的。例如：当人们对事物产生新的认识或受到新的启发时，就会产生好奇心和新异感；当人们获得认识活动的成就时，就会产生喜悦；当人们在认识过程中发现了事物的矛盾时，就会产生怀疑；当人们认识到自己所做的判断论据不足时，就会产生不安；当人们确证自己有能力解决问题时，就会产生自信。总之，随着认识过程中求知需要满足与否而产生的不同形态的体验就是理智感的表现。

理智感随着人的认识和实践的逐步深入而得到发展。人的认识活动越深刻，求知欲越强，追求真理的兴趣越浓，则理智感也越深厚。理智感对人的认识活动的深化、思维任务的解决起着重要的推动作用。例如，热爱真理、抛弃偏见、破除迷信等都是顺利完成学习和工作任务的重要条件。

第三节　少年期学生情感的特点与教育

一、少年期学生情感的特点

少年期是人生道路上一个重要的转折时期，是身心发展的半幼稚、半成熟的过渡时期。

少年期学生情感的社会性逐渐起主导作用。他们逐步形成了较显著的情感的社会倾向性。他们的爱国主义情感、集体主义情感、个人的自尊心及荣誉感、热情、友谊感有较快的发展。少年期学生喜欢生活在集体之中，害怕失去集体对自己的信任。他们选择兴趣、爱好、性格、信念相同的人做朋友，友谊感逐步深刻、稳固，把互相真诚、坦白、亲密当作友谊的宗旨。随着情感社会倾向性的增强，他们提高了以社会道德为标准的评价能力，不仅会评价别人，而且会评价自己，带有情绪性的评价逐步减少。但是，他们有时还会受情感冲动的影响，使评价带有片面性、表面性和绝对化。

少年期学生的情感体验日益深刻，具有半外露、半隐蔽性的特点。与儿童期学生相比，他们表达情绪的方法越来越多，自我控制和自我调节能力也有所提高；外部表情动作的控制逐步减少，但力量更强；内心的体验有所加深和延缓；情感的外露性减少，隐蔽性增加。但由于少年期学生对情感的调节、控制能力有限，有时容易表现出一时的激动。

少年期学生情感体验的稳定性增强。与儿童期学生相比，他们的情感体验日趋稳定，表面上其稳定性似乎相当持久。例如：他们对某种活动或学科一旦产生喜好，就会很快地达到“迷恋”的程度；一旦和某同学建立起友谊，就好像是永恒的“牢不可破”。可是，他们的情感稳定性有一定的限度，有时会由于偶然的新异诱因，使看来似乎非常稳定、持久的情感迅速发生变化，使他们的喜好常常从一种活动或学科转到另一种活动或学科；有时会因某些纠纷与似乎友谊深厚的同学突然翻脸，处于敌对状态，甚至发誓“一辈子不跟他说话”等。

少年期学生的情感体验受意识的支配作用增强。随着少年期学生自我意识的发展，他们情感体验的独立性逐渐加强，依赖的情绪逐渐减少，较为自信。但是，他们的自我意识仍然处于不完全成熟状态，意识对情绪的支配还不稳定，有时过分强调自信心，觉得自己了不起，甚至到固执的地步；有时又过分低估自己，完全依赖成人，甚至陷于消沉状态。

二、情感与品德教育

情感在品德教育中有着特殊的功能。它不仅是使道德认识转化为道德信念的必要条件，而且是促使道德行为和意志发展的内部动力。

从情感的角度分析，思想品德形成的过程是受教育者和教育者之间情感交融与共鸣的过程。所谓共鸣，就是情感体验上的一致和相通。为了使师生之间情感产生共鸣，一方面，教师要为学生创造有利于教育目的的情境，使其对受教育者在情感上起感染作用；另一方面，要积极引导学生带着丰富情感进入教育情境。这样，就能充分利用学生良好情感的心理因素，把教育情境中的教育要求转化为学生的自觉需要，从而取得思想品德形成过程中内化的最佳效果。

移情是思想道德品质形成的重要中介。所谓移情是人们通过辨别别人的表情，从而产生共鸣，并借以调节自己行为的体验。在学校思想品德教育过程中，为了充分发挥移情的作用，教师必须“动之以情”，缩短学生与教师的心理距离，使学生对教师产生信赖感。

三、情感与教学活动中的非智力因素

情感的培养既是教学活动的重要任务，又是提高教学效率的重要条件。情感对教学的影响是极其复杂的，不同性质的情感对学生的学习效率具有不同的作用。一般来说，满意、欢乐、喜悦、爱慕等积极情感能提高学生的活动能力，使学生头脑清醒，感知范围广阔，记忆敏捷牢固，思维深刻灵活，学习效率提高；不满意、烦躁、痛苦、忧伤、愤怒等消极情感能削弱学生的活动能力，使学生头昏脑涨，记忆混乱，注意力分散，思维迟钝、刻板，学习效率低。

情绪的激动水平与学生的学习效率具有紧密联系。耶克斯—多德森定律表明，学习效率随着操作难易和情绪高低的变化而变化。操作困难的代数题的最佳状态处于较低的激动水平，操作初等算术技能的高峰处于中等的激动水平，操作简单反应时的高峰处于较高的激动水平（如图 7-1）。由此说明：学习内容越困难，越容易受较高激动水平的干扰；如果学习内容容易，激动水平高，学习效率则佳。

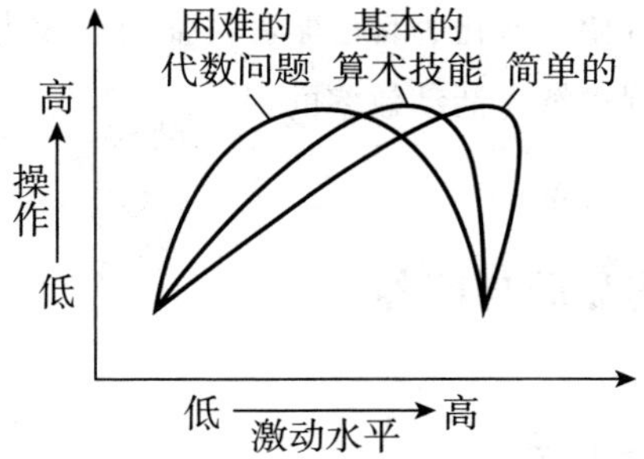

图 7-1　情绪与学习效率的相关

在教学过程中，既要重视学生对知识的掌握及智力的发展，也要重视情感等非智力因素的作用。

在智力活动中，情感有动力功能。教学中，教师将学生的智力活动与未来的美好前景联系起来，就会使学生乐于学习；教师向学生传授丰富新颖的知识，激发学生热爱知识的情感，使他们能深入钻研，刻苦地探索知识，攻克难关；教师以生动灵活的教学方法启发学生，就会使学生对智力活动产生浓厚兴趣，体验到智力活动过程中的乐趣，从而激发学生的学习积极性。

在智力活动中，情感有增强信号功能。在教学过程中，教师运用情感的信号功能把深厚的情感传达给学生，引起学生的注意，对学生的学习行为起到激励或阻止的作用，从而提高智力活动的效率。例如，上课时，教师通过表情把教材讲得有声有色，这样既可以给学生留下深刻的印象，又可以帮助学生更为准确地感知、理解和掌握教材。

在智力活动中，情感有感染功能。情感通过潜移默化能增强学生智力活动的效果。教师在教学中要有高尚的道德情操，对学生满腔热情、关心爱护，并以积极乐观的激情去挖掘教材的情感因素，去教育、感化学生，做到以情动人。学生在智力活动中受到教师的激励、感染，得到精神上的满足，与教师发生情感上的共鸣，就会把教师讲述的道理与提出的要求转化为自己学习的需要，成为鼓励自己积极向上的力量，从而促进智力活动效率的提高。

四、情感的品质与培养

（一）情感的品质

人的情感品质有很大差别，每个人的情感表现都有其特殊性。

1. 情感的倾向性

情感的倾向性是指一个人的情感经常由什么引起和趋向于什么。它是情感品质的核心，也是评价情感价值的主要方面。不同的人会产生不同的情感倾向性。情感倾向性与意识倾向性密切相关，既与人的世界观和人生观紧密相连，又受人的需要、兴趣、性格等因素所制约。

少年期学生的情感倾向性，一方面表现为感情充沛、朝气蓬勃、生动活泼、情感外露，另一方面表现出原则性，情感逐步受意识的制约。

2. 情感的深刻性

情感的深刻性是指一个人的情感在思想和行动中所表现的深厚程度。人的情感的深刻性与人的认识深刻与否密切相关。一个人对情感对象的本质认识越全面、深入，他的情感就越深刻；反之，一个人对情感对象认识得越肤浅，他的情感也就越肤浅。

少年期学生的情感已从具体、表面逐步转为内在、深刻。例如，少年期学生热爱学习的情感不单停留在学科成绩及格和教师、家长的表扬与奖励上，而是进一步把自己的学习同班集体的荣誉和自身的发展相联系。同时，他们对教师的尊敬不仅是对教师地位的尊敬，而且是对教师认真的教学态度、广博的知识、良好的教学效果、高尚的道德品质的尊敬。

3. 情感的稳定性

情感的稳定性是指一个人的情感在时间上的持续程度。情感的稳定性与情感倾向性、深刻性密切相关。情感的稳定性要寓于倾向性之中，才可能产生巨大的力量；否则，情感的稳定性便没有什么价值。同样，情感的倾向性、深刻性离开了稳定性，便会变化无常，难以产生持久的意志力量。

少年期学生的情感稳定性比学龄初期学生有所增强，一般看来他们的情感是稳定的。但由于少年期学生自我意识不强，自我监督能力不高，因此，他们还不善于很好地控制和调节自己的情感，甚至有时冲动，使情感急剧转化。

4. 情感的广阔性

情感的广阔性是指一个人的情感体现的范围。有的学生情感多样化，有的学生情感比较单一化。情感的广阔性与一个人的兴趣爱好紧密联系。有些人兴趣爱好很广泛，对生活、学习、工作充满热情，情感异常丰富多彩，而有些人的兴趣爱好则很贫乏，对生活中的许多事物漠不关心，情感往往也很狭隘、单调和脆弱。

少年期学生好像对什么都是“多情”的，不管是课内学习或课外活动、文科或理科知识、国内或国际大事，甚至宇宙的奥秘、世界的未来，他们都无不付之以热情。

5. 情感的效能

情感的效能是指情感的动力作用。无论是愉快、满意的情感，还是悲痛、伤心的情感，情感效能高的人都能将它化为动力，激励自己去工作和学习。情感效能低的人就只停留在情感的体验上，陶醉于欣赏自己的情感，而没有具体的行动。情感的效能必须与情感的倾向性相联系，只有以正确的倾向性为指引，才能发挥情感的积极效能。反之，如果以错误的倾向性为指引，其效能发挥越大，消极作用就越大，甚至会起破坏作用。

少年期学生的情感效能已有了明显的表现。在充沛的情感支持下，他们对学习、活动都表现出兴致勃勃、热情洋溢的劲头，但随着学习、活动进程的推移及困难的出现，情感的效能也易于减弱。

（二）情感的培养

1. 提高对情感的认识

人的认识是培养情感的基础。人的情感的形成离不开认识，一定的情感总是以一定的认识为必要条件，情感的发展水平总是受认识水平的制约。因此，培养学生的情感首先要提高他们对事物的是非、善恶、美丑、公私、荣辱的基本认识。社会道德情感的培养更是与学生正确的意识倾向、积极需要的建立密切相关，其中科学的世界观和信念又是意识倾向的核心部分。所以，在培养学生情感的过程中，特别要加强对学生的辩证唯物主义世界观和科学的信念的教育。

2. 创设培养情感的情境

良好的情境具有巨大的感染力，它是培养情感的重要条件。要有效地陶冶学生的情感，必须创设良好的情境，不仅要建成美观清洁的校园、朴实庄重的校舍、明亮整洁的教室，更重要的是要有秩序、有节奏地安排教学与生活，创建团结、紧张、严肃、活泼、尊师爱生的良好校风。同时，教师要把讲述理论和典型范例结合起来，要充分利用艺术作品的感染作用，动之以情，激发学生情感上的共鸣，以充实情感的内容，不断培养学生良好的情感。

3. 组织培养情感的实践活动

实践活动是培养和发展情感的重要途径。学生的情感必须在实践活动中逐步形成、发展和完善。活动的操作过程，必将深化情感，有助于培养学生情感的稳定性、深刻性，有助于调适自身的不良情感，使情感发挥更大的效能。因此，学校要认真组织参观、课外活动、劳动及社会实践活动，在活动中让学生经受锻炼，通过行为的强化来促进情感的发展。

4. 提高情感的自我控制能力

学生情感的培养还包括教学生学会评价和调节自己的情感。首先，要培养学生对情感进行自我评价和调节的自觉性，并在评价、调节中取得效果。其次，要让学生掌握对情感进行自我评价和调节的标准。学生的辨别水平越高，对情感自我评价和调节的能力就越强。在此基础上，学生能对情感进行较好的控制，抑制消极情绪，使情感向积极的方向发展。保持良好的情感状态，对学生的学习、工作、身体健康都有促进作用。

思 考 题

一、什么是情绪、情感和情操？

二、情感和认识过程有什么关系？

三、什么是道德感、美感和理智感？为什么必须培养学生具有良好的道德感、美感和理智感？

四、怎样培养学生良好的情感品质？

第八章
意志

本章要点

什么是意志
意志行动有什么特征
意志与认识、情感的关系
意志行动的心理分析
少年期学生意志的主要特点
意志在教学及品德教育中的作用
怎样培养学生良好的意志品质

第一节　意志的概述

一、什么是意志

意志是自觉地确定目的，并根据目的来支配、调节自己的行动，克服各种困难，从而实现目的的心理过程。

意志是意识的能动性、积极性的集中体现，是人类独有的心理现象。意志和行动是密不可分的，在意志支配下的行动叫意志行动。意志支配、调节着行动，并在意志行动中表现出来。为了研究意志，就必须探讨意志行动的特征。人的意志行动具有三个特征。

（一）意志行动是具有自觉目的性的行动

人的意志行动是以自觉目的性为特征的活动。自觉目的性首先表现在行动前能预见行动的结果，因此那些无意识的、盲目的、冲动的行动都不能称为意志行动。意志行动是人类所独有的。动物也有行动，但多是一些低级的适应性行动，是无意发生的偶然的动作。恩格斯曾指出："一切动物的一切有计划的行动，都不能在地球上打下自己的意志的印记。这一点只有人才能做到。"① 意志行动反映意志水平的高低，它们随着目的水平而转移，目的越高尚，目的的社会意义越大，意志的水平也就越高。

意志行动的自觉目的性的特征不仅表现在能够自觉地意识到行动的目的，而且还表现在能够自觉地按照这个目的，以坚强的毅力去支配和调节行动。这个支配和调节作用既表现在发动符合目的的某些行动，又表现在制止不符合目的的另一些行动。这两者之间是对立统一的关系。

（二）意志行动是与克服困难相联系的行动

意志行动具有自觉目的性，但在目的的确立与实现的过程中，往往会遇到种种困难。因此，意志行动是与克服困难相联系的行动，而那些没有困难的行动是非意志的行动。

困难有内部困难和外部困难。内部困难是指干扰目的的确定与实现的内在条件。它包括心理上的困难和生理上的困难两种，心理上的困难如信念的动摇、情绪的冲动、能力的缺乏等，生理上的困难如健康状况不佳等。外部困难是指阻碍目的的确定与实现的外在条件，如缺乏必要的工作条件以及来自他人的讽刺打击等。人在活动中为了较

---

① 《马克思恩格斯选集》第 3 卷，人民出版社 2012 年版，第 997 页。

快、较易地克服困难，达到目的，就必须动员自己所具有的知识、能力、情绪和体力，使自己处于良好的行动状态。这就是意志行动的表现。

（三）意志行动是以随意动作为基础的

人的行动是由简单的动作所组成的。动作可分为不随意动作和随意动作。不随意动作是指那些不由自主的动作，如无条件反射动作、某些习惯性动作、睡眠状态的动作等。随意动作是指由意识指引的动作，是在生活中学会的具有目的方向性的动作，如学生上课时静心听讲、执笔写字、举手发言等。

人在意志行动中，掌握了随意动作就能为克服困难提供条件，为实现行动目的打下基础。因此，随意动作是意志行动的必要组成部分。当然，这并不是说意志行动不含有相应的自动化动作。人有了自动化动作，就能更好地完成随意动作，实现意志行动所要达到的目的。

上述对意志行动特征的分析，充分说明意志在人的意识活动中具有自觉的、有目的的主观能动作用。否认人的意识的能动作用，把人的行为都归结为是由外界刺激机械决定的，或者否定人的意志对客观规律的依存性，宣扬意志绝对自由，这两种见解都是错误的。意志同其他心理过程一样，是以人脑的神经过程为物质基础的。意志既是自由的，又是不自由的。说它是自由的，是因为在一定条件下，人可以根据自己的意愿自主地选择目的，发动或制止某种行动，按某种方式方法行事；说它是不自由的，是因为人的一切愿望、一切行动都必须符合客观规律。意志有巨大的能动作用，但又绝不能违背客观规律和超越客观条件的限度。一个人掌握的知识越多，越善于认识并运用客观规律，对客观事物的改造也就越主动、越自由。

二、意志与认识、情感的关系

意志和认识、情感是统一的心理过程的不同方面，是意识的不同表现形式。它们之间有着密切的联系。

（一）意志与认识的关系

意志的产生是以认识过程为基础的。首先，意志行动的目的本身就是人的认识活动的结果。人们只有认识了客观世界的规律，才能提出确定的切合实际的目的。其次，在实现意志行动时，为了确定目的和选择行动方法与策略，就必须运用以往的知识经验，探索事物的规律，分析主客观条件，拟订行动方案，设想未来的后果。这一切都必须通过认识过程才能实现。最后，意志是与克服困难相联系着的，而任何困难的克服都离不开一定的知识经验的指导作用。只有把意志行动建立在深思熟虑的认识基础上，才能有效地克服各种困难，实现预定的目的。

意志以认识为基础，认识也离不开意志的作用。人在进行各种认识活动，特别是在进行系统的学习或独立的研究时，总会遇到一定的困难。要克服这些困难，就必须依靠意志的努力。同时，也要看到人在认识客观事物时，一刻也不能离开意志。因此，积极的意志品质能促进人的认识能力的发展，而消极的意志品质则会阻碍认识能力的发展。

（二）意志与情感的关系

情感可以构成意志行动的动力。积极的情感对意志行动起推动和支持的作用，而消极的情感对意志行动起阻碍和削弱的作用。例如，有的学生热爱教育事业，因此在学习教育科学理论时表现出极大的热情，并能克服种种困难，取得好成绩。

意志对情感起着控制作用。积极的情感由于意志的支持，才能持久地巩固和发展，而消极的情感则要依靠意志来克服和控制。意志坚强的人可以克服和消除各种消极情感的干扰，使情感服从于理智。例如，有的学生在学习失败时，产生不愉快的情感，但他们能靠意志的努力冷静地评价自己的情感，并自觉地加以控制，避免了消极情感的干扰。意志薄弱的人则会屈服于消极情感并往往使行动半途而废。

第二节　意志行动的心理分析

意志通过意志行动表现出来，因此，我们必须对意志行动进行心理分析。意志行动过程分为采取决定和执行决定两个阶段。

一、采取决定阶段

采取决定是意志行动的开始阶段。它是意志行动的前导，决定着意志行动的方向。这个阶段的心理活动主要有动机斗争、确定目的、选择方法与策略、制订计划。

（一）动机斗争

动机具有三种功能：（1）动力功能，即动机对人的活动有强烈的原发性动力作用，能驱使人们产生某种行动；（2）调节功能，即动机有助于人们进行行动的选择、控制和定向，使人的行动按正确的方向与策略向预期的目标前进；（3）强化功能，即动机会因满意的结果而被强化，使该行为重复出现并逐渐巩固。当然，动机也会因不满意的结果而被抑制，使该行动削弱或消失。

人在活动中，动机往往不是单一的，不同的需要会产生多种动机，从而产生相互影响的复杂的动力体系。在这个体系中，有的动机处于主导地位，有的动机处于次要地位；有的动机处于体系的中心，有的动机处于体系的边缘；有的动机具有重大的社会意义，有的动机并不具有重大的社会意义；有的动机长久地起作用，有的动机则是暂时地起作用。总之，在动机过渡到意志行动的过程中，往往存在着动机斗争。动机的斗争可做如下分类。

1. 按趋避方向，可把动机斗争分为三类

双趋式斗争，指个体在活动中，并存的两个目的引起具有同样吸引强度的动机，但又无法兼得而产生的难以取舍的斗争。例如，有两项学生同样喜爱的课外活动在同一时间开展，只允许选择一项，这样就会发生双趋式斗争。斗争的结果必然导致动机的消长现象。

双避式斗争，指个体在活动中，并存的两个目的引起具有同样威胁性程度的动机，但又不能同时避开而产生的难以抉择的斗争。例如，受社会上的坏人勾引的品德不良的学生，当他在改正错误时往往会产生激烈的动机斗争：继续坚持错误，会受到社会舆论的指责和教师、家长的批评；坚决改正错误，又怕受到坏人的威胁和报复。

趋避式斗争，指个体在活动中，对同一个目的同时具有趋近与躲避两种动机，形成欲趋之又避之的矛盾斗争。例如：晚自习时，想看电视，又怕完不成作业；想报名参加学科竞赛，又怕失败丢面子。

2. 按内容不同，可把动机斗争分为两类

非原则性动机斗争，指与社会道德标准关系不大的动机斗争。例如，在初中生的学习动机中，会表现出：有的喜欢语文，有的喜欢数学；有的为了集体荣誉，有的为了个人争当三好生；有的为了未来职业而学习，有的为了建设祖国而学习。固然，这些动机有高低层次之分，但是它们之间的矛盾是非原则性的，不是根本对立的关系。

原则性动机斗争，指与社会道德准则相关的动机斗争。这种动机斗争涉及个人与集体、公与私之间的矛盾。能否使正确的、高尚的动机战胜错误的、卑微的动机，是一个人意志坚强与否的表现。

动机斗争的情况很复杂，有时非常激烈，往往表现出心情紧张、彷徨不安或踌躇不定的心理状态。只有通过斗争，最后做出决定，其引起的心理状态才会减弱或消除。因此，动机斗争的过程是意志过程的一个重要组成部分。

（二）确定目的

目的是指意志行动所要达到的目标和结果。目的越明确，人的行动便越自觉；目的越远大，它对行动的动力作用越大。但是过于遥远的目的容易使人懈怠，特别是对初中学生而言，更会使他们觉得望尘莫及，不能起到应有的作用。所以，最好在远大的目的之下，再提一些近期的、具体的目的，把两者结合起来。

目的和动机之间既有一致性，又有差异性。它们之间的一致性表现在意志行动所要达到的目标和结果上。例如，有的学生本着为大家服务的动机，经常在班里扫地、抹桌椅，其结果有利于全班同学。目的和动机之间的差异性表现为动机比目的更内在、更隐蔽、更强烈，并且，同一动机可以导向不同的目的。例如，为建设祖国而努力学习的动机可以达成多方面的目的，像学习成绩优异、体育成绩突出、创造能力提高等。反之，同一目的可以由不同的动机引起。例如，促使学生学习成绩达到优秀的目的可能来自不同的动机，像获得家长的称赞、为未来职业做准备、取得三好生的称号等。

目的的确定和动机斗争是两个既有区别又有联系的过程。在确定目的之前，人们往往要经过动机斗争，克服内在的矛盾。在目的逐步确定的过程中，人们也会再次经历动机斗争，随后逐步趋于统一。要正确地确定目的，就必须排除对目的确定的种种干扰。为此要做到：（1）要以正确的动机为基础，不要患得患失；（2）要郑重思考，面对现实，权衡利弊，分析、估价目标的远近主次；（3）要保持情绪的镇静、愉快和乐观；（4）通过意志的努力，增强信心与力量，果断做出决定，迅速选择正确的行动目的。

（三）选择方法与策略，制订行动计划

确定目的之后，必须考虑如何实现这个目的。这就要选择有效的方法和策略，制订切实可行的计划。虽然行动的方法与策略服务于行动的目的，但是，方法与策略的选择对行动目的的顺利实现关系极大。切实可行的方法与策略使行动结果事半功倍。不好的方法与策略则事倍功半，甚至导致行动的失败。在确定了目的且选择好方法与策略后，还必须制订切实可行的计划。制订计划要调查研究，实事求是，既不能草率、盲目，又不能害怕困难，优柔寡断。

方法与策略的选择和计划的制订不仅受动机和目的的制约，而且与个人的知识经验水平，与是否能掌握客观事物发展的活动规律有密切关系。

选择方法与策略并制订计划的过程也是意志行动的过程。为了了解情况，摸清规律，确定切实可行的方法与策略，就必须下定决心，克服各种困难；同时还要使其行动方法与策略和行动计划符合社会道德准则，克服不利于社会和他人利益的做法。

二、执行决定阶段

执行决定是意志行动的完成阶段，是头脑里的目的、计划和措施加以实施，支配和调节行动，达到预定目的的过程。

执行决定是意志行动的关键。因为采取决定只是主观的东西，而执行决定才是主观见之于客观的物质活动，通过执行决定才能发挥意志在改造客观世界中的作用。

从做出决定到执行决定，在时间间隔上有两种情况。一种情况是在行动目的已确定，方法与策略已选好，完成行动的主客观条件都已

具备时，就应当机立断，立即执行。这时如果优柔寡断，当行而不行，就是意志薄弱、缺乏果断性的表现。另一种情况是在做出决定之后，要隔相当长的时间才能执行，这需要意志的坚持性。这时如果草率从事，则是盲目性的表现。由此可见，在执行决定的过程中，意志既表现为采取积极行动来达到目的，也表现为抑制那些不利于达到目的的行动。

在执行决定的过程中，常常会遇到许多困难，如已经放弃了的目的和动机的重新出现、新产生的诱因、不健康舆论的讥讽、政治和自然环境的压力、体力和脑力的紧张与疲劳、知识经验不足、失败与挫折等。在执行决定的过程中，不管是遇到困难，产生挫折感，还是遇到成功，产生成就感，都需要意志的努力。意志坚强者会胜不骄，败不馁，而意志薄弱者则会在成功面前骄傲自满，在失败面前垂头丧气，一蹶不振。

第三节　少年期学生意志的特点与教育

一、少年期学生意志的特点

意志是在活动中完成各种动作和控制自己的行为过程中受到锻炼并发展起来的。在教育教学的影响下，少年期学生出现了比学龄初期学生更为复杂的意志行动，并具有一些新的特点，具体表现在以下几个方面。

（一）意志行动的动机和目的由动摇性逐渐趋向稳定性

学龄初期学生的行动动机和目的容易受到外因的影响而产生动摇。例如，他们常常下决心做作业而不去看诱人的电影，但坚持不了多久就会心烦意乱起来。少年期学生则不然，他们行动动机和目的的稳定性比学龄初期学生明显地增强，在从事自己没有直接兴趣，而与其远大目标有关的学习和工作时，也能保持较好的稳定性。不过，总的来说，由于少年期学生缺乏远大而正确的主导动机，因而他们的意志行动的动机和目的比青年期学生容易动摇。

（二）意志行动从盲目性向自觉性发展

小学高年级的学生已开始逐渐地学会依照自己的愿望和意图去采取有目的的行动，但这时还需要由成人的言语指令来调节。而少年期学生在向自己提出行动的动机、目的时，更富有自觉性。尽管他们在行动之前，表面上看来好像没有深思熟虑的样子，但实际上他们已考虑“我将要做什么”“我为什么这样做”等问题。这说明少年期学生根据目的做出决定的自觉性水平的确提高了。

（三）意志行动中克服困难的毅力逐渐增强

在中小学生意志发展的过程中，克服困难、坚持完成任务的毅力由弱趋强。学龄初期学生克服困难与完成任务的毅力比较薄弱，他们在活动中往往不能专心致志，特别是在外因的诱惑下，更容易心烦意乱。在困难面前，特别是在意料之外的困难面前，他们不善于应付与灵活驾驭，常常陷入束手无策的状态之中，因而常有不能履行自己的诺言的现象发生。少年期学生由于知识经验和技能逐步增多，在对待困难与完成任务时，有较多的应变办法，也能专心致志地把已经开始了的工作进行到底。尽管少年期学生排除困难的灵活性还比较差，有时，当第一动机的任务遇到困难时，他们往往不是做出意志努力加以排除，而是使动机变化，让第二或第三动机来代替；但是，从总体上看，少年期学生克服困难的毅力、手段和方法都比学龄初期学生更强、更有成效。

（四）意志行动的模仿性由无意向有意发展

学龄初期学生和少年期学生都喜欢模仿别人的行动。但是，学龄初期学生的模仿常常是不自觉的、无意的，他们容易不分好坏地模仿别人的表情、姿态、动作等。越是他们感到奇特的、有趣的行为，他们越爱模仿，而不考虑这一行动的后果。少年期学生随着年龄和知识的增长，模仿的性质也发生着变化。他们的模仿逐渐地由无意、受暗示的特点变为有意、具有一定独立性的特点，他们更多地模仿别人在品德、作风、习惯、情操等方面的良好品质。但是，由于少年期学生的意志独立性尚未完全成熟，因此他们对行为的模仿有时表现出缺乏深思熟虑。

二、意志与学业成就

意志是学生学习中的非智力因素之一。坚强的意志对学生的智力活动起着促进作用，它可以促使学生养成细致观察、主动感知、牢固记忆、积极想象、周密思考的习惯，激励他们克服学习中的困难，更好地发挥自己的聪明才智。

一般情况下，意志水平的高低与学业成就好坏是一致的。意志坚强的学生，其学习目的明确，学习自觉性较强，他们能克服困难，坚持学习，为提高学习效率而努力；反之，意志薄弱的学生，往往学习自觉性不够强，易受困难影响，因而学业成就往往不高。但是，意志只是学生学习活动中的必要条件，不是唯一条件。它对学习效果的作用是在学生具备一定的知识和能力时才起作用，因而常常会出现在短期内意志薄弱的学生的学习效果尚好，而意志坚强的学生的学习效果并不好的现象。这可能是由于前者的基础知识较扎实，智力发展水平较高，以及身体条件较好，而后者可能各方面条件较差。但是，只要坚持不懈地努力，后者一定能取得好的学习效果。“有志者，事竟成”就包含了这个意义。

三、意志的品质与培养

（一）意志的品质

意志的品质是一个人在生活中形成的比较稳定的意志特征。

1. 自觉性

自觉性是指人在意志行动中具有明确的目的性，自觉认识到行动的积极意义，并有效地支配自己行动的意志品质。自觉性表现为能根据行动目的的要求，自觉形成积极的态度，独立地调节自己的行为，满腔热情，充分发挥主观能动性，千方百计地去克服困难，坚决执行决定，达到目的。在行动中，既能坚持自己的正确观点和态度，不因外界的影响而轻易改变自己的决定，又能广泛地接受合理的意见和建议。

与自觉性相反的是盲从性和独断性。盲从性是指对自己的行动目的缺乏清楚的认识，没有真正意识到自己行动的正确性，因而轻信别人，不管外来意见正确与否就盲目改变自己原来的决定。独断性与自觉性有着本质的不同，独断性表现为盲目自信，不考虑自己采取的决定是否正确，拒绝他人的合理意见和劝告。

少年期学生的意志自觉性已有了较大的发展，不少学生逐步能够自觉地确立目的，制订计划，安排时间，并注意行动效果。我国心理学工作者以既定的目的性与克服困难的自觉性两项指标为依据，分析了 100 个不同年级先进班集体成员的自觉意志行动水平，结果见表 8-1。

表 8-1 不同年级先进班集体成员的自觉意志行动水平 %

趋势 年级 水平	小学二年级	小学四年级	初二	初三
Ⅰ	0	17	53	60
Ⅱ	100	83	47	40

注：Ⅰ级水平是按照集体目标齐心协力去行动。

Ⅱ级水平是按照班主任的决定去行动。

由上表可见，大部分初中学生已能统一地按集体的准则，较自觉地去行动。这就说明少年期学生的意志自觉性有了明显的提高。

但是，少年期学生还保留一定程度的依赖性和模仿性。依赖性表现为在某些情况下，容易接受别人暗示。例如，教师在面前时，功课做得很起劲，教师一旦离开，就不大努力了。模仿性表现为对理想人物简单的模仿，缺乏对其精神实质的思考。

2. 果断性

果断性是指善于明辨是非，适时而坚决地采取决定和执行决定的意志品质。所谓适时，指在需要立即行动时当机立断，在不需要立即行动或情况发生变化时，又能立即停止执行或改变已做出的决定。果断性表现为以正确的认识为前提，在深思熟虑和勇敢的基础上，毫不动摇地执行决定。

与果断性相反的意志品质是优柔寡断和草率性。优柔寡断的人往往在采取决定时会出现无休止的动机斗争，行动迟疑不决，在执行决定时踌躇不前。草率性与果断性有着本质的不同。草率性指不考虑事物的规律性，不加深思熟虑，轻举妄动，凭一时冲动而鲁莽从事，最终不能达到目的。这些都是意志薄弱的表现。

一般情况下，少年期学生能按照一定的观点和原则去行动，果断性比以前有了提高。但是他们有时带有盲动性及冒险性等特点，遇到困难和复杂的事物，会出现不加周密思考而草率从事的现象，有时也会表现为犹豫不决。

3. 坚持性

坚持性是以充沛的精力和坚忍的毅力，不断地克服困难以完成意志行动的意志品质。坚持性表现为不但能紧张热烈地工作，而且能锲而不舍地坚持奋斗。工作越艰巨，精力越充沛；困难越大，毅力越坚忍。

与坚持性相反的意志品质是动摇性和顽固性。动摇性就是遇到小挫折便望而却步，见异思迁，半途而废。顽固性与坚持性具有本质的不同。顽固性使人既不能理智地评价自己的行为，也不能客观地考察外界的情况。尽管事实证明自己的行动不符合客观规律，但仍然自以为是，一成不变。顽固性、动摇性的表现虽然不同，但实质上都是对待困难的消极意志品质。

少年期学生在学习和活动中，常有坚持下去的决心，但当遇到困难时，往往就会灰心丧气。有时会因失败而不服气，有时还会把任性当作顽强，把“一意孤行”当作坚定等。总的来说，少年期学生在意志的坚持性方面会表现出精力充沛而毅力较差，热情有余而镇定不足。

4. 自制性

自制性是指自觉控制自己的情绪，约束自己的动作和言语的意志品质。自制性表现为既能对自身情绪和冲动行为加以控制，又能根据活动任务的要求有效调控自身的状态，从而不受外界干扰的影响。

与自制性相反的意志品质是冲动性。冲动性的人遇到事情往往不会认真考虑前因后果，特别是在紧急时刻，难以冷静而客观地处理问题。

少年期学生的自制性虽有进步，但总体来说仍然不强，特别是初中一、二年级的学生，情绪极易变化，意志不够坚定。因此，在这一时期内，学校容易出现“乱班”，在同一个班内学生两极分化也较为明显。随后，到初三和高一，学生自制性的发展才比较迅速，品德也逐步趋于稳定和成熟。

意志的各种品质不是孤立存在的。例如，很难想象不能自制的人会具有坚持性，缺乏自觉性的人也绝不会有真正的自制性。因此，我们不能孤立地去培养某种意志品质，而应当把各种品质看作一个不可分割的整体。

（二）意志的培养

良好的意志品质是在生活和实践活动过程中形成和发展起来的，是有意识培养的结果。

1. 树立科学的世界观和正确的人生观

学生的一切意志行动都受一定的动机和目的调节、支配，加强正确的目的、动机教育，不断提高学生的动机水平，有利于培养他们坚强的意志品质。要使学生确立明确的目的，其核心就是要培养学生具备科学的世界观和正确的人生观。事实证明，只有让学生有正确的人生观，他们才能把远大理想与自己的学习、工作和生活结合起来，在学习和工作中有坚定的决心，不被任何困难吓倒，有克服困难的勇气、毅力及动力，从而形成良好的意志品质。

2. 发展健康的情感

意志行动是为实现个人确定的目的而严格约束自己，抑制不随意冲动和能够克服种种困难的行为。要培养学生良好的意志品质，除树立正确的人生观外，还要发展学生的健康情感。只有使学生具有健康的情感，才能使他们产生巨大的精神力量，正确地选择动机，并使其成为推动行动的一种心理驱力；他们才能在完成意志行动阶段，排除各种干扰和障碍，顽强地坚持下去。

3. 发挥集体和榜样的作用

少年期学生有强烈的集体观念。在良好的班集体里，同学们团结互助、关心集体、热爱集体、尊重集体，愿意完成集体委派的任务，并努力为集体争光。这有助于形成学生的自制、刚毅、勇敢等意志品质。同时，为了维护班集体的荣誉，必须遵守严格的纪律，而严守纪律又是较好的意志锻炼过程。所以，教师应努力使自己的班级形成良好的班风，充分发挥班集体的作用，帮助学生形成良好的意志品质。

榜样的教育作用是无声的力量。少年期学生崇拜榜样，喜欢模仿榜样的行为。榜样人物身上无不透射出象征当前时代精神的意志品质，随着少年学生对榜样人物的学习、模仿，其意志品质便会被内化为学生自己的良好意志品质。此外，教师要以身作则，以自己良好的意志品质为学生树立榜样，这对培养学生良好的意志品质将起到不可估量的作用。

4. 教育学生加强意志的自我锻炼

学生的意志品质不仅在周围环境的影响下形成，而且在自我修养和自我锻炼过程中发展。教师应该满腔热情地启发和帮助学生掌握自我锻炼的方法，制订自我锻炼的计划，引导他们积极锻炼自己的意志。教育他们采取决定时要充分估计主客观条件，做到合理可行，执行决定要态度坚决，有始有终，持之以恒。还应该要求他们养成自我检查、自我监督、自我暗示和自我鼓励的习惯，对自己意志品质的优、缺点进行自我评价，以利于巩固优点，克服缺点。

努力克服困难是对意志进行自我锻炼的最好机会。因此，要教育学生在平时的劳动、工作、学习和生活中，遇到各种困难要尝试去克服，从而使学生的意志品质得到锻炼和发展。

5. 针对意志的个别差异，培养良好的意志品质

针对意志品质的个别差异，采取不同的锻炼方式和重点，是培养学生良好意志品质的必要措施。例如：对行动盲目和易受暗示的学生，应加强目的、动机教育，培养学生的目的性、自觉性和责任心；对优柔寡断、冒险轻率的学生，应培养其大胆、果断、沉着耐心的品质；对缺乏自信心、萎靡不振和自卑感强的学生，应采用正面诱导法，充分调动他们的积极性，增强自信心，提高自我控制、调节的能力；对于软弱和胆怯的学生，应着重胆量、勇气和献身精神的培养；对缺乏毅力和恒心的学生，应着重激发他们奋发有为和坚韧不拔的精神。

思考题

一、什么是意志？意志与认识、情感有什么关系？

二、举例分析少年期学生意志行动的过程。

三、少年期学生的意志品质有哪些特点？怎样培养学生的良好意志品质？

第九章
个性和个性倾向性

本 章 要 点

什么是个性和个性倾向性

个性有什么特征

个性的心理结构

信念与世界观

第一节 个性的概述

一、什么是个性

英文中的“personality”一词源于拉丁文“persona”，原指演员在舞台上所戴的面具，以表示所扮演的角色。现在心理学中“个性”一词，沿袭了它的含义，以说明个人在人生舞台上所扮演的角色。现代心理学把个性理解为一个人的整个精神面貌，它是一个人经常的、稳定的、本质的且具有一定倾向性的心理特征。

人是一个自然实体，所以要受生物学规律的制约；人也是社会实体，在人的社会化过程中，个体由生物实体逐渐成长为有意识的社会实体。人的意识是社会的产物，所以必然受社会制约。个性是人的个性，我们应把有意识的人看作社会发展的积极参与者。个性既然是由作为社会实体的人的个体来研究，这便意味着所研究的不是个体与生俱来的解剖生理特点，如身高、肤色、胖瘦等，而是个体的受社会生活制约的整个心理面貌特征。

个性就其本质来说是社会的。每个人作为社会成员处在各种复杂的社会关系之中及一定的政治关系之内，时时受到物质财富的生产和消费所构成的各种关系的影响，还受到社会上各种意识形态的宣传和教育，从而成为复杂的社会关系的体现者。正如马克思所说的："人的本质不是单个人所固有的抽象物，在其现实性上，它是一切社会关系的总和。"① 从这个意义来看，个性又是一个社会历史范畴。因此，在评述个性时，它的社会本质是主要标志，如我国文学家、思想家鲁迅的性格，鲜明地表现出对敌人是"横眉冷对千夫指"，对人民群众则是"俯首甘为孺子牛"。

二、个性的基本特征

（一）个性的稳定性

一个人一贯和经常表现出来的心理倾向和心理特点才能体现出一个人的精神面貌。个性的心理倾向与心理特点的结合形成这两者的稳定的统一，这种稳定的统一可以看作个性的相对稳定性。一个人偶尔参加体育锻炼，不能说明他在体育锻炼方面的心理倾向性，只有经常锻炼身体，才能说明他在这方面的心理倾向性；一个人在各种场合，如在家中、在学校里一贯表现出粗心大意，就说明他具有粗心的性格特点。个性的稳定性是相对的。一个人随着思想、情感、愿望等的不断变化，随着年龄的增长、生活条件与实践活动的改变、教育的作用和自己的主观要求，个性倾向性和个性心理特点在不同程度上是可以

① 《马克思恩格斯选集》第 1 卷，人民出版社 2012 年版，第 139 页。

改变的。

（二）个性的独特性

个性最突出的一个方面便是它的独特性，亦即个别性。独特性是人的心理倾向、个性心理特点和心理过程的独特的结合，其中包含人的认识过程、情感和意志的特点，兴趣、需要、动机、信念、世界观的特点，能力、性格与气质等特点的结合。一个人不可能与另一个人具有上述诸特点的相同结合。此外，个性中还包含民族的心理特点，每个人都具有本民族的思想感情、文化传统和习俗。在阶级社会中个性还包含阶级和集团的心理特点，每个人都具有本阶级、本集团的需要和世界观。个性中还包含个人与他人相区别的心理特点，如：有的人视觉感受性强，有的人听觉感受性强；有的人思维逻辑性强，有的人思维灵活性强；有的人待人热情，有的人表现冷漠；有的人意志坚强，有的人意志薄弱；等等。所以说，个性的独特性指每个人独具一格的心理特性。

三、个性的心理结构

个性的心理结构是多水平、多层次、多侧面、十分复杂的有机统一的体系。它主要包括个性倾向性、个性心理特征、心理过程、自我意识等几个组成部分。

个性倾向性主要包括需要、动机、兴趣、理想、信念和世界观等。它是人进行活动的基本动力，也是个性中最积极、最活跃的因素。它决定着人对现实的态度，决定着人对认识和活动的对象的趋向和选择。个性倾向性中的这些成分是相互联系、相互作用的，其中总有一个成分占主导地位，占主导地位的成分对其他各个成分起支配作用，并影响其他心理活动。例如，如果一个学生的认识需要占优势，那他就会积极地注意听讲，主动地记忆和思考，努力克服学习上的困难和排除各种干扰，认真学习。同时，他的认识需要就会对他的兴趣、理想、信念产生影响，也会相应地引起智力活动、情绪活动和意志活动。这时他的自然性需要被抑制，对日常生活的关心就会退居次要地位。在个性倾向性的诸成分中，世界观居于最高层次，它制约着一个人总的精神面貌。

就人的整个心理现象而言，个性倾向性是人的一切心理活动和行为的最高调节者，也是个性积极性的源泉。它直接制约着个性心理特征，又影响人的心理过程，从而使心理现象在每个具体人身上构成一个统一的整体。

个性心理特征是比较稳定的特征，它表明一个人比较典型的心理活动和行为。个性心理特征主要包括能力、性格和气质。能力是保证活动成功的个性心理特征。一个人的能力不仅有大小之分，还有不同类别，而各种能力是紧密联系、相互作用的。能力中有一般能力和特殊能力，有优势能力和非优势能力。通常一个人的非优势能力从属于优势能力。个性心理特征中的性格鲜明地标示着人对现实的态度和与之相应的行为方式的特征。在性格特征中，占主导地位的是人对现实的态度特征，如责任心、诚实、正直等，还有意志特征，如勇敢、刚毅、果断、自制，以及情绪特征和理智特征。个性心理特征中的气质标志着人在进行心理活动时，在神经过程的强度、速度、稳定性、灵活性等动态性质方面的独特结合的个体差异性。

在个性倾向性和个性心理特征方面，人们存在着差异，这就是个性差异。

心理过程如感觉、知觉、记忆、思维、情感、意志等是个性形成和发展的基础。例如，观察力这一心理特征是在反映客观现实的过程中通过反复知觉和思维等过程形成的。

在人的精神面貌中，个性倾向性和个性心理特征诸成分是由自我认识和自我评价来调节与控制的，因而使个性倾向性和个性心理特征诸成分形成统一的、完整的个性。

第二节　个性倾向性

一、什么是个性倾向性

个性具有倾向性，人在与客观现实相互作用的过程中，对现实事物总有一定的态度和取向。个性倾向性包括需要、动机、兴趣、信念和世界观。

二、需要与动机

（一）需要

1. 什么是需要

人既是一个生物机体，又是一个社会成员。人对食物、睡眠、婚配、育幼、防御等的基本需要，是维持个体的存在和繁衍所必需的。这是人和动物所共有的需要。但是，作为社会成员，人不能离开群体与社会而孤立地生活，人必须考虑他所在的群体生活与社会发展的需要，如劳动、生产、工作、交往、学习、创造、道德、秩序、文化等方面的需要，即社会性需要。这些需要总是反映个体内部或外界生活条件的某种要求，通常以意向、愿望、动机、兴趣等形式表现出来。

需要是同人的活动联系在一起的。需要是个性积极性的源泉，是人的活动的基本动力。需要是人对一定事物的需求与追求。需要一旦出现并驱使人去行动时，就以活动动机的形式表现出来，并且会成为一种支配行为以求得自身满足的力量。由于需要是现实要求的反映，所以个人活动的最终原因与动力是社会实践。同时，人的需要也是在活动中不断产生和发展的。当人通过活动使原有的需要得到满足时，人和周围现实的相互关系发生了变化，于是又产生新的需要。这样，需要推动着人去从事某种活动，在活动中人的需要不断得到满足又不断产生新的需要，从而使人的活动不断发展。但是，需要应是合理的需要，还应以合理的方式去实现，这样才能产生合乎社会要求的行为，促进社会的发展。学生需要的发展在相当大的程度上是教育和培养的结果，因此，指导学生参加的有益活动越多，他们合理的需要也就会得到更健康的发展。教师与家长应善于了解学生的需要，并让他们懂得应当以什么样的方式来实现需要才更为合理，他们的需要以及整个身心才会得到更健康的发展。

2. 需要的分类

根据需要的起源，可以把需要分为自然性需要和社会性需要。自然性需要包括对饮食、运动、休息、睡眠等的需要。社会性需要包括对劳动、交往等的需要。

根据需要的对象，可以把需要分为物质需要和精神需要。物质需要包括对衣、食、住有关物品的需要，对劳动工具的需要等。精神需要包括认识的需要、美的享受的需要等，这是人所特有的需要。

美国心理学家马斯洛提出需要层次论的主张。他认为人的需要是按层次组织起来的。最低的层次是生理的需要；上一层是安全的需要；再上一层是归属和爱的需要，即对社交、归属和认可的需要，得到亲友的爱的需要；中层为尊重的需要，包括自尊、尊人、受社会尊重、成就的需要；其上一层为认知的需要，如要求认识、理解和探求；再上一层为美的需要，如欣赏美和审美的需要；最上一层为自我实现的需要，即充分发挥人的全部潜能，实现个人的信念与理想的需要。这个需要层次论指明，一个人只有在低层次的需要获得满足后，高一层次的需要才会产生。马斯洛的需要层次论对人类需要的分类既不全面，也不够完善，更没有指出需要的反映实质及需要产生的根源。在自我实现的需要这一最高层次上，马斯洛强调追求个人发展需要的自发性，这是不可取的。这个理论提出了需要从低级向高级发展的模式，这是颇有参考价值的。

（二）动机

1. 什么是动机

动机是激发和维持个体进行活动，并使该活动朝向某一目标的心理倾向或动力。

个性积极性的源泉是各种不同的需要。动机是与满足某些需要有关的活动动力。人的动机大多是需要的具体表现。需要可以表现为兴趣、意向、意图、信念等形式。

兴趣是人的认识需要的情绪表现，它使人乐于积极地寻找满足认识需要的途径和方法，是学生不可缺少的活动动机。意向是一种未分化的、较为模糊的、没有明确意识到的需要。产生某种意向时，人虽意识到一定的活动方向，但不够明确活动所依据的具体需要和以什么途径及方式来满足需要。意向是人的行为动机形成的一个阶段，它往往是暂时的，其中出现的需要或者消失，或者转化为意图。意图是明确意识到要争取实现的目标和方法的需要。人的意图的表现形式有企图、愿望、幻想和理想等。信念是人的活动的主要动机，它是激励人按照自己的观点、原则和世界观去行动以实现目标的一种内在力量。信念组成一定的体系就成为一个人的世界观。它是在深入理解自然和社会的发展规律，有了认识并在通过实践加以证实的基础上发生的一种高级需要。世界观是个性倾向性的核心，它对人的整个精神面貌具有巨大的影响。

2. 动机的分类

根据动机的起源，可以把动机区分为自然性动机和社会性动机。

自然性动机与人的自然性需要相联系，社会性动机与人的社会性需要相联系。

根据动机的影响范围和持续作用时间，可以把动机区分为长远的、概括的动机和短暂的、具体的动机。前者影响范围广，持续作用时间久，后者只对个别具体行动起一时的作用。

需要虽与动机联系紧密，但二者是有区别的。如果愿望或意向仅仅停留在头脑里，而不付诸行动，那么这种需要还不能成为活动的动力。当愿望或意向激起和维持人的活动时，这种需要就成为活动的动机。动机和目的也有区别。动机是激励人去活动的内部原因，而目的则是人期望通过活动达到的结果。

三、兴趣

（一）什么是兴趣

兴趣是人力求探究某种事物或从事某种活动的认识倾向。人的兴趣表现在力求认识世界，所以又叫认识兴趣。有认识兴趣的人具有积极的情绪色彩的意识倾向，他们在认识活动中常常废寝忘食，感到其乐无穷。所以说，兴趣是活动的一种动力，它是鼓舞人从事活动的重要力量。

兴趣的发生是以一定需要为基础的。当一个人有某种需要时，就会对有关事物优先给予注意，而且对它有向往的心情，产生了兴趣。正当的、浓厚的、稳定的兴趣的作用包括：能促使学生获得广泛的知识；能促使学生情绪高涨，对学习和工作充满信心，勇于克服困难，从而提高学习和工作效率；能促进学生的创造活动；能使学生视野开阔，个性得到和谐的发展。

兴趣和认识、情绪、意志有着密切的联系。兴趣是一种特殊的认识倾向，它表现在对感兴趣的事物的感知、记忆、想象和思维上，并表现出对有关事物的优先注意和集中注意。兴趣的情绪色彩表现在对某种事物的兴趣越浓厚，人对它的情感也越深。稳定的兴趣对于克服工作中的困难，顺利完成任务很有助益。兴趣与能力、理想、信念、世界观也密切联系着。能力往往是人对一定的事物有浓厚的兴趣才形成和发展起来的。能力也促进兴趣的发展。已经确立的正确的理想、信念、世界观对新的兴趣的形成起着指引方向和确定内容的作用。例如，如果学生学习态度端正，学习兴趣浓厚，就有助于他确立远大的理想和科学的世界观，而这种理想和世界观又会促进他对学习产生更深厚的兴趣。

兴趣可以分为直接兴趣和间接兴趣。直接兴趣是由某种事物或活动本身引起的兴趣。直接兴趣往往能直接满足人的需要。例如，有的教师讲究教学方法，讲课内容充实而且新颖，讲解明白易懂，这便引起学生的直接兴趣。间接兴趣是由活动的目的、任务或活动的结果引起的兴趣。例如，有的学生对数学本身没有兴趣，但认识到数学对于自然科学和社会科学极为重要，因而也就对数学有了兴趣。人的间接兴趣可以转化为直接兴趣，这两种兴趣的有机结合是使学生积极主动学习的重要条件。根据兴趣维持的时间，人的兴趣又可分为短暂的兴趣和稳定的兴趣。短暂的兴趣随着某种活动而产生，又随着活动结束而消失。稳定的兴趣是长期的、稳定的且对一个人产生积极作用的兴趣。对学习、对事业有了稳定的兴趣，才能专心致志、持之以恒、热情充沛地从事学习和工作。

（二）兴趣的品质

1. 兴趣的倾向性

兴趣的倾向性指人的兴趣是指向一定的事物的。有的人对自然科学感兴趣，有的人对社会科学感兴趣。兴趣不是天生的，兴趣的差异主要是人的生活实践不同而造成的。兴趣是客观现实在人脑中的反映，它是受一定的社会历史条件制约的，具有社会制约性。凡是符合我国社会主义社会的要求，与社会进步相联系，有利于工作、学习，能满足人们精神文化需要的兴趣，是高尚的兴趣。我国地质学家李四光原来对自然科学有着广泛的兴趣，后来他认为：中国虽然地大物博，但是科学落后，如果我们自己不能找矿，将来也不过是给洋人当矿工。于是，他的兴趣便倾向于地质学的研究。他的高尚而远大的抱负终于使他成为一名卓越的地质学家。把意识倾向指向于低级的、腐化堕落的事物，有碍社会进步和个人健康成长的兴趣，是低级的兴趣。

2. 兴趣的广阔性

兴趣的广阔性指的是兴趣的广泛程度。在兴趣的广阔性方面存在个别差异。有的人兴趣广泛，这种广阔的兴趣不仅使他们的生活丰富多彩，而且也为他们的知识渊博奠定了基础。许多革命家、教育家、思想家、文学家学识渊博，这跟他们广阔的兴趣是分不开的，伟大的无产阶级革命家和思想家马克思就是其中的一位。他最喜欢的格言是“凡是和人有关的，都是我所关心的”。他兴趣广阔，热爱生活，精通数学、物理、化学、经济学、历史、哲学、文学和音乐。我国汉代杰出科学家张衡兴趣广阔，他在天文学、地理学、数学、机械学，以及文学和绘画方面都有成就。他的文学作品在文学史上占有重要地位。他擅长绘画，是东汉六大画家之一。所以，郭沫若认为他是“如此全面发展的人物，在世界史中，亦所罕见”。有的人兴趣狭窄，这容易使他们知识贫乏、生活单调、目光短浅。

如果一个人的兴趣广泛而无中心，则可能使他一无所长。一个在任何一个方面、一个领域有所成就的人，必然是在兴趣广泛的基础上有一个中心兴趣，如：祖冲之对数学、天文、历法、哲学、文学、音乐都有兴趣，但他的中心兴趣是数学；李时珍对文学、史学、生物学都有兴趣，而医学是他的中心兴趣；我国著名科学家竺可桢兴趣广泛，精通天文、地理、生物学，但他的中心兴趣是气象学。一个人只有在兴趣广泛的基础上有一个中心兴趣，才能既博且专，在事业上取得成绩。

3. 兴趣的稳定性

兴趣的稳定性是指人对各种事物的兴趣在时间上的持久程度。有的人对某个事物长期保持稳定的兴趣，数年乃至数十年如一日，经过刻苦努力，取得成就。居里夫人晚年多病，但科学研究已成为她终生的兴趣。她说："我的生活是不能离开实验室的。"达尔文说："我一生的主要乐趣和唯一职务就是科学工作。"与此相反，有的人缺乏稳定的兴趣，见异思迁，这种人很难在工作和学习上做出成绩。

4. 兴趣的效能性

兴趣的效能性是指兴趣对活动产生的效果。有的人的兴趣是消极被动的，只停留在消极期待或欣赏阶段，只是"心向往之"而已，这样的兴趣不能成为活动的动力，这是没有效能的兴趣。具有积极效能的兴趣能促使人积极认识事物，激励人坚定不移地从事活动，并能产生效果，这是有效能的兴趣。

（三）少年期学生兴趣的特点及培养

学生的学习兴趣是他们掌握科学知识，为未来从事某项职业做准备的必要条件，所以教师应该重视培养学生的学习兴趣。

1. 少年期学生兴趣的特点

少年期学生的理想带有直观的、形象的特点，容易受情境左右，同时随着知识的增长、眼界的开阔，兴趣范围也迅速扩大，但缺乏中心兴趣。他们多半对活动本身感兴趣，而对活动结果不感兴趣。随着年龄的增长，各种兴趣也将越来越稳定、越来越持久，有些兴趣甚至可以保持一生。

少年期学生已开始对思考问题和智力活动发生兴趣，他们这时对理论的探讨、分析问题和解决问题不仅表现出兴趣，而且对课堂学习的各门学科也有明显的爱好。

2. 少年期学生学习兴趣的培养

（1）启发学生学习的需要，加强学习目的教育。学生学习动机的发展是随着年龄的增长、受教育程度的提高从低水平向高水平发展的。此外，学生的学习动机也存在正确动机与错误动机的斗争。教师要自觉地、有意识地贯彻社会对学生学习的要求，以正确动机克服错误动机，并抵制社会上不正确动机的影响。对学生进行学习目的教育就在于帮助学生认识学习的社会意义，把自己的学习与远大的理想、社会的需要联系起来，从而提高学生学习的主动性和积极性。

有经验的教师要经常注意缺乏动力的学生身上的积极因素，利用这些积极因素，使之得到发扬并与学习联系起来，从而使学生产生学习的需要。例如，一个学习后进的学生平时不喜欢学习，但极喜欢画画，班主任利用他爱画画的积极因素，吸收他参加班报工作。在完成任务的过程中，该生产生了学习的需要，对学习有了兴趣，结果学习成绩取得了很大的进步。

（2）通过教学活动，培养学生的学习兴趣。在教学中，教学内容的生动有趣、丰富多彩以及教学方法多样、新颖、富于启发性都能引起学生的学习兴趣，使学生把学习看作内心的满足，而不是当成一种负担。教师还应使学生投入力所能及的学习活动，积累有关的知识，完成有关的任务，从而培养学生的学习兴趣。例如，有经验的教师让缺乏阅读兴趣的学生选购图书、收集书评、朗读有趣的图书等，借以培养他们对阅读的兴趣。此外，教育实践证明，组织学生参加各种课外小组的活动，如航模小组、无线电爱好者小组、计算机学习小组等，对培养和发展学生的兴趣有重要作用。

（3）启发学生自觉培养学习兴趣。教师应重视启发学生自觉培养自己的学习兴趣。外界环境与教育条件必须通过个人的自我教育才能成为起作用的因素。外界环境和教育条件只有变成个人兴趣，才能对兴趣的培养具有意义。生活实践证明，学生可以自觉地、积极主动地在自己的学习和生活中，培养一些积极而有益的兴趣，克服不良的消极兴趣。学生随着年龄、知识经验的增长和自我意识水平的提高，可以根据自己的世界观、信念和理想来调节和发展自己的兴趣。

四、信念与世界观

（一）什么是信念

信念是人们所遵循的与理想相联系的生活准则。没有信念的人，或者没有理想，得过且过，或者虽有理想，却不想以自己的实际行动去付诸实现，在现实生活中投机取巧。而有信念的人，他们有着明确的生活目标和生活准则，为了实现自己的理想，不屈服于任何压力和困难，也不惜做出任何自我牺牲，并终生为之奋斗。这样的人是社会进步的推动力。

（二）什么是世界观

世界观是一个人对整个世界的看法和态度，并指导着人的行动。

世界观不仅包括认识，而且还包括态度和行为。因此，确定一个人的世界观不仅要看他的认识和态度，更重要的还要看他的行为。世界观是个性倾向性的集中表现，它影响一个人的整个精神面貌，涉及一个人的知、情、意等心理活动。个人的世界观受阶级的世界观的约束，表现出某个阶级的世界观的特点。

共产主义世界观是人类历史上最先进、最科学的世界观。具有共产主义世界观的人具有崇高的革命理想，在日常生活中，他们能走出个人主义的小圈子，把自己的工作、学习和生活与共产主义事业联系在一起，先天下之忧而忧，后天下之乐而乐。

思 考 题

一、什么是个性和个性倾向性？

二、举例说明个性的心理结构。

三、兴趣有哪些品质？如何培养学生的学习兴趣？

四、信念和世界观对个性发展的重要性如何？

第十章
个性心理特征

本 章 要 点

什么是一般能力和特殊能力
能力的个别差异
能力的测量
什么是创造力
性格是怎样形成的
性格的鉴定方法
气质的类型

第一节 能 力

一、什么是能力

能力是顺利完成某种活动所必需的并直接影响活动效率的个性心理特征。

能力总是与人的某种活动联系在一起并表现在活动之中的。只有在一个人所从事的某种活动中，才能看出他具有某种能力的程度。在数学运算时，一个学生迅速准确地理解题意，采用简捷的方法进行运算，说明他有数学能力；在音乐活动中，一个学生的节奏感、曲调感和听觉表象都很强，演唱十分动听，说明他有音乐能力；在绘画活动中，一个学生在透视、色彩鉴别、视觉表象等方面都较强，画得一幅好画，说明他有绘画能力。

但是，不能认为凡是与人的活动有关，并且在活动中表现出来的所有个性心理特征都是能力。只有那种直接影响活动的效率，并且使活动的任务能够顺利完成的个性心理特征才是能力。例如，急躁、沉静、活泼等虽然也是个性心理特征，并且和活动有一定关系，但它们不是顺利完成某种活动的最直接、最基本的个性心理特征，因而不能称为能力。教师的观察力、作家的书面语言表达能力、工程师的技术想象力和计算能力等都是顺利完成他们所从事的相应活动所必需的和最基本的个性心理特征，缺乏这些特征，就会影响他们的活动效率，使这些活动不能顺利进行。因此，我们把这些顺利完成某种活动的个性心理特征叫作能力。

要成功地完成某种复杂的活动，必须有多种能力的有机结合。例如，教师的工作需要逻辑思维能力、语言表达能力、组织能力、观察能力、注意分配能力等的有机结合，画家的工作需要色彩鉴别能力、形象思维能力、形象记忆能力、视觉想象能力等的有机结合。

一个人如果具有完成某种活动所必需的各种能力，并且能够把这些能力很好地结合并成功地、出色地完成某种活动，那么就可以说这个人具有从事这种活动的才能。才能就是各种能力完备的、独特的、质的方面的结合。如果成功地完成某种活动所必备的各种能力得到最充分的发展和最完善的结合，并且使人能创造性地完成相应的活动，我们通常把这种能力叫作天才。天才不是天生的，而是人们凭借先天带来的健全的生理条件，通过后天环境、教育的影响，还有自己的主观努力而发展起来的。

二、能力的分类

能力可分为一般能力和特殊能力。一般能力是指在各种活动中必须具备的基本能力，它保证人们较容易和有效地认识世界，所以也叫作认识能力。例如，学生的观察能力、记忆能力、思维能力、想象能力等，这些能力有机的综合，即构成智力。智力的核心是思维能力。特殊能力是指顺利地从事专业活动必须具备的能力，例如数学能力、写作能力、绘画能力、音乐能力等。一般能力和特殊能力是紧密联系、相互依存、相互促进的。一般能力的发展为特殊能力的发展提供了必须具备的内部条件，特殊能力的发展积极地促进一般能力的发展。

三、能力和知识、技能

能力是直接影响活动效率，使活动顺利完成的个性心理特征。知识是人对事物的认识和实践经验的总结。技能是由于不断练习而自动化了的动作方式。能力、知识、技能都是保证活动取得成功的重要条件，这三者是紧密联系、相互制约的。掌握知识和技能必须以一定的能力为前提，能力制约着掌握知识和技能的速度、深度、难度和巩固程度；反过来，掌握了一定的知识和技能又使能力得到提高。但能力、知识和技能的发展不是完全一致的，如有的学生虽具有相等水平的知识和技能，但他们的能力不是处于相同的水平，而有的学生虽然能力处于相同的水平，但不一定能获得同等水平的知识和技能。

教师不能单纯以掌握知识的多少，尤其不能以分数的高低来衡量学生的能力。教师在教学生掌握知识的过程中，必须重视学生能力的培养。如果教师仅仅要求学生死记硬背知识，而忽视学生对知识的理解与思考，这会窒息学生的智慧。列宁早就指出过，我们不需要死记硬背，但是我们需要用基本事实的知识来发展和增进每个学习者的思考力……

四、能力的个别差异

人的能力有大小，能力发展速度不同，而且能力的表现有早有晚。

（一）发展水平的差异

人的能力表现在发展水平上是不同的。我国心理学工作者对 228 000 名儿童进行智力测查，发现弱智儿童和超常儿童各占 0.3% 左右。国外在这方面的结果也大致相同。

我国对超常儿童的研究发现，他们观察敏锐而准确，注意力集中而稳定，记得多、快、准确、牢固，想象力丰富，创造想象较为突出，言语发展早，思维比较灵活，概括性较强。例如，在我国研究的超常儿童中，一个男孩具有极强的记忆能力，他在 5 岁时，对由 12 个数字组成的一串数（如 513842790358）以每秒 1 个数字的速度轻声念 3 遍后，就能正确复述出来，几个月后他还能背诵出来。而弱智儿童的观察力不准确，记忆力较差，视觉表象贫乏，言语意义含糊，概括困难。

在超常儿童中还有一些具有特殊能力的儿童，他们在音乐、绘画、写作、运算等方面有突出表现。例如，有一个儿童思维敏捷，尤其在心算能力上十分突出，五岁半时，在十四分钟内能准确地心算六位数乘六位数，随着年龄的增长，他心算的速度和准确性也随之提高。在参加心算与电子计算器计算的比赛中，他心算十道题，只用一分半钟，比用计算器还要快，而且完全正确。这表明他在这方面具有特殊能力。在弱智儿童当中，除了由于脑发育不全或脑损伤引起智力落后，需要治疗以改善智力发展水平外，大多数可以通过适当的教育来促进智力的发展。

（二）能力的年龄差异

有的人在早期就“才华早露”，显示出优异的能力。我国唐代的王勃 10 岁能作赋，李贺 7 岁能写辞章，明末的夏完谆 9 岁善诗文；奥地利的音乐家莫扎特 5 岁时即表演钢琴，8 岁时举行独奏音乐会。我国的一个儿童 11 岁即考入大学。少年儿童出现早慧现象，虽也跟较好的素质条件有关，但是更重要的是他们曾有过比较合理的早期教育和良好的家庭影响，以及他们自己的刻苦努力。

除了“才华早露”以外，还有“大器晚成”，也就是说有的人的能力到中、晚年才有表现。我国画家齐白石本来长期做木匠，40 岁才显露绘画才能，后来成为著名的国画家。生物学家达尔文经过 20 多年的研究，到了 50 岁才写出《物种起源》。遗传学家摩尔根在 60 岁时才发表著名的基因遗传理论。可见在中、老年时期，只要勤奋努力，仍然会有成就。

人的各种能力的发展，从起始到高峰，一直到最后下降，也存在差异。心理学家调查研究的结果表明：人的知觉能力发展最早，10～17 岁为高峰期，下降亦较早；记忆能力的高峰期是 18～29 岁，45 岁以后逐渐下降；思维能力的高峰期是 18～49 岁；动作及反应速度的发展高峰期是 18～29 岁；比较和判断能力的高峰期是 18～29 岁，到 80 岁才有所下降。

（三）能力的类型差异

能力的类型差异主要表现为质的差异。能力的类型指的是在知觉、记忆、想象、思维等方面相对稳定的心理品质。

知觉能力：分析型，综合型，分析—综合型，情绪型。这已在本书第四章做了详述。

记忆能力：视觉型，主要运用视觉材料才能取得好的识记效果；听觉型，主要运用听觉材料才能取得好的识记效果；运动型，运动觉参加时识记效果才更好；混合型，运用多种表象时识记效果才更好，常见的为听、视混合型，还有视、听、动混合型。

表象能力：视觉型，以视觉表象占优势；听觉型，以听觉表象占优势；动觉型，以运动表象占优势；综合型，均衡地运用各种表象。

思维能力：形象型，主要通过直观形象和表象来进行思维；抽象型，主要运用概念进行判断、推理等思维活动；中间型，兼有形象型和抽象型的特点，人们大多数属于中间型。

五、创造能力

（一）什么是创造能力

创造能力是指根据一定目的，创造出独特的、新颖的、有社会价值的产品的能力。产品可以是物质的，也可以是精神的。

创造能力的特点有三。（1）灵活性。具有创造能力的人不受定势的约束，能举一反三，触类旁通，构思新颖。吉尔福德（J. P. Guilford, 1897—1987）于1968年曾编制非常用途测验，要求被试在8分钟内尽可能列出砖的用途。一般回答仅局限于建筑材料，而有些学生则回答当作自卫武器、镇纸、磨成粉末等，反映出有较大的灵活性。（2）独特性。有这个特点的人表现出见解独特，不同平常。如在回答“说出你所想到的所有圆形的东西”时，回答“纽扣”“皮球”的则甚为平常，而回答“老鼠洞”“水滴”的较为独特。（3）流畅性。具有流畅性特点的人心智活动流畅无阻，能在短时间内迅速地产生较多的概念与想法，如对同义词或反义词，能回答得又多、又快、又准确。

（二）创造能力与个性特征

创造能力较高的学生具有哪些个性心理特征？这个问题长期以来一直为心理学者和教育工作者所重视。有一些学者以创造能力高的人为研究对象，分析他们的个性特征。将这些学者的研究成果加以综合，可以对创造能力较高的人具有的个性特征归纳为以下几点：（1）兴趣较为广泛，喜欢对复杂新颖的事物进行思索；（2）语言文字均较流畅，有较好的表达能力；（3）有幽默感和较高的审美能力；（4）反应敏捷，思维精密，记忆力强，工作效率高；（5）喜独立判断，不喜“人云亦云”；（6）有较强的自信心，但有时武断和喜欢支配别人；（7）喜欢思考人生价值和哲理等抽象问题；（8）生活范围较广，社会能力较强；（9）对自己的前途有较高的抱负；（10）态度坦白而直率，为人开朗。

（三）创造能力与智力

心理学者经过大量研究，普遍倾向于认为创造能力与智力是两种不同的能力。

创造能力与智力之间存在正相关的关系，智力发展水平高的学生，创造能力亦高，智力发展水平低则创造力亦低。智力可以说是创造能力高度发展的基本条件。

当今智力测验内容多属常识性与具有固定答案的问题，所测验的资料大多与个人的认知和记忆能力有关。创造能力测验所测量的不是认知和记忆，而是解决问题的灵活性、独特性与流畅性，没有现成的答案。

学校的教学较偏重知识，学生的学业成绩与智力发展水平的相关较高，而与创造能力的相关较低。根据这一情况，教师不能单纯以学生的学业成绩来评估学生的创造能力。

当今多数心理学者认为智力受一定的遗传因素的影响，故智力的可变性较小，而创造能力的可变性较大。这一点在教育上具有重要意义。

六、能力的测量

人与人之间在能力方面有很大差别。教育工作者如何通过心理测量，更好地了解学生，这对于提高教育工作质量具有重要意义。能力测量有助于我们因材施教，合理地选拔人才，对心智缺陷者给予早期诊断和补救，对于有特殊能力者及早地给予专门培养。能力的测量除一般的观察法和作品分析方法外，主要靠能力测验。

能力测验有一般能力测验、特殊能力测验和创造力测验。智力测验即一般能力测验。其中著名的有比奈智力测验、斯坦福—比奈智力测验和韦克斯勒智力测验等。早期的比奈智力测验是把各种难易不同的题目按年龄顺序加以排列，一组题包括 3～6 套测验题，每通过一组题就表明儿童的智力年龄增加了一岁。如果一个 6 岁的儿童通过了 6 岁组的全部 6 个题目，他的智龄就是 6 岁。经过几次修订的斯坦福—比奈智力测验，其内容仍不外乎拼图、数数、理解和判断等。在计算方法上，它提出了智力商数的概念，简称智商，常以 IQ 表示。智商是智力年龄与实际年龄之比（因而也称比率智商）。为了避免计算中的小数，将商数乘以 100，其公式为：

$$\text{智商}=\frac{\text{智力年龄}}{\text{实际年龄}}\times 100$$

如果一个实际年龄 6 岁的儿童，通过测验，他的智力年龄也是 6

岁，那么他的智商为$\frac{6}{6}\times 100=100$。另一个儿童的实际年龄为 8 岁，智力年龄为 10 岁，那么他的智商为$\frac{10}{8}\times 100=125$。第三个儿童的实际年龄为 8 岁，他的智力年龄为 7 岁，那么他的智商为$\frac{7}{8}\times 100=88$。

如果儿童的智商是 100，即表明这个儿童的智力发展水平与他的年龄相当，处于中等智力水平；智商在 90 以下，则表明稍笨，若在 70 以下，即属于低能；智商在 120 以上，表明智力优秀，若在 140 以上，即属于超常（天才）。经过对大量被试的测验和统计处理，结果表明，人类的智力发展水平是按正态曲线分布的，即智力发展水平极低和极高的人都是少数，中等的最多，接近中等的次多。

韦克斯勒智力测验包括韦氏成人智力测验、韦氏儿童智力测验、韦氏学前儿童智力测验。韦克斯勒智力测验属于成套测验，即每种测验都包括 12 个分测验。把 12 个分测验取得的总分按照特殊的对照表换成等级分数或智商，即可确定一个人的智力发展水平在同龄人当中的相对位置。此外，根据分测验的单项分数，又可了解一个人在某一方面的智力发展水平。

韦克斯勒智力测验测得的智商已不是传统的比率智商，而是离差智商。它的计算公式是：

$$\mathrm{IQ}=15Z+100$$

式中 Z 为将测验原始分数转换成的标准分数。离差智商的计算原理是假定各年龄组受测者的智力测验成绩均值为 100，标准差为 15。这样计算出来的智商可以表示一个人的智力发展水平在同年龄组中处于什么位置。

根据韦克斯勒智力测验不仅能算出一个人总的离差智商，还能算出言语测验、操作测验及各种分测验的离差智商，因此，对一个人的智力结构的各种因素可以进行比较和分析。

七、能力的发展与培养

（一）影响能力发展的因素

影响能力发展的因素很多，但是，主要的因素有以下几个。

1. 素质是能力形成和发展的自然前提

心理学把人的机体的某些解剖生理学上的特点，特别是大脑的结构与机能的特点称为素质（确切地说，这是狭义的素质）。素质是与生俱来的，具有相对的稳定性，它是人类世代遗传的产物。

素质为能力的形成与发展提供了物质基础，提供了发展的可能性，对能力的形成和发展具有一定的制约作用。例如，听分析器的特性对于音乐才能的发展是重要的，视分析器的特性对于绘画才能的发展是重要的。先天生来全色盲的儿童不能辨别颜色，也不能成为画家。

人的素质在出生后也有一个生长成熟的过程，比如大脑的结构和机能，从新生儿到学龄期就经历着不断发展成熟的过程。因此，某些心理现象在某一年龄阶段就发展得特别迅速。比如处于学龄期的儿童，其内抑制的机能得到高度发展时，他们对客观事物精细分化和自觉地调节、控制自己的行为的能力才可能得到发展。由此可见，素质是能力发展和形成的自然前提，没有这个前提是不行的。因此，在造就和选拔人才上重视优异素质的培养是很重要的。

但是，人的素质只能影响能力的发展，而不能预先决定能力的发展，更不能决定能力发展的水平和方向。因此，片面夸大素质在能力形成和发展中的作用，断言能力的形成和发展单纯受生物学规律所支配，则是错误的。

2. 教育对能力发展起主导作用

社会生活条件对能力形成和发展的决定作用，主要是通过教育来实现的。教育和社会生活条件一样，也是一种环境影响，但是它又与一般社会生活条件不同。教育是一种有目的、有计划、有组织的自觉的活动，它是由一定的教育者按照一定的教育目的对环境影响加以选择、组织，并采取一定的教育方法，对受教育者施加有系统的影响。例如，智力在一个人能力发展中起着很大的作用，如果没有教育教学，一个人的智力是不可能得到高度的发展的，在这里，教育的主导作用是显而易见的。

目前，有少数青少年的不良倾向是环境的长时期不良影响所致，因此，学校必须加强对学生进行教育，教师一定要学习心理学、教育学的知识，根据学生的心理特点，采取与之相适应的教育措施，这样才能取得良好的教育效果。

3. 社会实践是能力发展的主要途径

实践活动是主体与客体、主观与客观之间的桥梁。人通过实践活动，使客观反映于主观，达到认识世界的目的；人又通过实践活动使主观见之于客观，达到改造世界的目的。

人的观察能力、记忆能力、思维能力及各种特殊才能都是在人的反复多次实践中发展起来的。例如，绘画才能的发展必须经过反复训练、刻苦钻研，同样，克服困难的能力也是在生活实践中磨炼而成的。

总之，能力的发展是多因素错综复杂影响的结果，其中，身体素质是前提，是可能性，社会环境是决定因素，教育起主导作用，实践是重要途径。随着社会实际的需要，搞清能力发展的规律对多出人才、早出人才、快出人才具有重要的理论意义和实践意义。

（二）能力的培养

1. 教育教学

学校教育对学生能力的发展起主导作用。学生在接受教育的过程中，在掌握知识、技能的同时，也就发展着能力。心理学实验表明，把同卵生姐妹在 18 个月的时候分开，姐姐只接受过 2 年学校教育，妹妹读完专科学校。她们 35 岁时接受智力测验，妹妹的智商比姐姐的智商竟高 24 分。另一个心理学实验表明，让学生去测定亮度比率和目测垂线与水平线，结果发现 10 个会绘画的学生的误差比 10 个不会绘画的学生的误差明显少。后来研究者对误差较大的学生进行理论与方法的指导，结果，学生的误差由 10.4 下降到 4.9。以上两个实验都说明通过教育而提高了能力。因此，在教育教学过程中，教师必须培养和发挥学生的主动性、积极性和独立性，激发他们的学习动机，使他们形成努力完成学习任务的态度。

2. 实践活动

环境、教育对能力发展的作用是通过个人的实践活动来实现的。能力是人在改造客观世界的实践活动中形成和发展起来的。恩格斯指出："人在怎样的程度上学会改变自然界，人的智力就在怎样的程度上发展起来。"① 社会实践不断地向人们提出要求，人们总是这样或那样反映这些要求，并在这种要求的推动下不断解决矛盾。这种矛盾的产生和解决都有赖于人们去参加实践活动。人的能力正是在不断地解决这些矛盾的实践过程中形成和提高的。人们参加实践活动的范围越广泛，解决的矛盾越多，能力的发展也就越迅速、越完善。所以，从这个意义上可以说参加实践活动是能力发展的主要途径。

人们的职业活动对能力发展也有重要影响。不同的职业活动对人们提出了不同的要求，从而也促使其相应能力得到更好的发展。实践活动越多样，劳动分工越精细，人们能力的个别差异也就越明显。染色工人能辨别出 40 种不同的黑色，炼钢工人根据火焰和火花便能较准确地估量炉温，这些都是在不同的实践活动中逐渐形成和发展起来

① 《马克思恩格斯选集》第 3 卷，人民出版社 2012 年版，第 922 页。

的专业能力。

3. 勤奋

能力的提高必须要有勤奋的品质和个人的主观努力。勤奋就是有意识地长期坚持工作和劳动。能力作为一种个性心理特征必然受到其他心理特征如勤奋、坚强的意志品质的影响。古今中外的政治家、科学家、发明家的经历都说明，天才就是勤奋。凡是勤奋的人，必须经常从事某项活动，使自己在活动中得到充分的发展，使环境对人发生更大的影响，这就必然促使能力的高度发展。

第二节　性　　格

一、什么是性格

性格是指一个人对现实的稳定的态度以及与之相适应的习惯化的行为方式。

性格是人的个性中最重要、最显著的心理特征。它在人的个性中起着核心的作用，是一个人区别于其他人的集中表现。它表现出一个人的社会性及精神面貌的主要方面。

我们常常见到有的人诚实、勇敢、谦虚、乐于助人，有的人则狡猾、懦弱、傲慢、自私自利。每个人都有一些性格特征，其中有些是积极的，有些是消极的。这些特征结合为一个整体，便成为一个人的性格。

性格是指那些表现在人对现实的稳定态度上的特征。例如：人对社会、集体、他人和自己的一贯态度表现为诚实或虚伪，一心为公或自私自利；对劳动和工作表现为勤劳或懒惰，有创新精神或保守。任何人在任何时候都处于各种社会关系之中，作为某社会集团的一员而活动着，这就决定了他对现实的态度。这些不同的态度使人形成各自的性格特征，而多种多样的性格特征又总是通过态度表现出来的。

性格也指那些表现在一贯的行为方式上的特征。例如：做作业遇到难题时，勤奋的学生总爱钻研，探索解决问题的答案，马虎而又懒惰的学生则知难而退，抄袭别人的作业；在灾难面前，有的人临危不惧，挺身而出，救灾抢险，怯懦、自私的人则畏缩不前或逃之夭夭。这种勤奋、懒惰、勇敢、怯懦的性格是通过某种行为方式而形成的，而又总以一定的行为方式表现出来。

应当注意的是，一个人一时的、偶然的表现不能代表他的性格特征。例如，一个素来细致、谨慎的人偶尔有一次粗心大意，我们不能据此就认为这个人具有粗心的性格特征。只有那些经常性的、习惯化的，甚至在不同的场合都会出现的表现，才是一个人的性格特征。

人的性格有典型性和个别性。性格的典型性是指某个社会集团的人们共有的性格特征。一定社会集团的成员具有大致相同的政治、经济和文化生活条件，因而该集团成员便形成了共同的、典型的性格特征。这些特征便表现为民族性、阶级性和从事某种职业活动的人们共同的性格特征。性格的个别性是由于个人的生活条件、所从事的活动、所受的教育以及知识经验的千差万别，这一切反映到人的性格上，便形成了个人与众不同的、独特的性格特征。人的性格都是性格的典型性和个别性的统一。

性格特征是自儿童时期由于社会环境的影响、教育的熏陶和自身的实践，长期塑造而成的。正因为如此，性格一经形成就比较稳固。但是，客观现实是十分复杂的，环境因素经常多变，人们之间的交往无限纷繁，这种客观现实影响的多样性和多变性又决定了性格不是一成不变的。性格既然在个体生活过程中形成，也必然存在可塑性。正是因为性格在某种程度上是可塑的，所以我们才能培养性格和改变性格。

人的性格不是天生的，它是由社会关系决定的，所以人的性格能表明人的社会实质，而这又跟反映社会关系的意识倾向是联系在一起的。需要、动机、兴趣、理想、信念、世界观都是意识倾向，它们经常支配着人对现实的态度和行为方式，因此，它们在性格中居于统领和主导的地位。

二、性格的基本特征

（一）对现实态度的性格特征

人对现实态度的性格特征主要有三种。(1) 对社会、对集体、对他人态度的性格特征。积极的性格特征有热爱祖国、助人为乐、富有同情心、正直、诚实、热情等，消极的性格特征有自私自利、懒散、虚伪、粗暴、冷漠等。(2) 对学习和劳动态度的性格特征。积极的性格特征有勤劳、认真、细致、敢于创新、俭朴等，消极的性格特征有懒惰、马虎、粗心、保守、浪费等。(3) 对自己态度的性格特征。积极的性格特征有谦虚、自信、严于律己等，消极的性格特征有骄傲、自卑、放任、自暴自弃等。

（二）性格的意志特征

意志品质在性格特征中占有重要地位。性格的意志特征表现在有意识地调节自己的行为，克服困难以达到目的。性格的意志品质跟良好的道德品质联系起来才有价值。积极的性格的意志特征是有明确的目的性、独立性、果断性、坚定性、自制性、英勇、镇定等，消极的性格的意志特征是盲从性、独断性、依赖性、草率性、动摇性、任性、懦弱、散漫等。

（三）性格的情绪特征

一个人情绪活动的强度、稳定性、持久性和心境等方面的特点构成了他的性格的情绪特征。

在情绪强度方面，表现为情绪的感染力、支配性和受意志控制的程度。有的人情绪活动强烈，性格受情绪的支配；有的人情绪活动较为微弱，性格的情绪色彩不多。在情绪的稳定性方面，表现为一个人情绪的起伏和波动。例如：有的人容易激动，有的人比较稳定；有的人情绪"一触即发"，有的人情绪引发较慢。在情绪的持久性方面，表现为情绪保持时间的长短。在心境方面，指不同的主导心境在一个人身上所起的作用。不同的心境反映不同的性格特征。例如，有的人经常愉快而乐观，有的人则经常沉默寡言。

（四）性格的理智特征

性格的理智特征是指人在感知、记忆、思维和想象等认识过程中，态度和活动方式上的个别差异。

在感知方面，有主动观察型与被动观察型、分析型与概括型、快速型与精确型。在记忆方面，有主动记忆型与被动记忆型、有信心型与无信心型。在思维方面，有独立型与依赖型、创造型与保守型、深刻型与粗糙型。在想象方面，有主动想象型与被动想象型、广阔想象型与狭窄想象型。

上述的几个特征仅只是基本的特征，而性格特征是相互联系、相互制约的，它们在一个人身上构成了一个统一的整体。

三、性格与气质、能力的关系

（一）性格与气质

性格与气质关系密切，二者相互渗透、相互制约，都是在人的生活实践中逐渐形成的。气质往往能影响性格的表现方式。例如：同样是乐于助人的人，多血质的人常常热情洋溢、非常主动，而黏液质的人则往往不露声色地帮助别人；同样是勤劳的人，胆汁质的人在劳动中情绪饱满，精力充沛，黏液质的人则埋头苦干，工作细心。气质对性格的影响还表现在气质可以影响性格的形成和发展的速度。例如，黏液质的人比胆汁质的人容易做到深思熟虑，抑郁质的人比多血质的人容易形成自制的性格特征。此外，研究还证明：不同气质类型的人可以形成相同的性格特征，如不同气质类型的人都可以形成忠于祖国、热爱人民、助人为乐、勤奋刻苦的性格特征；而同一气质类型的人，也可以形成不同的性格特征，如同是胆汁质的人，既可以成为勇敢、正直的人，也可能成为粗鲁、暴戾的人。

气质虽然是稳定的心理特性，但它仍受后天的生活实践的影响，并具有可塑性，所以性格特征也可以克制气质类型中的某些消极的特征。如一个胆汁质的教师，面对从事的教育工作必须具备细致和冷静的性格特征的要求，在形成新的特征过程中就可能改造胆汁质粗暴和鲁莽的特征。

性格与气质虽然联系紧密，但二者有明显区别。气质没有好坏之分，性格则有积极的性格特征和消极的性格特征；气质表现的范围较窄，它局限于神经活动的强度、平衡、速度、灵活性和稳定性等方面，而性格表现的范围较广，几乎人的心理活动的一切较稳定的特点都与性格有关；气质与性格都可以改变，气质的变化较慢，而性格的变化较快。

气质与教育的关系十分密切。教师在工作中，要掌握每个学生的气质特征，区别对待，因材施教，使教育工作更有预见性、针对性和成效。

（二）性格与能力

性格与能力同样也是密切联系的。首先，性格的形成需要以一定的能力为基础。学生在教育教学过程中发展了体力和智力，性格也在相应地形成着。其次，能力的发展水平受性格特征的影响。例如，热爱劳动、高度的责任感、首创精神、热爱集体、严格要求自己、自信心强等这些表现在对待工作、对待集体与个人等方面的性格特征，对能力的发展都具有很大的促进作用。反之，如果具有工作不负责任、不关心集体、缺乏自信心等性格特征，则能力的发展就要受到很大的阻碍。另外，性格特点往往能补偿某方面能力的弱点。所谓“勤能补拙”，就说明性格对能力发展的补偿作用。例如，具有勤奋性格特征的人，能补偿由于生理缺陷造成的能力发展的障碍。

四、性格的类型

性格的分类至今尚无一个统一的标准。但是，一些心理学家从不同的角度做了一些分类。了解这些性格的种类，对于开展素质教育、从事教育教学工作及医疗保健工作是有好处的。

（一）以个体心理活动的倾向来确定性格类型

心理活动的倾向有内部和外部之分，心理活动倾向于外的为外倾型，心理活动倾向于内的为内倾型。外倾型的人活泼、开朗，善于交际；内倾型的人沉静、多思，反应缓慢，适应环境困难。

（二）以心理机能来确定性格类型

有些心理学家根据智力、情绪和意志三种心理机能在性格结构中何者占优势，把人们的性格划分为理智型、情绪型、意志型。理智型的人以理智衡量周围发生的事物，以理智来支配自己的行动。情绪型的人不善于思考，凭感情办事。意志型的人目标明确，行为主动，具有较强的自制力。除了上述典型的性格外，还有一些中间的类型，如理智意志型等。

（三）以某种或某些典型的性格特征确定性格类型

有人根据人们某些典型的性格特征的差异把人的性格分为 A 型和 B 型两种。A 型性格的人常常同时做或思考两件不同的事，老想把工作日程排得越满越好，总是闲不住，时间感特别强。他们信不过别人，总想亲自动手；看到别人做事慢或做不好，恨不得越俎代庖；除非万不得已，从来不愿排队，经常大步快走，喜抄近道。A 型性格的人心直口快，易激动，易发怒，爱和别人比高低等。B 型性格的人表现为沉着、冷静，遇事能镇定自若，在疾病和困难面前沉着、不慌不乱、处之泰然。

（四）以社会生活方式来确定性格类型

有的心理学家根据社会生活方式把人的性格划分为六种类型，即经济型、理论型、审美型、社会型、权力型、宗教型。

经济型的人以经济的观点看待一切事物，从实际效果来判断事物的价值。理论型的人冷静而客观地观察事物，根据自己的知识体系来判断事物的价值。审美型的人不大关心实际生活，从美的角度来判断事物的价值。社会型的人重视爱，以爱他人为其最高的价值。权力型的人重视权力，并努力去获得权力。宗教型的人相信宗教，坚信永存的绝对生命。

五、性格的鉴定方法

（一）观察法

观察有长期观察和短期观察两种。在实施观察法之前必须有一个周密的计划，目的必须明确。观察者必须以客观的态度来分析观察对象的性格，观察者通过研究对象的行为、谈话、外貌等来研究其性格特征。

（二）谈话法

用谈话法研究人的性格特征，可以以这样几种形式进行：请被试进行自传式的谈话，以说明自己的生活经历，这时主试在一旁指导谈话的进程，但要避免加以评价；临床谈话，这是围绕某个研究课题而进行的谈话；找与被试有关的人进行谈话，这种谈话是一种见证人式的陈述。

（三）投射法

这种方法是让被试对某些材料做出回答，使他不知不觉地把自己的思想和情感表露出来，从而确定其性格特征。最常用的投射测验有主题统觉测验和罗夏墨迹测验。主题统觉测验就是让被试根据一些图像编造故事，主试通过这些故事来分析被试的性格。罗夏墨迹测验由瑞士精神病学家罗夏（H. Rorschach，1884—1922）编制，它由 10 张带有墨迹的图片组成。主试依据图片让被试回答一些问题，以此来分析被试的性格特征。

（四）自然实验法

这种方法是在自然的情境下让学生或儿童在游戏中完成一些实验性的作业，以此来研究他们的性格特征。

（五）作品分析法

作品分析法是通过对被试的信件、自传、命题作文以及其他精神产品和劳动产品的分析来评定被试的性格特征。

六、性格的形成与培养

人的性格不是天赋的。幼小的儿童并不能意识到自己对现实的态度，他的行为方式也没发展起来，更没有定型。儿童是在后天环境中，在成人、家庭、学校和社会的影响下，通过自己的实践活动和积极主动性，在先天素质的基础上才逐渐形成他们独有的性格。遗传因素为心理的发展提供自然基础和发展的可能性，但社会环境有着决定性的作用。

（一）家庭影响

家庭中父母及其他成员具有一定的世界观、信仰、性格等心理特征，这些心理特征是对他们所处的各种社会关系的反映。社会关系就是通过家庭及其成员对儿童施加影响的。这种影响对儿童心理的发展、性格的形成特别重要。人的一切社会习惯、行为规范都要依靠出生后取得的经验，而在这方面，父母是第一任老师。

父母的教育方式对儿童性格的形成有极大影响。溺爱型的教育方式使儿童常有任性、骄傲和情绪不稳定的性格，很难使儿童具有坚强的意志、勤奋的习惯、负责的精神和谦逊的态度。严厉型的教育方式惯常采取训斥和打骂，致使儿童的性格特征消极、冷漠、顺从、怯懦、不诚实、缺乏自尊与自信、固执和刚愎自用。在保护型的教育方式下，由于父母的过分保护，儿童易形成胆怯、懦弱、被动、缺乏社会适应性、不爱活动的性格。在冷漠型教育方式下，由于儿童得不到父母的关心与喜爱，他们可能形成妒忌、情绪不安、创造力差等特点，甚至有厌世情绪。在民主型的教育方式下，父母严格要求儿童，使父母在儿童心目中既有权威，又是可亲可爱和可信赖的知心朋友，儿童易形成独立、直率、团结协作、亲切友好、情绪稳定、自尊自信、勇敢坚忍的良好性格。

父母的表率作用对儿童性格的形成也很重要。儿童从父母或其他家庭成员的榜样中潜移默化地接受品德教育、行为规范并模仿他们，天长日久就形成了自己对现实的态度和习惯化的行为方式。

（二）学校教育

学校教育是教师根据教育目的对受教育者施加的有目的、有系统、有计划的影响，而且是在儿童生活、学习的集体中，通过各种活动进行的。

1. 教师的作用

教师对儿童性格形成的影响，首先在于以自身的品德和言行成为学生的学习榜样。儿童年龄越小，受其影响越大。其次，教师通过各种教学活动，以适合不同年龄学生的心理发展水平的教育方法贯彻社会的教育要求，与此同时塑造着儿童的性格。在这个过程中，教师对学生亲切深厚的感情和诚挚的态度，对学生正确的评价，鼓励他们的上进心和自信心，培养他们良好的行为习惯等，都是培养儿童良好性格的有效方法。

2. 集体的作用

优秀集体的良好风气是一种强大的、无形的教育力量，它为学生良好性格的培养提供了有利的外部条件。学生的集体活动（如各种课外活动）具有生动性、趣味性和灵活性，能培养学生良好的性格。学生参加这些实践活动，总要担任一定的角色，完成一定的任务，为此需要学会处理各种关系，克服各种困难与障碍，而他们就在这一过程中，锻炼和发展了自己的性格。学校的劳动和体育活动能培养学生团结友爱的集体主义精神，尊重劳动、爱护劳动成果的品质，勇敢、乐观、守纪律、负责任的精神。

（三）社会影响

这里所讲的社会影响主要是指社会风气或风尚，也就是社会上普遍流行的爱好、风气和习惯。社会风气或风尚通过各种渠道影响学生的爱好、道德评价与行为习惯的形成，其中最有影响的渠道是电影、电视和各种读物。它们宣传和提供的内容如是健康的、积极的、引人向上的，则会激发学生丰富的情感和想象，引起他们强烈的模仿意向并付诸行动，经过反复的行为实践就会巩固下来，从而成为他们性格的一个组成部分；如果它们宣传和提供的内容是不健康的、有害的，甚至是反动的，那么就可能使学生形成消极的思想情感和性格，甚至会诱使他们走上犯罪的道路。教育工作者和家长应当特别加强指导学生读书，抵制有害读物，这是一件培养学生良好性格的重要工作。

（四）个别教育

不同的生活环境、教育条件、个人生活经历等使性格在每个人身上产生个别性或独特性，例如，有的人性格的情绪特征占优势，有的人性格的意志特征占优势。即使是具有同一性格特征的人，如热爱集体，情绪型的人在行为方式上表现为热情而活泼，而意志型的人则表现为沉默而稳重。教师应该针对学生的性格差异进行个别教育。教师首先要摸清学生性格中的积极特征与消极特征，有针对性地进行个别教育。例如，有的学生待人热情，但做事马虎，有的学生工作积极，学习勤奋，但高傲自负等，教师应根据这些表现因材施教，帮助他们分析和总结性格的表现，以扬长避短。教师还可以给他们讲一些英雄、模范人物的故事，引导他们形成优良的性格特征。

教师亲切的态度和公正的评价、对学生良好性格发展的激励、对学生的信任等，对于学生良好性格的培养是非常必要的。教师对学生的关心和爱护往往在学生性格形成的关键时刻可以起到极为重要的作用。

由于自我概念的发展，学生常常会进行自我评价并自觉地分析自己的优、缺点，有改正消极性格特征的意向，愿意发展自己的良好性格，这对性格的自我教育具有重要意义。教师应该主动地做好这一工作，热情指导学生进行自我教育，帮助他们正确理解什么是良好的性格特征，并指出自我培养良好性格的途径。

青少年可以在自己的理想和世界观的指导下调节自己的行为，塑造自己的性格。他们能产生一种自我锻炼的动机，并在这一动机支配下，主动去寻求榜样，努力了解自己性格的优、缺点，有意识地随时调节自己的行为。

在初中阶段，学生的活动范围逐步扩大，思维能力日益发展，自制力和自我管理能力不断加强，但缺乏独立活动经验，不善于控制自己，极易受社会环境的熏染。如果学校和家庭能对他们给予正确的教育和引导，将会极大地促进他们良好性格的形成。

第三节　气　　质

一、什么是气质

气质是一个人心理活动的动力特征，是人的个性心理特征之一。

心理活动的动力特征是指心理过程发生时力量的强弱、变化的快慢、灵活性和稳定性。例如：有的人稍有不如意就暴跳如雷，说明情绪发生的速度快、强度大；有的人遇事总是冷静沉着，说明情绪发生较慢，也不强烈；有的人动作敏捷，活泼机灵；有的人举止缓慢，刻板迟钝。这些都是气质上的个别差异。

二、气质的类型及其特征

早在公元前 5 世纪，古希腊医生希波克拉底（Hippocrates，约前 460—前 377）和罗马医生盖伦（Galen，约 130—200）就曾提出气质学说。他们认为人体内有四种液体，即血液、黏液、黄胆汁和黑胆汁。这四种液体在人体内以不同的比例相结合，便形成了人的四种不同气质：多血质的人，血液占优势；胆汁质的人，黄胆汁占优势；黏液质的人，黏液占优势；抑郁质的人，黑胆汁占优势。古代的学者对气质类型的解释是缺乏科学根据的，但他们根据长期的观察和临床经验所概括的这四种气质类型是有一定代表性的。至今，心理学家基本上仍沿用这四种气质类型的名称。

巴甫洛夫的高级神经活动类型说为气质类型提供了科学的解释并阐明了生理机制。他通过科学实验，揭示了人的高级神经活动的兴奋过程与抑制过程在强度、平衡性、灵活性①三个方面具有不同特征。这些特征的不同结合，构成了四种基本的神经类型：（1）强、平衡、灵活型（活泼型）；（2）强、不平衡型（不可遏制型或兴奋型）；（3）强、平衡、不灵活型（安静型）；（4）弱型（抑郁型）。在这四种基本神经类型中，活泼型相当于多血质，不可遏制型或兴奋型相当于胆汁质，安静型相当于黏液质，弱型相当于抑郁质。现将高级神经活动类型与气质类型的对照列表如下：

---

① 神经过程的强度指神经系统的工作能力和耐力，也指它承受不同强度的兴奋或抑制的能力和承受兴奋或抑制的时间长短。神经过程的平衡性指兴奋和抑制的相互关系，有的人是兴奋过程占优势，有的人是抑制过程占优势，有的人是两种过程相互平衡。神经过程的灵活性是指兴奋和抑制迅速相互更替的能力。

高级神经活动类型				气质类型
高级神经活动类型	强型	不平衡（不可遏制型或兴奋型）		胆汁质
		平衡	灵活的（活泼型）	多血质
			不灵活的（安静型）	黏液质
	弱型（抑郁型）			抑郁质

这四种气质类型的特征是：

多血质：活泼好动，反应迅速，敏感，情绪发生快而多变，注意和兴趣容易转移，思维敏捷，善交际，亲切，有生气，但往往轻率，具有外倾性。

胆汁质：坦白，直率，精力旺盛，反应迅速，情绪发生快而强，易怒和暴躁，具有外倾性。

黏液质：沉着，安静，情绪发生慢而弱，反应缓慢，注意稳定且不易转移，往往表现为固执和冷漠，具有内倾性。

抑郁质：情绪发生慢，体验深沉，反应慢，行为孤僻，善于察觉别人不易察觉的细小事物，具有内倾性。

应当指出的几点是：（1）在我们的现实生活中，具有典型的、单一的气质类型的人是不多的，绝大多数的人具有中间型的气质特征。（2）每种气质类型都有积极的一面和消极的一面，因此不能认为气质有好坏之分。例如多血质的人灵活敏捷，适应能力强，但往往注意不稳定，兴趣容易转移，而黏液质的人比较稳重沉着，但往往有反应缓慢与固执的特点。（3）在每种气质的基础上都有可能发展某些优良品质或不良品质。高级神经活动类型有可塑性，因而人的气质虽然比较稳定，但也不是完全不变的。（4）气质本身不能决定一个人活动的社会价值和成就的高低，不同气质的人都可以有所成就。同样，一个有理想、有道德、有文化、有纪律、热爱社会主义祖国和社会主义事业的人才，是完全可以从不同气质类型的学生中培养出来的。

三、气质类型的鉴定方法

气质类型的鉴定方法除了观察法外，还有条件反射测定法。这种方法从以下几个方面来进行。

根据被试形成条件反射时能否经受强烈的刺激，可以测定被试神经系统类型的强弱。例如，用哨笛声形成皮肤电条件反射，如果不断增大哨笛声强度，甚至在超强度刺激的情况下，仍然有一定数量的电流反应，则为强型，否则就是弱型。

通过对被试形成阳性的与阴性的两种条件反射所需要的次数进行比较，可以测查被试神经过程的平衡性。如果被试形成这两种条件反射所需要强化的次数相当，则为平衡型，否则就是不平衡型。在不平衡型中，阳性条件反射的形成比阴性条件反射的形成所需要强化的次数少，则是兴奋过程占优势，否则就是抑制过程占优势。

神经过程的灵活性可以通过对已形成的阳性条件反射或阴性条件反射加以改造，如让阳性条件反射变为阴性条件反射来加以判断，所需要强化的次数少的是灵活型，所需要强化的次数多的则为不灵活型。

条件反射测定法比较科学，测定的结果也比较精确。但是，采用上述方法需要有一定的仪器设备和技术经验，因此，要在专门的实验室条件下才能操作。

四、气质与教育

教师为了搞好教育教学工作，必须注意因材施教，注意学生的气质类型，发扬气质积极的一面，克服其消极的一面。为此，教师要注意以下几方面。

首先，教师应该学习有关气质的基本知识，并了解学生气质的基本特征。这对于教师有针对性地做好教育工作是十分重要的。教师可以根据前述有关高级神经活动的三个特征，结合学生的一贯表现，进行初步气质分类，以供施教时参考。

其次，教师不应该对学生的气质抱有偏见，如喜欢或讨厌学生的某一种气质。气质无好坏之分。气质总是与学生个性中的其他品质（主要是性格），以及思想意识有着密切关系。例如，同是胆汁质的学生，在正确的思想指导下他可能是一个朝气蓬勃、不怕困难的人，在错误的思想指导下他可能是一个粗暴鲁莽、胡作非为的人。因此，教师要发扬学生思想中的优点，帮助他们克服缺点，并在各种活动中培养他们爱祖国、爱劳动、守纪律、负责任、勤奋、勇敢等良好品质。

教师可以根据自己对学生气质类型的了解，合理地组织教育教学工作。

（一）依据气质类型的特征，培养学生良好的个性品质

教师要了解学生的气质类型，利用其积极的方面，塑造优良的个性品质，同时要防止个性品质向消极方面发展。对多血质的学生，要着重培养他们满腔热忱、朝气蓬勃的个性品质，防止粗心大意、虎头蛇尾等不良品质的产生。要培养他们的中心兴趣，要求他们在工作中保持稳定性。对胆汁质的学生，既要着重培养他们豪放、爽朗、勇于进取的个性品质，也要防止粗暴、任性等不良品质的发生。对他们进行教育时，宜用说服力强的严肃批评的方法，既要触动他们的思想，又不轻易激怒他们。教师要使他们学会坚忍、自制并习惯于平稳而镇定地工作。对黏液质的学生，要着重培养他们工作踏实、待人诚恳、坚忍顽强的优良品质，也要防止因循守旧、谨小慎微、执拗等不良品质的产生。让他们担负稳重而持久的工作，多让他们参加集体活动并引导他们积极探索新问题，接受新信息。对抑郁质的学生，要着重培养他们敏感、机智、认真细致、自尊、自信的个性品质，防止怯懦、

多疑、孤独等消极品质的产生。在教育方法上，要多给他们以同情、关怀和具体帮助，避免在公共场合指责他们，在与他们交往时要让他们消除疑虑，鼓舞他们前进的勇气。

（二）根据气质类型的特征，进行知识、技能教育

各种气质类型的学生都可以在学习知识、技能方面取得好成绩，其中主要的是让他们在学习过程中充分发挥各自气质的积极特征，抑制消极特征的产生，从不同途径、以不同的方式方法去取得好成绩。胆汁质的学生要发扬思维灵敏、学习热情、刚强不屈的特点，避免粗心与简单化的学习方式和方法。多血质的学生要以机智、灵活、兴趣广泛、适应性强等特点，控制不踏实、不细致的学习方式和方法。黏液质的学生要以踏实、认真、刻苦、细致、深刻的学习作风，弥补迟缓、不灵活的特点。

依据以上的情况，教师在讲授知识、传授技能的过程中，必须针对学生的气质特点，因材施教，在学习的方式方法上给予个别指导。教师既要发扬他们有利于获得知识、技能和发展智力的优良气质特征，也要控制和改变他们消极的气质特征，这样才有利于使他们掌握积极、合理、有效的学习方式方法。

（三）教育学生认识和控制自己的气质

任何一种气质类型都有可能发展成为良好的个性或不良的个性。教师要在了解学生气质类型的基础上，帮助每个学生认识和分析自己气质特征中的优点和不足。教师教会学生经常有意识地控制自己气质的消极品质，发扬积极品质，就有利于他们形成良好的个性品质。如果学生不能控制和掌握自己的气质特征，那么任何一种气质类型都有发展成为不良个性的可能。

思 考 题

一、什么是能力？举例说明一般能力与特殊能力的关系。

二、什么是创造能力？如何培养学生的创造能力？

三、调查初中一个班学生的兴趣，并写出报告。

四、什么是性格？性格是怎样形成的？

五、了解学生的气质类型对教学教育工作有什么意义？

六、观察初中一个班学生的性格与气质，并写出报告。

第十一章
知识与技能学习

本章要点

什么是学习

学生的学习有什么特点

如何鉴别和激发学习动机

知识学习的阶段及其内在的联系

获得概念的方式，如何帮助学生获得概念

技能的种类及其区别和联系

如何测量学习迁移的存在，如何避免负迁移的干扰

第一节　学习的概述

一、什么是学习

（一）学习的含义

学习是由经验所引起的比较持久的行为和思维变化。学习具有下列特征。

1. 学习是以行为和思维变化为特征的

有机体经过学习，能学会做一些以前不会做的事情。动物经过条件反射训练，可以按各种信号改变原有的行为。例如，狗能学会守

门，马能识途，杂技团的动物可以表演各种动作。儿童从依赖成人喂饭、穿衣，到能够走路、自我服务、牙牙学语；学生能够掌握知识、技能，形成良好的个性和道德品质；人们在实践中能够分析问题、解决问题，进行创造和革新等。这些都是学习。因此，由学习所引起变化的行为，有的直接见于行动，有的要经过很长时间才能见于行动；其变化不仅有外部可观察到的动作、技能等，也有内部心理结构的变化，或视为思维的变化。

2. 由学习所引起的行为变化是持久的、比较稳定的

并不是所有的行为变化都可以称为学习，那些暂时的、偶然的行为不属于学习之列。例如：儿童到一定的年龄阶段才能够学会走路和说话，这是生理上的成熟引起的内部组织的变化；游泳训练到一定的阶段时，成绩不上升反而下降，这是疲劳造成的结果；一些被诊断为“多动症”的儿童服用利他林等药物之后，上课时能集中注意，小动作减少。上述生理性的成熟、疲劳、药物等因素引起的行为变化是遗传性的或暂时性的，都不属于学习的范围。

3. 由学习引起的行为变化是以获得经验为依据的

行为可以分为两类，即生来就会的和后天习得的。本能行为是生来就会的，如新生儿一出生就会有吸吮、防御、对光朝向等反应，这类遗传性的行为没有个体的行为经验，因此只能适应固定不变的外界环境，而不能与复杂多变的环境保持平衡。只有当个体能够辨认出哪些物体能满足自己的需要，以及哪些物体会伤害自己时，才能确定自己的行为是趋向它还是逃避它。例如：儿童触到发烫的火炉时，立即把手缩回，这是本能行为；儿童获得了不能触摸火炉的经验，以后靠近火炉时，不再去摸它，这是后天习得的行为。由个体获得经验引起的行为变化，这是学习的特征。个体是在活动中、在个体和环境的交互作用中获得经验，并在原有的经验基础上产生新的学习，获得新的经验，由经验引起行为的不断变化。

4. 学习是一个广义的概念

人类的学习不仅指知识学习、技能学习和策略学习，也包括态度和行为准则的学习；既有学校中的学习，也包括从人出生之后开始并持续一生的社会性学习。

因此，学习可以简单地表示为：

经验⟶学习⟶行为和思维的变化

（二）人类学习的特点

动物和人类都存在着学习现象，并且有类似的学习规律，但人类的学习和动物的学习有着本质的区别。

动物的学习只是消极地适应环境以求得生存，并且是在适应环境的过程中进行学习、获得经验的。人类的学习固然也包含适应环境的成分，但更主要的是为了与自然和谐共存和推动社会的发展，并且是在积极地参加实践活动的过程中进行学习、获得经验的。

动物的学习只是在种族遗传经验（本能）的基础上，由个体获得直接经验，这种经验获得的数量是相当有限的。人类的学习是掌握人类社会的历史经验，这类经验是许多世纪以来在社会发展过程中累积的，并以知识的形式储存于书本、生产过程和产品之中，储存于前辈人的头脑之中，使知识经验一代一代地传递下来。由于人类社会的历史经验是人类长期社会活动的产物，又经过人们不断地在实践中检验、充实、发展而形成的，因此，人类的学习是以个体经验的形式间接掌握前人的经验，与动物直接获得个体经验相比，则要丰富得多。

人之所以能够掌握人类长期形成的历史经验，是因为人具有语言。语言是各种事物之间关系的抽象和概括的信号，也是人们进行交际、交流思想和传递历史经验的工具。因此，个体只有掌握了语言，才能获得概括的间接经验。

学习的自觉性、主动性是人类学习的本质特点。动物的学习只是为了适应环境，因而是消极的、被动的。人的一切活动大多是在意识支配下进行的。例如，学生在学习过程中知道为什么要学习，具有明确的目的性，并努力寻找达到目的的有效途径和方法，主动地、积极地获得知识经验。

总之，动物的学习不能与人类的学习等同。需要强调的是，当我们把在动物研究中发现的规律应用于人类的学习时，一定要加倍小心，原封不动地、机械地搬用是片面的，甚至是错误的。

（三）学生的学习特点

学生的学习是指在学校中的学习。人类的学习与学生的学习之间是一般与特殊的关系，因此学生的学习既与人类的学习有共同之处，又有自己的特点。

1. 学生的学习是掌握间接经验的过程

学生的学习也是一种认识过程，但与人类在实践中直接认识事物的过程不同。人类的认识是由实践开始，从感性认识发展到理性认识，又从理性认识到能动地指导实践，改造客观世界和主观世界的过程。学生则是在一定的时间内，通过掌握前人所积累的知识经验，间接地认识客观世界，为进一步认识世界、改造世界打基础。学习的内容决定了学生采取间接的学习形式，不需要也不可能事事都在实践中获得直接经验，因而与劳动者或创造者直接探究事实和规律的认识活动不同。虽然学生在学校的学习过程中也参加一些实践活动，以获得一些直接经验和感性知识，但这种实践完全服从于一定的教学要求和目的，并且多半是验证性的、练习性的，它在任务、性质和要求上与成人参加的实践活动也不相同。

2. 学生的学习是在教师指导下进行的

教师在学生的学习过程中起着主导作用，在社会历史发展上处于承前启后的地位。教师都受过专业的教育训练，能够按照社会的教育目的和方针，遵循学科的内在结构和知识学习的规律，掌握学生身心发展的特点，有系统、有计划、有组织地进行教育教学工作，使学生能“快速而高效”地进行学习，在较短的时间内获得大量的文化科学遗产，达到当代社会需要的知识水平。

二、学习的分类

学习现象极为复杂，它涉及学习的内容、形式、方法等各个方面。为了提高教与学的有效性，需要对学习的特点和规律进行分类研究。由于心理学家持有不同的观点，因此分类也是不一致的。

（一）传统的分类

依据学习活动的不同内容和结果，可以分为：

技能学习——这类学习主要以使用肌肉为特征，如体操、游泳、写字、操作实验仪器等；

记忆学习——能保持所学的知识，有利于加深对知识的理解和应用，如记英语单词、人名、地名、公式、定理等；

思维学习——掌握基本概念和原理，理解周围环境中事物之间的因果关系，运用所学的知识解决问题；

态度学习——对周围的人、事、物具有一定的评价和持续行为的倾向，包括形成道德信念、道德行为习惯和良好的道德品质。

学习目的和学习兴趣是学习态度的具体表现，也包括在态度学习的范围之内。

学生经过上述各种类型的学习，能获得知识、技能，发展智力，以及掌握道德规范和社会行为规则。这种分类比较符合教育实际，在我国的学校教育中，教师较多地按照这种分类指导学生的学习。

（二）奥苏伯尔的学习分类

美国教育心理学家奥苏伯尔（D. P. Ausubel，1918—2008）以学校教育为条件，提出了学习的分类。

按照学习的不同方式，奥苏伯尔把学习分为：

接受学习——由教育者系统地向学习者传授知识，学习者以接受的方式学习知识经验；

发现学习——教育者只提示有关的教育内容，学习者依靠自己的力量，通过独立发现的步骤学习知识和寻求解决问题的方法。

按照学习的不同内容，他又把学习分为：

机械学习——学习者记住了由文字符号组成的学习材料，但没有真正理解符号所代表的知识意义；

意义学习——学习者能够理解符号所代表的知识意义，并能应用知识解决问题。

上述分类对提高教与学的有效性具有实践指导意义，但分类中未能包括动作技能、行为规则、思想品德等方面的学习，因此缺乏说服力。

（三）布卢姆的学习分类

布卢姆（B. Bloom，1913—1999）以教育目标和教育任务为出发点，将教育分为认知、情感、动作技能三大领域，认知领域的学习分为六类：

知识——对知识的简单回忆；

理解——能解释所学的知识；

应用——在特殊情况下使用概念和规则；

分析——区分和了解事物的内部联系；

综合——把内容重新综合为一种新的、完整的思想，产生新的结构；

评价——依据内部的证据或外部的标准做出判断。

布卢姆的这六类学习由简单到复杂，由具体到抽象，并且每项内容都是以先前获得的技能和能力为基础的。这对有效的教与学具有一定的现实意义。

第二节　学习动机

学生要使学习获得成功，必须具备一定的条件，这些条件包括智力因素和非智力因素。智力因素固然是学习成败的重要因素，但不是唯一的因素。非智力因素，像学习态度、教育条件、家庭文化背景等，也具有相当重要的作用。在众多的非智力因素中，学习兴趣、求知欲、学习意向等与学习积极性有关的动机因素，一直受到人们的重视。学习动机的强度和水平不仅直接影响学生能否有效地进行学习，而且教学工作的成效与学习动机的强度是正比例关系。

一、什么是学习动机

直接推动学生进行学习活动的内部心理力量，称为学习动机。

通常，学习动机和学习效果存在密切的关系。它们的关系表现为：学习动机可以促进学习效果，学习效果可以增强学习动机。例如，优秀的学生具有一定的动机水平和强度，有追求的目标和学习的愿望，有浓厚的学习兴趣，有坚定的学习信心以及克服困难的毅力，这些动力作用促使他们努力地学习，并取得优良的成绩。后进的学生则不相同，在学习中由于缺乏动力，学习成绩不好，失败的学习结果使原有的学习需要得不到满足，甚至减弱或消退，致使学习的效果更坏，动机作用和学习效果之间的这种恶性循环使这类学生丧失学习的兴趣和信心，出现厌学、弃学、逃学等现象。

但是，学习动机和学习效果的关系并不总是一致的。有些学生的动机很强烈，但学习成绩并不好；有些学生的动机并不强烈，学习成绩却不错。这种现象的存在并不能否定动机对学习的作用，只能更进一步地表明学习动机不能替代学习。学习动机对学习的作用是通过许多中介因素实现的，诸如学生的知识基础、智力水平、学习技能和身体素质等，它们都会直接或间接地影响学习效果。鉴于学习动机和学习效果之间的复杂关系，因此教师不能只以学习成绩作为判定学生动机强弱的标志，而要全面地分析学生的情况，通过多种途径和方法了解学生的动机。

二、学习动机的基本因素

动机是诱发个体行为产生的内在动因，那么动机又是如何产生的呢？需要、内驱力和诱因是构成动机的基本因素。

（一）需要

需要是有机体因缺乏某种生理或心理的因素，导致与周围环境的适应产生不平衡，从而力求获取满足的一种内在状态。例如，人为了维持生命，就要保持体内的血糖浓度和水分。当这些生理需要缺乏时，它们就会推动人们去活动，并使活动朝向某一目标，寻找满足需要的对象，表现出求食的行动。因此，需要是激起活动的内部动力。

需要有不同的种类。按需要的起源不同，需要可以分为生理性需要和社会性需要。

生理性需要——对食物、安全、性等的需要，使机体维持生存、延续种系。人和动物都有生理性需要，但人与动物有本质的区别，人的生理性需要受社会生活条件所制约。

社会性需要——对求知欲、劳动、创造、交往、威信等的需要，是人所独具的。由于人是社会成员，除了维持生存的生理性需要外，还需要实现社会性需要，才能适应社会和集体生活的要求，推动社会向前发展。

按照需要的对象不同，需要又可以分为物质需要和精神需要。

物质需要——这类需要包括生理性需要和社会性需要，如对衣、食、住、行等生活用品的需要，对劳动工具的需要，对学习、文化、娱乐等设备和用品的需要。随着社会生产力的发展，人的物质需要也不断增多。

精神需要——人对社会精神文明的需要，如对知识、文化、艺术、审美、道德、交往的需要。精神需要又称认知需要，它是人类学习文化科学知识，探索自然和社会发展规律的动力。

学习需要是在社会环境和教育影响下形成和发展的，它是由社会和他人（包括教师、家长）提出的学习要求、良好的愿望和期待，以及学习目标在学生头脑中的反映。这类客观的“规范需要”有可能引起学生的反应，成为推动学习的动因，也有可能不引起反应，属于与学习无关的因素。只有当“规范需要”为学生所接受，并转化为学生自身的愿望和目标或学生的“心理需要”时，学习需要才能引起动机，成为推动学习活动的强大内在力量。因此，教育的一个基本原则在于使学校教育教学的目的和要求既符合社会的要求，又适合学生的学习需要和愿望。

（二）内驱力

内驱力是指在需要的基础上产生的一种内部刺激，能推动机体表现出满足需要的行为反应。内驱力与需要基本上是同义词，经常被替换使用。但严格地讲，需要是主体的感受，而内驱力是作用于行为的一种刺激。

（三）诱因

需要与诱因是紧密结合着的。如果说需要是支配有机体行动的内部原因，那么诱因是与需要相联系的外界条件或刺激物，即具体的物体、情境或活动。诱因能吸引有机体的活动，并使需要有可能得到满足。满足有机体需要的诱因是通过个体经验而逐步形成的。当个体在活动中把自己的需要与能满足需要的诱因（物体）联系在一起时，这些物体就成为行为的目标。因此，从这一意义上可以把诱因和目标理解为同义词。

三、学习动机的分类

动机在学习中的作用是复杂而多样的。对每位教师来说，准确地了解学生学习动机的水平和特点，是进行有效教育教学的重要条件。对学生的学习动机，可以进行不同的分类。

（一）间接远景性学习动机和直接近景性学习动机

间接远景性学习动机是与学习的社会意义和个人未来的前途、职业相联系的。诸如，学生认识到当代青年肩负的历史重任，为了当好建设祖国的接班人，为实现社会、父母、教师的殷切期望，为了保持个人的声誉和在集体中的地位而努力学习。这类动机的作用比较稳定和持久，能激励学生努力学习，争取良好的学习成绩。直接近景性学习动机是与学习活动紧密相连的，起源于对学习活动的直接兴趣或结果。例如，教师生动的讲解、新颖的教学内容和学生对学科的兴趣、对成功的愿望等，都直接影响学生的动机。这类动机比较具体，动机作用的效果也比较明显，但与间接的动机相比，稳定性与持久性都比较差，容易受到一些偶然因素或情境变化的影响。例如，某个学生的作文受到一次好评，由此使他喜欢写作文，成功的喜悦激励他认真地写作文。然而，这个学生写作文的动机没有保持下去，因为换了语文老师，他的作文没有在班上再次受到赞扬。

（二）内部动机和外部动机

内部动机是指学习的动力来源于学习活动或学习者自身，无须施加外力的影响。学习需要、求知欲、学习兴趣等内在的心理因素，是引发内部动机的主要成分。学生已有的知识经验与学习新知识的愿望之间的冲突，是引发内部动机的主要原因。外部动机是指由学习者或学习活动以外的客观因素引发的学习动力，如教师和家长创设一定的情境，提供一定的条件，以诱发学生学习的积极性。表扬、奖赏、评分、竞赛等是教育上常用的诱因。在教育活动中，这两种动机交替地发生作用。一般来讲，内部动机的作用是持久的，学习者有极大的主动性；外部动机的作用是短暂的，由此引发的学习通常是被动的。

（三）主导性动机和辅助性动机

任何学生都会有各种不同性质和水平的动机，并可能在学习活动中同时存在，又同时起着推动行为的作用。心理学家把一个学生最强烈的、最稳定的动机称为主导性动机，这种动机在学生从事学习活动的动因中居于支配地位，发挥着主导性的作用。其余处于从属地位的称为辅助性动机。例如，支配某学生的学习动机可以有社会责任感、学习兴趣、获得高分、受到赞扬等等，其中学习兴趣起着主要作用，是该生的主导性动机。有关研究表明，已形成的主导性动机是发展变化的，在不同的年龄阶段或不同的学习阶段，主导性动机会不相同。如果说，小学生学习的主导性动机多半是为了获得教师的好评，大部分学生到了高中阶段，则是为了获得荣誉、自尊和社会责任感而学习。

（四）认知内驱力、自我提高内驱力和附属内驱力

奥苏伯尔认为，学校情境中的成就动机包括认知内驱力、自我提高内驱力和附属内驱力三方面的内容。

认知内驱力是一种要求了解和理解周围事物的需要，要求掌握知识的需要，以及系统地阐述问题和解决问题的需要。这种内驱力多半是从好奇倾向中派生的。在学习活动中，认知内驱力可能是一种重要和稳定的动机，这种动机指向学习任务本身（为了获得知识）。由于需要的满足（知识的获得）是由学习本身提供的，因而也称为内部动机。

自我提高内驱力是个体因自己的成绩或工作能力而赢得相应地位的需要。这种需要从儿童入学时起，成为成就动机的组成部分。与认知内驱力不同，自我提高内驱力把成就作为赢得地位与自尊心的根源，显然是一种外部动机。

附属内驱力是指为了保持长者们（如教师、家长）或集体的赞许或认可，表现出要把工作做好的一种需要。这种动机特征在年幼儿童的学习活动中比较突出，表现为追求良好的学习成绩，目的就是要得到赞扬和认可。

上述三种内驱力，在不同年龄、不同性别、不同社会地位的学生中所占的比例会有变化，诸如附属内驱力在儿童学习早期最为明显，且女生比男生突出。

对学习动机的分类，只是为了分析和研究动机在学习活动中的作用，以利于教师在工作中有效地调动学生学习的积极性，并针对学生不同的动机水平进行教育。教师切忌简单地以此代替对学生的全面评定，更不能轻易地对学生的动机发展水平下预言，尤其在对那些似乎“聪明”但学习不认真、不努力、无信心的学生进行学习动机的评定时，更要加倍小心。

四、学习动机的鉴别

研究和了解学生的学习动机，对提高教育教学质量具有重要的意义。教师在确定教育目标、制订相应的教育教学计划或选择教材内容和方法时，固然要以社会的教育要求为依据，但也要考虑学生的学习愿望与动机，使教育获得预期的成效。在实际工作中，了解动机是一项相当困难的任务，这不仅因为动机是内在的动因或心理力量，人们不能直接测量动机对行为的作用，而且还因为动机的内容和形式复杂多样。例如：相同的动机可能以不同的行为表现出来；同一行为也可能源于不同的动机；一个学生也可能同时有几种不同的学习动机；有的学生可能意识不到支配自己学习行为的动因，不会分析和判定自己的主导性动机；有的学生不愿意流露那些受到公众舆论指责的利己动机，因而不表露内在的真实动机。

上述现象反映出行为结果可能与动机不一致，教师若单凭学生的外部行为和活动结果，难以做出确定性的判断。因此，还需要采用多种方法和途径，间接地对一系列的行为表现做出分析和推断。

（一）怎样鉴别学习动机

学生的学习动机可以通过下列方面鉴别。

如何对待每门课的要求和任务？是主动积极地理解和掌握知识，还是消极被动地应付作业和考试？

对待学习活动的态度如何？是把学习作为一种乐趣和追求，因而认真地、勤奋地学习，还是当作一种负担和压力，感到无限苦恼而想方设法逃避？

学习时注意是否集中，是否专心听讲、认真记笔记、积极思考？

能否按时完成作业？是主动地、创造性地完成还是强制性地、机械地完成？是独立地完成还是抄袭或靠外力帮助完成？

学习中遇到困难、挫折、失败时，是充满信心和决心坚持到底、争取成功，还是知难而退、畏缩不前？

怎样对待奖赏与责备、表扬与批评？把奖赏与表扬作为追求的目标而力争，还是作为进一步努力学习的鼓励与鞭策？对责备与批评是认真对待，还是抱无所谓的态度？

在竞赛中力求获取名次是为集体争荣誉，还是一味为自己争名夺利，以致不惜采用各种手段排挤对手？竞赛后是胜不骄、败不馁，还是胜则骄、败则馁或败则妒？

学习成绩和学习效率如何？优良的成绩是持久的、稳定的，还是偶然的或在外力帮助的情况下取得的？

（二）鉴别学习动机的基本方法

鉴别学生的学习动机，一般采用观察、谈话、访问、作品分析、教师评定等常规性的调查研究方法，由此获得的资料可以作为推断学习动机的依据。但这种判定或分类的标准易受教师主观倾向的影响，客观性比较差。于是心理学家们设计了一系列测量与评定的工具，这类工具使收集的资料数量化，有确定的具体指标，能比较客观地判定和诊断学生的动机。评量法在使用过程中会遇到一些难以克服的困难，像如何能取得被试的合作，如何使被试做出真实的而不是虚假的回答。此外，用测得的数据解释内在的心理状态时，总不可避免地带有一定的机械性。

近代西方常用控制基源量表测量学习动机。控制基源是在归因理论的基础上，用以解释个体在与周围环境的相互作用过程中，认识到控制自己行为和活动的内在心理力量，亦即意识到是谁或是什么因素对自己的行为结果负有责任。按照心理力量对行为支配作用的差别，将控制基源分成两种类型：外部控制和内部控制。外部控制类型占优势的人，惯常地认为自己的行为结果是受外部力量控制的。这种外部力量可以是运气、机会、命运、权威人士的摆布，以及其他无法预料的外部事件。例如，考试失败是由于题目太难、老师评分有偏心、缺少参考书或辅导机会等外部原因，自己对失败不负责任。内部控制类型占优势的人，惯常地认为自己行为的结果受内部力量所控制，成功或失败的原因是由于自己的能力、技能以及努力程度等，是自己而不是外部的条件或因素对结果负责任。例如，考试失败是由于平时抓得不紧、对概念不求甚解、学习方法欠佳等原因。研究者们编制的内部、外部控制基源量表，可以用来测量学生对学习成功或失败责任的认知，从而推断学生内在心理力量的水平和强度，这也可以作为判别学习动机的年龄差异和个别差异的依据。

由于行为的动因很复杂，单凭控制基源量表测得的结果，不可能完全说明动机的状态。如能通过观察、询问、分析等途径和方法获得多方面的信息，又把控制基源的测量作为分析行为动因的辅助工具，在此基础上对学生的学习动机做出判定，无疑是比较准确的。

五、学习动机的激发

学生在学校的学习不仅是为了适应当前的环境，而且是为未来做准备。但在学生意识不到当前的学习与将来生活实践的关系时，就不可能为学习付出足够的努力。教师要引导学生将学习需要由潜在状态转化为活动状态，使学习动机成为推动学习行为的动力。激发学生的学习动机通常采取下列方式和措施。

（一）向学生提出具体而明确的学习目标

有些学生的学习动力不足，主要是因为他们不知道为什么学、学什么和怎样学。因此，教师在讲授一门新课和一节新课之前，要让学生认识到学习的目的、任务、要求，在实践中的应用价值，以及在知识体系中的地位。学习目标越具体、明确，越能引起学习的积极性。例如，记外语单词和背诵课文比较枯燥，但当学生认识到学好外语与迅速获得知识信息、广泛进行国际学术交流的关系时，能提高学习的积极性。

（二）创设问题情境，启发积极思维

引起学生好奇心和启发思维是激发学习积极性的有效方法和手段。教师不难发现，让学生单调地重复学习已经学过的内容，或解决难度过大、力所不能及的问题时，都会使学生降低学习兴趣和丧失学习信心。有效的教学应形成一种似懂非懂、一知半解的问题情境，让学生对学习内容不太理解或不完全理解，由此所产生的疑惑、矛盾、惊讶等心理状态都能引起求知欲和学习兴趣，激起主动学习的愿望。例如，引导学生设想，把一块砖放在沙地上，怎样才能陷得最深？通过横着放、竖着放、斜着放、砖的一角触地放等提议，教师再引出“压力”课题，这种教学情境既能吸引学生，又能帮助学生深入地理解教材。

（三）利用学习结果的反馈作用

在作业、测验、考试之后，让学生及时知晓学习的结果，有助于激起进一步努力学习的动力。很多实验研究表明：知道学习结果与不知道学习结果相比，前者在学习上的效果有显著作用；每日的及时反馈与每周的延缓反馈相比，前者对学习效率的提高更佳。这是因为良好的学习成绩能产生愉快的情绪，能增强自我激励作用，并为下次考得更好而做出努力。同样，知道自己成绩不理想，为避免今后的失败而付出更大的代价，也能激起奋发学习的上进心。但长期的失败和挫折所引起的不安和焦虑情绪，会减弱学习动机的作用。

（四）适当地组织竞赛活动

竞赛是激发人们奋发努力、力求上进的一种手段。学校中的竞赛有多种方式，如集体竞赛、个人之间竞赛、对照过去与现在的自我竞赛等等。不同的竞赛方式对学习动机都有或多或少的激励作用，但若运用不当，也会有一定的副作用。例如，由于竞赛的结果总是少数人获得名次，多数人成为失败者，且获胜者受到鼓励，失败者则泄气、不安，并忍受一定的心理压力，因此，组织竞赛活动时应注意：（1）竞赛的次数要适当，不宜过于频繁进行；（2）竞赛的形式要适宜，避免过强的竞争性；（3）增加获胜的名次，使尽可能多的学生有获得成功的机会。如按学生的能力和水平分成高、中、低组，各组自行竞赛，竞争中的失败者与获胜者水平相近，也能激起努力上进、争取获胜的积极性。

（五）合理运用评价

教师对学生的肯定性评价具有积极的强化作用，能鼓励学生产生再接再厉、不断前进的力量。例如，教师批改作业时，除给以分数或等级外，再加上简短的评语，会有良好的效果。赞扬与责备、表扬与批评、奖励与惩罚等不同的评价方式，对学习动机的激发有不同的作用。一般来讲，赞扬、表扬、奖励比责备、批评、惩罚更具有激励作用。但表扬、奖励过多使用或使用不当，也会产生消极的结果。许多实验研究表明：经常批评比经常表扬更易失去效果；成绩差的学生对表扬的反应比对批评的反应积极；女生易受表扬的影响，男生易受批评的影响。有的实验研究还表明，表扬与批评的效果是相对的，效果的大小取决于许多中介因素，诸如学生过去受表扬或受批评的历史，学生对活动积极参与的程度，学生对教师的看法，以及学生与教师之间的关系等。因此，教师在评价时务必要客观、公正、恰到好处，既要赏罚分明，又要以理服人，这样才能收到预期的教学效果。

第三节 知识的学习

一、知识及其学习

（一）什么是知识

知识是人类在历史发展过程中，并在实践基础上形成的认识、经验的概括和总结，也是人类认识客观事物的成果和手段。

知识就其结构来说，是由一系列概念和原理组成的结构系统。概念是一类事物共同的、本质属性的反映，两个或两个以上概念之间关系的结合称为原理。概念和原理都是人们对客观事物之间关系和联系的反映。例如，“三角形”“内角”“和”“等于”“180 度”是五个概念，“三角形内角之和等于 180 度”是原理。科学的成果是概念的组合，每门学科都体现为概念系统，因此，概念是知识的细胞，是学生知识学习的主要内容。

（二）学生的知识学习过程

学生的知识学习是通过教师有目的、有计划地按照教学大纲进行传授，经由学生主动积极地参与教学活动来实现的。知识学习的全过程都是在主体自我调控下进行的。

知识学习或称知识掌握，意味着占有前人的认识成果，即把前人的认识和经验变为自己的精神财富，用以分析和解决现实生活中的各种问题。19 世纪中期的德国教育家赫尔巴特（J. F. Herbart，1776—1841）把学生的知识学习过程分为四个阶段：（1）明了性——注意；（2）联想化——期待；（3）系统化——探索；（4）方法——行动。近代美国心理学家加涅（R. M. Gagné，1916—2002）把学生的知识学习过程分成动机、领会、习得、保持、回忆、概括、操作、反馈共八个阶段。

在我国的学校教育工作中，一般把知识学习过程分为理解、巩固和应用三个阶段或基本环节。

1. 知识的理解

知识的理解指运用已有的知识经验，对新的事物、现象或情境做出新的解释，达到认识事物的种种联系和关系的思维过程。简言之，理解的过程就是学生开动脑筋、学懂知识的过程。在此过程中，一般应明确是什么、为什么、怎么样、怎么办。例如，明确一个概念或原理，了解词的含义或课文中心思想等，都属于理解。通过理解学习，新的知识或是纳入已掌握的知识经验体系（也称为认识结构），或是已有的知识经验与新知识相融合，使已有的知识经验获得扩大或更新。可以这样说，对知识的理解和学懂是同一个过程。因此，学生对所学的知识懂与不懂、部分懂与全部懂、真懂与假懂，是衡量理解程度的标志。

2. 知识的巩固

知识的巩固指对所获得知识的持久记忆的过程，实质上就是对知识记忆的过程。学生在理解的基础上，必须遵循记忆的规律，采用及时复习、练习、系统化等方法，使知识保持下来。知识巩固的重要意义不仅在于保持知识理解的结果，也为知识的应用提供知识上的准备。

3. 知识的应用

知识的应用指学生在理解知识的基础上，能用所学得的知识解决练习性课题和实践性课题的过程。例如，按照所学的概念和原理解答习题或进行实验操作，按照语法知识分析句子结构，按照历史唯物观评议历史事件或人物。应用性练习有助于学生检验知识理解的程度，进一步加深对知识的理解和巩固。

总之，知识的理解、巩固和应用各有特定的作用，又互为条件。知识的理解是知识学习的起步，而理解了的知识有待于巩固和应用。知识的理解和巩固是知识应用的前提，而知识的应用使知识的理解和巩固得到进一步的检验和发展。

知识学习的过程是极为复杂的，它包含着一系列心理因素的积极活动。按心理活动对学习所起的作用不同，可以把这些心理因素分成认知因素和意向因素。

心理的认知因素，即感知、记忆、思维、想象等认知方面的因素，它们不仅是组成知识学习的心理结构，也是学习过程得以实现的前提条件。

心理的意向因素，即动机、注意、情感、意志等，与学习者的积极状态相关。激发学生的求知欲和学习兴趣，增强学习的信心和决心，鼓励学生持之以恒、坚持不懈地向着既定的目标奋进，是知识学习过程中不可缺少的重要条件。

心理的认知因素和意向因素在同一过程中发挥着各自的作用，但又是相互联系、相互制约的，对学生学习知识的速度和效率有着直接或间接的影响。

二、概念学习

（一）概念的属性

概念是人脑反映客观现实的思维形式，它是由符号或名称代表的具有共同本质属性的一类事物。先举个例子来说，“人”是一个概念，它指的不是具体的某个人，也不是指某个人的高矮、胖瘦等外部特征，它已舍掉了人在性别、年龄、种族等方面的共同特征，只剩下了与动物相区别的本质属性，即人能制造工具和劳动。通过这一例子，我们可以对概念有深刻的认识。

事物有许多属性，且有本质属性与非本质属性之分。本质属性是指一事物之所以成为该事物并区别于其他事物的特征，如制造工具和劳动是人类与动物相区别的本质属性。非本质属性对事物的性质不具有决定性的意义，如人的性别、年龄、肤色、体态等，并不反映"人"这一概念的本质特征。概念所反映的是事物的本质属性。

人们对一类事物加以抽象和概括，在此基础上可以归纳出这类事物的共同属性。共同属性与本质属性并不等同，共同属性可能是本质属性，也可能是非本质属性。概念所反映的是一类事物共同的本质属性。

概念是思维活动的结果，它不仅借助于语词而形成，也以语词或符号为代表，并给以一定的名称。概念除了用语词代表外，还用其他符号来表示，如数学中的"＋、－、×、÷、＝、＜、＞"，物理力学部分的 v、s、t、f 等，化学中的元素符号和分子式等，都是表示概念的符号。概念只有以语词和符号为代表，我们才能把人类认识活动的成果记载下来，才能一代一代地进行知识传递。

（二）概念的获得

概念的获得又称概念学习或概念掌握，是指个体学习和运用人类历史上形成的知识经验，使符号所代表的是一类事物而不是个别事物，是事物的本质属性而不是非本质属性。

个体获得概念有两种方式，即概念形成和概念同化。概念形成是指在日常生活中逐渐积累经验而获得概念，所获得的这类概念称为日常概念。概念同化是指在教师指导下，通过教学活动而获得概念，获得的这类概念称为科学概念。科学概念的含义比日常概念确切，与其他概念的区别和联系也比较清楚。例如"力"这个概念，日常认为是由肌肉紧张而产生的劳动力量，在物理学中则科学地解释为：物体之间的相互作用，是使物体获得加速度或发生形变的原因。

1. 概念形成

概念形成一般指人类历史上概念形成的过程，或科学家发明、创造概念的过程，或个体在自然的条件下自发学习的过程。我们在这里介绍的是个体概念的形成，这种获得概念的方式在学前儿童身上最为典型。

三到五六岁儿童已经在日常生活和交往中接触了许多事物和现象，他们自发地对大量直接感知到的事物进行归纳，得出同类事物共同的本质属性，并且通过周围成人给以肯定或否定的回答来证实。以获得“球”这个概念为例，儿童接触了多种不同形状、颜色、大小和质量的球，由此概括出球呈圆形，是游戏或运动的工具。之后，见到没有玩过的铅球和垒球时，能归入球的范畴，见到外形似球但不是球的西瓜和柚子时能加以区别，逐渐使“球”的概念代表一类事物而不是个别事物，代表事物共同的本质属性而不是非本质属性。

从学习方法上看，这类概念的获得属于发现学习。这种自发地积累经验而获得概念的方式，在个体早期的发展过程中具有一定的作用。但由于个人的知识经验范围有一定的局限性，往往导致对概念含义的理解不精确，甚至会有错误和曲解，又由于形成概念的时间冗长，使获得概念的数量受到相当大的限制。

2. 概念同化

概念同化是获得概念的另一种方式，它与概念形成的方式不同，是在教学条件下以定义的方式直接向学习者揭示概念的关键特征。学习者通过认知结构中原有的概念与新概念同化，产生对新概念的理解而获得概念。例如，学习平行四边形这个概念，教师直接告诉学生“平行四边形是两组对边平行且相等的四边形”，学生的学习包括下列过程：（1）新概念平行四边形与认知结构中原有的概念四边形联系，使新概念纳入原有概念之中；（2）新概念与原有的有关概念，如矩形、梯形进行辨别和比较，区分概念之间的相同点与不同点；（3）新概念平行四边形与正四边形、矩形、梯形等有关概念融合，组成一个整体结构。新概念与原有概念相互作用，其结果产生新旧概念同化，使新概念纳入原有的认知结构，并获得新的意义。

科学概念是由前人在实践中创造和发展的，但个体获得概念不需要重复历史上概念形成的过程。概念同化是最经济、最有效的学习方式，使个体在有限的时间内掌握人类积累的知识经验成为可能。因此，概念同化是学生获得概念的最基本方式。从学习方法上看，这类概念的获得属于接受学习，它要求学生理解和保持教师所传授的知识和技能，而不强调学生的独立发现。

三、概念获得的教学条件

（一）提供丰富的感性材料

感性材料和学生的感性经验是形成概念和获得概念的基础。在教学过程中提供有关概念的感性材料越丰富、越全面，获得的概念也就越准确。教师一般通过下列两种方式向学生提供感性材料：一种是向学生演示直观材料，组织学生参观、访问或社会调查；另一种是利用学生已有的知识经验，启发他们回忆与新概念有关的事物，通过图形和语言引起表象和想象。概念越抽象，需要讲述的语词就越多。

（二）突出事物的本质特征

教学经验和实验研究都证明：概念的本质特征越突出，概念的掌握越容易；非本质特征越明显，概念的掌握越困难。德怀尔（F. M. Dewyer）在 1967 年做的一项实验研究表明，概念的本质特征和非本质特征的明显程度对概念学习有一定的影响。他让大学生学习心脏的解剖结构，被试分成四个组，全部听有关心脏知识的录音，但使用的辅助手段不同。第一组，边听录音，边在屏幕上看录音中讲到的心脏各部位的名词。第二组，边听录音，边看屏幕上心脏各部位的轮廓图。第三组，边听录音，边看心脏各部位带有阴影的较详细的图。第四组，边听录音，边看心脏的照片。实验结果如图 11-1 所示。第二组的轮廓图突出了心脏的本质特征，消除了非本质特征，效果最佳。第四组的实物照片增加了非本质特征，掩盖了本质特征，因此效果最差。

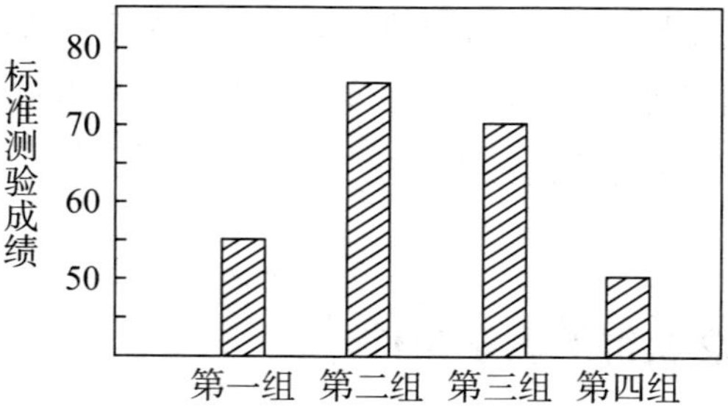

图 11-1　突出本质特征和非本质特征对学习概念的影响

（三）运用变式和比较方法

变式是指不断地变换材料的呈现形式，从不同角度和方面使非本质特征不断变化，而本质特征保持不变，以突出事物的本质特征。例如，讲“角”概念时，要提供锐角或钝角的图形，也要提供平角、周角的图形。教学中运用变式有助于学生区分事物的本质特征和非本质特征，避免感性材料的片面性，从而正确地理解概念。教学实践证明，提供感性材料时不用变式或变式用得不正确、不充分，会造成不合理地缩小或扩大概念的内涵，产生错误的理解。例如，在物理教学中，教师惯于用汽车、皮球、石子等运动的例子说明惯性，学生会把惯性理解成固体运动具有的属性，而不承认气体、液体运动也有惯性。有的数学教师经常把直角三角形的直角画在左下方，直角的方位固定不变，学生就会把“直角在左下方”这一非本质特征归纳在直角三角形的概念之中。变式的有效性并不在于运用变式的数量，而是取决于材料呈现方式的典型性和代表性。教师运用变式时，应把重点放在非本质特征的差别性和本质特征的共同性方面。

变式是从材料方面促进学生对概念的理解，比较则是从方法上促进理解，因此，有了变式的材料，还要让学生应用材料进行比较。比较有两种。一种是同类事物的比较，如化学中的卤族元素氟、氯、溴、碘，我们可以对它们的物理性质、化学性质、原子结构等进行比较，通过比较事物的异同，有助于找出一类事物共同的本质特征。另一种是不同类但相近或相似的事物的比较，如主语与谓语、质量和重量的比较，通过比较事物的异同，区分出不同事物的本质差异。在教学中，按不同的教学要求还可以选择：（1）先后比较，常用于新知识、新概念与已有的知识、概念的比较；（2）同时比较，如用演示实验比较磁铁与电磁铁的异同。教师应根据教学的目的、要求和教材的性质，选用不同的比较方式。

（四）提供适当的实例

概念教学时实例是不可缺少的，特别是在学习一些比较难的概念时，更需要运用实例。提供实例时应注意两点：（1）所举的实例应包含事物共有的本质属性，使学习者能从多个实例中抽出这些属性，进而归纳成概念；（2）所举的实例不仅有肯定的实例，也有否定的实例。例如“家畜”这个概念中，马、牛、羊是肯定的实例，鸡、鸭、鹅是否定的实例。学习“诚实”概念时，要举例说明这样做是诚实的，那样做是不诚实的。肯定和否定的实例能使概念的本质特征更突出，使概念的范围更确定。在列举肯定和否定的实例时，一般先举肯定的，后提否定的，时间上越近越好。举例后如能加以分析、比较，更能收到良好的教学效果。

（五）用准确的语词揭示事物的本质特征，适时给概念下定义

用语词精确地表述概念意义的过程，就是下定义。定义能揭露概

念的本质属性，并把概念放在更一般的概念（属概念）之中。例如，“浮力是物体在液体里受到向上托它的力”，力是浮力的属概念，“物体在液体里受到向上托它的”是浮力，这是区别于其他力的本质属性。无论是掌握现成的定义还是由学生自己给概念下定义，都需要对所学的知识和材料进行积极的思想活动，揭露概念的本质属性。下定义的教学效果与感性经验密切关联。例如，学习“浮力”概念之前先唤起学生的感性经验，诸如木块放在水里总会漂在水面上，从井里提水时感到水桶出水后比在水里时重，在此基础上给浮力下定义，能使学生准确地理解概念，并获得良好的教学效果。此外，下定义要适时。过早给概念下定义，会使学生对尚未完全理解的概念死记硬背，对定义的掌握流于形式；过迟下定义，会使学生不能对感性材料及时组织、整理，对概念的学习起不到应有的作用。

（六）在实践中运用概念

学生理解概念之后，应在实践中多方面地运用。学生通过做练习、写作、解决问题等活动，获取经验和实例，提高学习概念的积极性。在实践中运用概念是概念的具体化过程，而概念（尤其是抽象概念）的每一次具体化，都会使概念进一步丰富和深化，使学生对概念的理解更全面、更深刻。

第四节　技能的学习

一、技能的概述

技能是通过练习而获得的使某项任务能够顺利完成的活动方式。如人们骑自行车、打字、写字等，都是运用习得的活动方式。儿童能熟练地计算 7+8、8+5 的答案，表明已掌握了简单的加法技能。技能的水平有高低之分。初级水平的技能只要具有初步的知识，并经过短期的练习即可获得；高级水平的技能则需要丰富的知识经验，并经过长期的练习才能获得。高级水平的技能亦叫技巧。

按照技能的性质和表现方式，可以将技能分为运动技能和智力技能两类。

运动技能也称为操作技能，如行走、骑自行车、游泳、弹琴、实验操作等。它是由骨骼、肌肉和相应的运动分析器的活动而实现的一系列外部动作，当动作较协调地以正确、熟练的方式顺利进行，并达到自动化时，就成为运动技能。

智力技能也称认知技能，阅读、写作、解题、运算等都属于这类技能。它是借助于内部言语在头脑中进行的认知活动方式。感知、记忆、想象和思维等心理活动是重要的成分，思维操作是主要的方式。当心理活动以合理的、完善的方式认识事物和解决实际问题，并达到自动化的程度时，就形成相应的智力技能。按照智力技能运用的范围，有专门性的智力技能与一般性的智力技能之分。专门性的智力技能是在某种专门的认知活动中形成和运用的技能，如阅读技能、运算技能等。一般性智力技能是在广泛的认知活动中形成和发展的，适用于普遍的活动，如观察技能、分析问题和解决问题的技能等。

运动技能和智力技能既有区别，又有密切的联系。运动技能主要表现为外显的动作或活动，而智力技能主要表现为内隐的思维活动。两者又是密切地联系在一起的。感知、想象、思维等心理活动和骨骼、肌肉运动，都是组成技能的重要成分。在一般情况下，智力技能对运动技能起着调节的作用，而运动技能则是智力技能的依据和体现。人们在完成比较复杂活动的过程中，需要手脑并用，即同时运用智力技能和运动技能。例如，练习性的解题和运算主要由智力技能完成，而运算步骤和结果要用书写记载。在教学中若要确定某种技能属于智力技能还是运动技能，则以某项活动中的主导成分而定，书写、体操、绘画、实验操作等属于运动技能的范围，阅读、作文构思、解析、运算等属于智力技能的范围。

二、运动技能形成的阶段和条件

运动技能（包括智力技能）是通过练习而形成的。形成的过程是由不会到会，由初步学会到熟练掌握。在这过程中有明显的阶段性，不同阶段又具有不同的特点。

（一）运动技能形成的阶段

运动技能的形成可以分为三个既有联系又有区别的阶段。

1. 动作的认知或定向阶段

这个阶段的主要特点是使学习者对所学习的技能有初步的认识和了解，在头脑中形成有关动作方式的表象，并在活动中对动作进行定向。

动作定向是形成运动技能的一个重要环节。有关的研究表明，这一环节的有或无直接影响技能形成的效果。如让大学生进行游泳训练，让实验组的大学生在下水之前对游泳知识有一定的了解，并进行表象训练，再进行 2 小时的游泳练习，结果这组学生能游 15～18 米。控制组的大学生没有任何定向训练，经过 15 小时的游泳练习，平均只能游 5～10 米。一般来讲，所学的技能越复杂，动作定向的成分越要增多。

2. 动作的联系阶段

这是技能学习从认识到自动化动作的过渡阶段。学习者通过模仿，先从掌握单个的、局部的动作开始，经过多次反复的练习，使单个动作联合起来。这一阶段动作的特点是动作速度缓慢，稳定性和灵活性差。例如，初学写字的人，握笔、运笔等动作不协调，常会注意到一个动作而忽略另一个动作，并出现面部肌肉紧张、头歪、噘嘴等多余动作。

3. 动作协调或熟练阶段

动作熟练是技能形成的高级阶段。此时，单个的、局部的动作联合成为整体的、有组织的动作系列，经过练习和训练后，多个动作之间互相协调，多余动作消失。意识对动作的调节和控制作用大大地降低，只要出现一个启动的信号，动作就能有顺序地一个接着一个连续出现。例如，钢琴家在演奏时能使眼睛和左右两手协调一致地活动。

在运动技能形成过程中，各阶段的动作变化特征表现在下列三个方面：

（1）活动结构改变，许多单个的、局部的动作联合成统一整体，动作之间协调一致；

（2）活动速度加快，动作具有准确性、稳定性和灵活性，多余的动作逐渐减少以至消失；

（3）活动自身的调节功能增强，表现在意识和视觉对动作的控制作用减弱，而对肌肉的动觉控制增强，动作近乎自动化，动作的紧张性消失。

（二）运动技能形成的条件

运动技能的形成有赖于多种因素，如学习的积极性和主动性，已有的知识经验和智力水平，以及良好的意志品质等，而练习则是形成技能的基本途径和条件。练习不同于机械重复，它是有目的、有计划、有指导的活动。为提高练习效率，教学过程中应注意下列几点。

1. 明确练习的目的和要求

任何一种技能的练习都要有明确的目的和要求，让学习者清楚地了解练习的重要性、练习的方法、练习的程序、每次练习的具体目标，在此基础上才能激发练习的积极性和主动性。教师重复举例和示范动作，学生在旁边静静地观察，被动地参与练习，达到模仿的目的，这种方式只能在学习初期采用。学生主动地参与练习，是指学生在模仿过程中能开动脑筋，按照练习的目的和要求指导自己的动作。教育实践证明，练习过程中的主动性程度与练习的成绩呈正相关。

2. 依据技能难易的不同程度，采用集中练习或分散练习

技能的形成需要有足够的练习次数或练习时间，但练习的次数并不是越多越好，练习的时间也不是越长越好。练习的次数和时间要适当分配，才能取得良好的效果。

按照练习时间分配的不同，可分为集中练习和分散练习。集中练习是指在一定时间内一次接一次地反复练习，直到练习完毕，其间不安排休息。分散练习是把练习的时间分为若干阶段，在每个阶段之间有一定时间的休息。实验结果显示，分散练习在速度、时间、练习成绩等方面都优于集中练习。而且，分散练习的各阶段休息的时间越长，成绩越好。但休息时间超过一定的范围，练习成绩的进步就不明显。分散练习之所以效率更高，是因为各阶段之间的休息能消除疲劳。也有实验表明，分散练习并不总是优于集中练习。因此，练习时间采用集中还是分散，还应考虑到其他的因素，诸如技能的复杂程度、学习者的身体状况等。在通常情况下，一次练习即可掌握的简单技能，采用集中练习较为适宜；在学习者身体欠佳的情况下，为避免厌倦情绪和疲劳出现，采用分散练习为好。

3. 依据技能的性质和复杂程度，选用整体法或部分法

整体法是指一次就能学会技能的全部动作的方法。部分法是把技能的动作分解成若干个局部动作进行练习，在分别掌握局部动作的基础上，再把各个局部动作联合成整体。整体法和部分法各有特点，练习时采用何种方法应根据技能的性质和复杂程度而定，也要照顾到学习者的年龄特点和操作能力等因素。一般来说，学习各个动作之间的联系比较紧密的技能，采用整体法较适宜，如打字、弹钢琴等技能。

学习比较复杂的、局部动作又具有相对独立性的技能，应选用部分法，如打篮球的技能可分成接球、投球、传球、运球动作，分别对局部动作练习后，再进行整体练习。年长的、操作能力强的学习者宜用整体法。练习初期部分法有效，练习后期则整体法有效。

4. 充分利用反馈的强化作用

反馈是指让学习者知道自己练习的结果。练习过程中的反馈强化对练习具有积极的作用。学习者在每次练习之后，了解自己练习的成绩和动作的优、缺点，能使那些符合练习目的和要求的动作保留下来，错误的动作加以纠正，有利于提高练习效率。有关的实验研究表明，知道练习结果对技能学习的成绩有显著的影响，反馈的数量越多，练习的效果越好。此外，及时知道练习结果比延缓一段时间知道练习结果的效果更佳。

三、智力技能形成的阶段和条件

智力技能是人类认知活动和学习活动不可缺少的条件。它是借助于内部言语在头脑中进行的智力活动方式，因此，与运动技能不同，它没有明显的外部动作。

（一）智力技能形成的阶段

智力技能的形成是一个长期以来未能解决的课题。在传统的教学中，学生智力技能的形成多半处于自发状态。苏联心理学家加里培林（П. Я. Гальперин，1902—1988）等人于20世纪50年代提出智力活动分阶段形成的学说，把智力技能的形成看作一个从外部的物质活动向内部的心理活动转化的过程，即内化过程。这一过程经历下列五个阶段。

1. 活动的定向阶段

这一阶段在于了解活动的任务，认识活动的意义，熟悉活动的程序，以及知道该做什么和怎么做，从而在头脑中建立活动定向的表象。这个阶段也可称为智力活动的准备阶段。

2. 物质活动或物质化活动阶段

物质活动和物质化活动都是用手完成的外部活动，两者的区别在于动作的客体不同。在物质活动中，动作的客体是实物，而在物质化活动中，动作的客体是模型、图表、言语等。物质或物质化活动的目的是促进认知活动，帮助学生理解学习内容。例如，在做加法运算时用石子儿、火柴棍、手指等完成计算活动，在解题时以图解形式列出题目的条件和问题等。

3. 出声的外部言语阶段

这个阶段能摆脱实物，借助于出声的外部言语进行智力活动。例如，学生在审题或解题时，不要求列出解析的推导过程，只要求用言语陈述推导过程。由于这个阶段的活动已从实物过渡到不依赖实物的言语，并能在表象水平上实现分析和综合，使智力活动的形式发生了本质的变化，因此，智力技能的形成由此阶段起转入了认知活动的形式。

4. 无声的外部言语阶段

这是以词的声音表象和动觉表象为基础的智力活动阶段。此时，外部的出声言语开始向内部转化，为过渡到内部言语阶段准备了条件。与出声言语阶段的区别在于只看到嘴动，但没有声音，默不出声地用言语完成智力活动。学生由朗读过渡到默读就是这一阶段的明显表现。

5. 内部言语阶段

这是智力技能形成的最后阶段，内部言语成为智力活动的工具。这一阶段的智力活动已完全转化为内部活动，并具有高度的压缩、简化和自动化特点。例如，在解题时，熟练的运算技能让人似乎意识不到有关的法则，并大量地压缩中间环节。有人曾分析过算式（$3abd+2ab$）（$4bd+2ab$）的二项式乘法运算，如果每一步都要意识到有关的法则，那就需要60～70次之多。熟练的运算表现为只要看到算式就能直接得出答案，许多中间环节都被简化了。

按照上述智力形成的阶段，可以把智力技能归结为下列三个特征。

（1）内潜性。从智力技能活动的形式来看，它是在头脑中借助于内部言语实现的、人们直接观察不到的非外显性活动，具有明显的内潜性特征。这种在头脑中进行的活动，不外乎包括分析、综合、抽象、概括等心理活动，只是在解决不同的认知课题时，具有各不相同的活动方式。

（2）观念性。从智力技能的对象来看，它是客观事物在头脑中的映象，以及与映象相联系的语词，其活动是靠内部言语及词语在“内部”进行的。与运动技能不同，其对象不是客观事物，活动也不是靠摆弄实物实现的。

（3）简缩性。从智力技能的结构来看，由于活动过程摆脱了实物的束缚，因此不像运动技能那样每个动作都外露出来，其活动简化、压缩、自动化，使人难以觉察活动的过程。如在心算、默读时，过程的中间环节高度简缩和省略，时而在头脑中只出现几个关键词。

（二）智力技能形成的条件

智力技能与运动技能一样，都是经过练习而形成的动作方式，因此，形成运动技能的一些条件也适合于形成智力技能。如练习是形成智力技能的主要条件。简单的智力技能，像10以内的加减法，宜用整体法；复杂的智力技能包含审题、解析、列式、运算等多项局部动作，则宜用部分法。由于智力技能的练习主要是在解决各种教学课题和实践任务中进行的，又由于智力技能的形成与思维的发展密切相关，因此在教学中创设各种活动机会，指导解决问题的方法，发展思维能力，对智力技能的形成具有重要的意义。

1. 指导学生以正确的途径和方法解决问题

学生在解题时，经常出现用盲目尝试和猜测的方法，思维的逻辑性和推理的严密性较差。教师要培养学生在解题时按照一定的程序：(1) 理解题意，分析课题的条件，以及掌握条件之间的各种关系，如数量关系、空间关系、因果关系等；(2) 回忆有关的定义、公式和原理，使所学的知识与当前的课题联系起来；(3) 设想多种解题的方案和步骤，选择其中的最佳方案；(4) 问题解答之后，需要进一步检查、验证和评价。

2. 按照智力技能形成阶段的程序组织练习

智力技能形成的五个阶段体现了智力技能形成的一般规律，其中的每个阶段各具特点，是完整统一体中的组成部分。教师在组织教学性的练习时，不仅要依据各个阶段的特点提出明确的目的和要求，而且还必须有具体的指导措施。有关措施如下：(1) 教师正确地讲解和示范；(2) 要求学生严格按照规定的步骤和方法解决课题；(3) 让学生用文字符号或口述表达解题过程；(4) 在学生掌握解题步骤和方法的基础上，进一步要求他们能熟练地、迅速地解题，以及尽可能地简化解题过程的中间环节。

3. 促进分析、概括能力和思维灵活性的发展

智力技能的实质是事物的映象在头脑中进行加工改造的思维过程。分析、概括能力使人们善于从一类事物中概括出事物的本质特征，形成概念、原理和方法，又把一般的原理和方法应用于实际。在解决课题过程中，思维灵活性表现在善于按照课题条件的变化而相应地改变解决问题的方法或方式，达到举一反三、触类旁通。教学中应采取多种练习形式，提供发展思维能力和思维灵活性的条件，这不仅有利于智力技能的形成，也有利于产生技能的广泛迁移。

第五节　学习的迁移

一、什么是学习的迁移

一种学习对另一种学习产生的影响，称为学习的迁移。

在日常生活中我们都能体会到下列现象：学会了平面几何，有助于学习立体几何；会骑自行车的人，学骑摩托车就比较容易；学会了尝试重现的记忆方法，也能用此方法记忆一首新诗或其他新的材料；从小养成认真、勤奋的学习态度，也会影响到中学、大学期间的学习责任心；等等。也可以说，迁移是已经获得的知识、技能、方法、情感和态度等对新的学习的影响。

先前学习对后继学习的影响称为顺向迁移，后继学习对先前学习的影响称为逆向迁移（如图 11-2）。无论是顺向迁移或逆向迁移，都有不同的影响。一种学习对另一种学习产生积极作用的为正迁移，如毛笔字写得好的学生，钢笔字也会写得不错。反之，一种学习对另一种学习产生消极作用的为负迁移，如学过汉语拼音对初学英语有干扰作用。

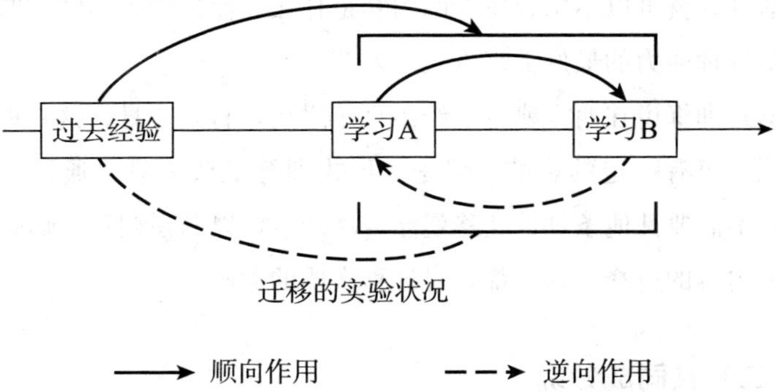

——→ 顺向作用　　　– – → 逆向作用

图 11-2　顺向迁移和逆向迁移

学习迁移有助于学生学习新的知识和技能，解决新的课题。学校教学工作除了要使学生理解知识，掌握一定的知识量外，还必须促使学生在学习知识的基本概念和原理之间、在书本知识与实际课题之间、在已掌握的技能与新的技能之间实现积极的迁移，产生举一反三、触类旁通的学习效果。与此同时，要设法防止在知识学习中新旧概念互相混淆，不正确的动作和行为习惯在知识、技能学习中产生各种干扰现象。

二、学习迁移的理论

为什么会发生迁移呢？不同学说对这个问题提出了不同的解释。

（一）形式训练说

这一学说主张，迁移的产生经历着一个“形式训练”的过程。也就是说，迁移是在训练基础上，通过提高各种能力之后才能实现的。这一学说认为：注意力、记忆力、想象力、思考力以及其他方面的能力，都可以经过训练而提高，并能在日后的各种活动中发挥效用；训练越严格、越充分，各种能力的发展越完善、越巩固。每门学科都可以训练一种或多种能力，训练的成效有赖于所学材料的难度和训练活动的心理形式，而与学习的内容无关。例如，如果选择了推理形式的学习活动，就可以不用管思考的内容是什么，而让学生多解难题是提高学生推理能力的最好训练方式。

形式训练说在西方盛行了约二百年之久，直到今日，这一理论对教育工作仍有一定的影响。但是，形式训练说认为只要通过能力训练，而不需要其他条件，迁移就能自动产生，以及强调训练形式而忽视学习内容的解释，这些都是对迁移实质的曲解。

（二）共同成分说

以桑代克（E. L. Thorndike，1874—1949）和吴伟士（R. S. Woodworth，1869—1962）为代表的心理学家通过实验研究检验形式训练说的观点，并提出了挑战。他们认为，学习迁移之所以能产生，是由于两种学习情境之间存在着共同成分或因素，共同成分越多，一种学习越能对另一种学习产生迁移。共同成分不仅包括刺激物方面，也包括反应方面存在的相同或相似之处。例如，掌握加法法则后，学乘法就比较容易，因为乘法中含有加法的成分。熟练地掌握英语后，有助于学习俄语，因为两门外语不仅在字母形状、读音、音调和语法结构方面有相似之处，而且在听、说、读、写方面有共同的要求。

这一学说的提出使迁移理论的研究有了新的进展。但另一些研究者批评共同成分说的片面性，诸如两种学习活动中的共同成分固然是迁移现象成为可能的客观条件，但是单有共同成分还不足以保证迁移的产生，甚至还会有一定的干扰作用。此外，共同成分说还强调，如果两种学习活动中不存在共同成分，迁移就不可能产生，这一观点大大地缩小了迁移产生的范围，降低了迁移在学习中的重要作用。

（三）概括化理论

概括化理论并不否定两种学习活动之间存在着共同成分，但不像共同成分说那样把共同成分作为迁移产生的决定性条件。概括化理论认为，共同成分只是产生迁移的必要前提，而迁移产生的关键在于学习者能够概括出两种学习活动之间的共同原理，且概括水平越高，迁移的可能性越大。贾德（C. H. Judd）于1908年设计的“水下击靶”实验可以阐明这一观点。被试是五、六年级的学生，随机分成两个组。开始时，让两组学生都练习打靶，靶子放在离开水面十二英寸①的位置上，结果两组打靶的成绩基本相等。接着让一组学生学习水的折射原理，另一组学生不予学习。最后，再让两组学生打靶，靶子放

① 1英寸＝2.54厘米。

在水下四英寸的地方，记录两组学生的成绩。结果表明，两组学生的成绩有明显的差异，学过折射原理的学生，不论是在正确性上还是在速度上，都大大地超过未学习过的另一组。贾德就这一实验结果做出如下的解释：理论（指折射原理）曾经把有关的全部经验——水上的、深水的与浅水的经验——组织成整个的思想体系，他们（被试）知道靶子在水中的移动速度不同，因而在面临新的情况时也能有效地应付。也就是说，学生在理论知识背景上理解了实际情况后，就能利用概括了的经验，去迅速地解决需要按实际情况进行分析和调整的新问题。

概括化理论揭示了迁移依赖于知识经验的概括化，开始涉及高级的认知领域，因此为许多心理学家特别是认知心理学派所接受，并在后继研究中得到进一步的证实和发展。

三、迁移效果的测量

在学习活动中要知道迁移是否产生、迁移效果的大小，必须通过一定的测量才能确定，在此基础上了解学习者的一种学习对另一种学习产生的影响。下表列出的是测量迁移的基本方法。

表 11-1 迁移实验的简单设计

顺向迁移	实验组	学习课题 A		测验课题 B
	控制组	无		测验课题 B
逆向迁移	实验组	学习课题 B	学习课题 A	测验课题 B
	控制组	学习课题 B	休息	测验课题 B

在测量顺向迁移时，一般分成两个等组：实验组学习课题 A，控制组不学习。然后，两组均参加课题 B 的测验。如果两组成绩有差异，可以解释为一种学习对另一种学习产生影响。两组的差异越明

显，表明迁移的效果越大。实验组成绩高于控制组，属于正迁移，反之为负迁移。

在测量逆向迁移时，可以让两组都学习课题 B。然后，实验组学习课题 A，控制组不学习，或学习、从事与课题无关的活动。最后，两组均参加课题 B 的测验。如果两组成绩有差异，可解释为后继学习对先前学习的影响。

四、促进学习迁移的有效条件

迁移在学习活动中具有重要的意义，但迁移不是自动产生的，所获得的知识、技能和概念原理并不一定在学习新知识和解决新的实际问题的过程中都能产生迁移效果。为此，教师应创设条件，促使积极迁移的产生。

（一）教材的组织结构与迁移

各科教材都由基本概念、基本原理与基本结构所组成，并贯穿于整个教材的体系之中。一本好的教材，其内容的组织不是概念的排列和堆积，而是以合乎逻辑的方式组成的，具体体现在：

（1）依据知识的系统和科学性，概念之间、原理之间以及知识的前后纵横之间具有内在的关系和联系；

（2）依据人们认识事物的过程，教材的呈现应遵循由一般到个别、由整体到细节的顺序；

（3）依据学生学习的特点，教材的组织安排应由浅到深、由易到难、由已知到未知。

教师选择良好的教材有利于学生获得知识的概念和原理，也有利于产生学习的迁移和知识的应用。布鲁纳（J. S. Bruner，1915—2016）强调掌握知识的基本原理，认为这是通向适当的“迁移训练”

的大道。

（二）理解与迁移

学生学习基本概念和原理，并不意味着实现学习迁移，只有在学生理解知识的基础上，才能产生迁移作用。可以这样说，提高对概念和原理的理解水平是训练迁移的重要手段。

许多研究证明，知识理解的概括水平越高，则对新问题的适用面越广，在学习上产生的举一反三、触类旁通的迁移量也越大。学生能够将一类技能具有的共同的本质属性概括成一般的原理和方法，会有利于迁移的产生，也有利于新技能的形成，而对复杂技能的学习更有必要。布鲁纳以学习历史为例，用学生理解古代历史事件发生的原因有助于了解当代现实斗争这一事实，证实了理解对训练迁移的重要作用。

（三）学习指导与迁移

要使学习迁移产生积极的效果，还必须重视正确的学习指导。研究者给一部分学生进行阅读方法的训练，要他们自己写要点、做图解、加评价。结果表明，受训的学生与未受训的学生相比，在阅读课和其他学科上的学习速度和效率都大有提高。

在教学工作中，并不是任何学习指导都能产生可迁移的效果。例如，机械地背诵概念和原理，布置大量无须思考的、例行公事式的练习或作业，解决问题之前提供思路和答案等，这样的学习指导都不利于学习和迁移的效果。教师应改进教学方法，启发学生思维，激发学生的推理或想象活动，让他们有更多的机会解决一些有趣的实际问题，这样的指导才能促进正迁移的产生。

（四）学习定势与迁移

定势是指人们用一种特定的方式做出反应的倾向。学习定势是指在学习新知识和解决新课题过程中，受到先前的学习经验或活动倾向的影响。

在同类的和相似的课题学习中，学习定势能促进学习和迁移。研究表明，在解决相类似的新课题时，过去解决问题的方法和经验有助于迅速地解决问题。因此，在教授新知识时，要复习前面的内容，取得新旧知识的联系，解决的问题应由易到难、由浅到深，保持课题之间的相似性等，这些都有助于提高学习和迁移的效果。

在解决需要多方面考虑的课题时，学习定势越强烈，越会干扰和阻碍思维的灵活性和问题解决。黎德（Reid）在 1951 年的一项研究中，要求被试用六根火柴组成四个三角形。35 个大学生被试中只有 10 个人解决了这个问题，其他学生经过提示后才能解决这个问题。这个课题的困难在于，被试惯于在平面上画图形或摆弄火柴棒，限制了从立体的角度考虑解决问题的设想，由此显示了学习定势的负迁移作用。在技能形成过程中，由于旧的经验使人们局限于套用先前的做法，因此在新的情况下，旧的经验越起作用，新技能的学习越缺少灵活性。例如，运动员掌握了跨越式的跳高技能，再学习背越式跳高时，助跑和起跳动作受到干扰，跨越式的技能越熟练，改正越困难。总之，教师应按照迁移的规律，充分利用正迁移的条件，避免负迁移的干扰。

思　考　题

一、试了解和分析初中一个班学生的学习动机。

二、如何以概念同化的方式使学生获得“平行四边形”或“角”的概念？

三、在教学工作中，如何促进正迁移，防止负迁移的发生？

四、你认为目前在中小学的知识和技能教学中，有哪些需要进一步改革的问题？

第十二章
学校的教育社会心理

本 章 要 点

什么是群体

集体的社会心理特点

群体与个体的关系

群体的心理效应

课堂中的社会心理现象

什么是心理气氛

影响凝聚力的因素有哪些

班集体领导的类型

教师应有什么样的领导作风和影响力

增进与阻碍人际吸引的因素

第一节　学校中的群体心理概述

一、什么是群体

群体是指在同一目标和同一规范指导下，协同活动而组合的人群，有时也叫团体。群体有三个特点：(1) 群体的成员具有共同的社会需要与目标；(2) 群体具有某种结构形式，使成员处于一定的关系之中，从而经常互相接触、互相影响、互相作用，以完成共同的任务；（3）群体有自己的规范和心理倾向，并对自己的成员产生影响和制约作用。

二、学校中群体的类型

（一）正式群体

正式群体是一种有组织的群体。它是按照社会的规定或行政命令组成的，如学校、班级、小组、共青团、少先队等组织。正式群体的共同目标十分明确，全体成员为此而共同努力。这个群体的成员经常接触，互相熟悉，交往频繁。心理上的接近（同情、友谊、尊敬）使正式群体可以团结一致，能解决面临的问题，但也可能存在消极的情绪与态度（反感、不尊重、冷漠）等。教育工作者的主要对象之一是正式群体，因此应对正式群体中的心理现象有足够的重视和经常的分析。

（二）非正式群体

非正式群体是指自发形成的，成员间的关系没有明确的规定，并且带有明显的情感色彩，即以个人的喜爱、好感为基础而建立起来的群体。在中学，非正式群体最主要的表现形式为同龄群体（也叫同辈群体），这是青少年学生主要的参照群体，它对青少年的行为和个性的形成与发展有重要影响。在儿童时期，人就有了与同龄人交往的需要，这种同龄伙伴的关系是亲子关系、师生关系所不能代替的。它可以是健康的，也可以是不健康的。

同龄伙伴的交往是青少年获得信息的重要渠道。他们可以从伙伴那里了解、认识许多他们所关心的事情，有些是从成人那里得不到的知识。

同龄群体是一种特殊的形式，它对青少年社会化具有重要意义。通过同龄伙伴的协同活动、游戏等，他们学会了组织活动、遵守纪律，懂得了个人与群体的关系以及维护群体中权威的意义。在同龄伙伴中，人们之间是平等的。通过这种交往，他们可以学习在社会化过程中所必需的交往能力，这有助于他们脱离成人而自立。

同龄群体也是一种特殊的情绪接触形式，当每个人意识到自己属于某一群体时，就不仅会互相帮助、真诚团结，而且还会产生一种情绪安定感。他们在同伴中得到的尊重、支持、关心、爱护往往是在家中和学校里得不到的。青少年非常重视自己在同龄群体中的形象，他们把同龄伙伴的承认和赞许往往看得比父母、师长的评价更为重要。所以，同龄人的期望与评价会对青少年的个性发展产生深远影响。因此，教师不仅应重视正式群体的组织和领导工作，而且对学生中的非正式群体，决不可视之为“小圈子”而采取简单粗暴的消极措施，应积极加以引导，使它在正式群体中发挥积极的作用。

三、什么是集体

集体是群体发展的高级形式。集体是为实现有意义的共同社会目标、共同的活动目的而组织起来的有纪律、有共同心理倾向的群体。一个集体应具备以下几个社会心理特征：(1) 为达到具有社会意义的目的而共同活动的方向性；(2) 为达到共同的目的，必须具有集体的团结和成员间的心理相容；(3) 在成员的交往中，具有同志友爱感与良好的心理气氛；(4) 具有必要的组织性和纪律性。

群体心理与个体心理是紧密联系、相互作用、相互制约的。没有个体心理，群体心理无从发生；脱离群体心理，个体心理也就失去重要来源。群体心理与个体心理的相互影响是十分明显的。例如，一个在学习上信心不足、成绩不好，在思想品德上对自己要求不严格的学生，来到一个积极向上的集体中，由于处在互相关心、团结友爱，为达到具有社会意义的目的而共同努力的心理气氛中，他便逐渐会在思想、学习和个性品质方面取得进步。

教师应了解群体特有的心理现象，并把群体组织成为积极向上的坚强的集体，这对于把学生培养成为有道德、有理想、有文化、有纪律的新一代是非常必要的。教师了解学校中的群体心理的意义表现在三方面。第一，有助于教师建立良好的班集体。教师如果忽视或者背离群体心理规律，便很难建立良好的集体，而且已建立的集体也会瓦解。第二，有助于教师了解学生在群体中特有的心理活动。例如：有的学生在集体中学习的劲头更大，效果更好，有的学生则喜爱独自学习；爱吵闹的学生在良好的班集体中会显得老实，而有的守纪律的学生在一个纪律较差的班中会显得有些放肆。这些表现应从群体心理的角度去分析和处理，才有可能不致造成教育上的不良后果。第三，有助于教师在组织和领导班集体时，可以采取更有效的措施去影响乃至控制群体心理，从而达到教育目的。

四、学校中群体的心理效应

学生在学校这个大群体中，是在一个班集体中接受群体的影响的。一个良好的班集体可以使学生产生以下几个方面的心理效应。

（一）归属感

同一个群体的成员在交往时互相关心、团结互助，形成良好的心理气氛，为共同的目标而努力，这个群体的成员都意识到自己属于这个群体，这就是归属感。

在一个班级里，学生一般都有归属感，特别是一个良好的班集体或处于进步中的班集体的学生，这种归属感尤为明显。当班集体取得荣誉时，学生进一步增强了归属感，进而激发了自豪感。一个良好的班集体，其成员的归属感与自豪感普遍都很强烈。当这个班集体受到外部的某种压力时，他们会团结得更紧密。学生的强烈归属感是形成良好集体的重要社会心理因素。

如果一个学生在学校同时属于几个不同的群体，如班级、共青团、科技小组、球队等，一般来说，他对于自己认为是最主要的那个群体的归属感最为强烈。

（二）认同感

群体中的成员对各种问题和发生的事件都保持共同的认识和评价，这就是群体的认同感。

一个班集体的学生的认同感往往是互相影响、潜移默化的。特别是当问题复杂、情况不明而又一时难以判断或是判断缺乏标准时，或是全班学生情绪激动，甚至焦虑不安时，这种认同感对学生的影响更为明显。这表现为在认识上或行动上不由自主地趋向于跟多数人一致，于是形成具有优势的舆论、风气。这种舆论或风气可能是正确的、健康的，也可能是不正确的、不健康的，但往往很快地在班上散布开来。教师应了解影响学生认同感的情境因素和个性因素，对于国内外、校内外和班上的事件及其影响应及时做出分析，支持和鼓励正确的舆论。

（三）群体的支持作用

群体对人们的行为和工作有很大影响，这主要表现在群体的支持力量和群体的促进力量两个方面。

当一个人表现出符合群体规范、符合群体所期待的行为时，群体及时给予赞许或鼓励，以支持他的所作所为，从而使他的工作在质量上或数量上都有提高，这就是群体支持力量或促进力量。

群体对个人的行为和工作有促进作用。在群体中，有些人的工作效果会更好一些。早在 1897 年，有位心理学家让一个班的学生绕线圈，结果他发现在一块儿做比单独做做得更快更好。1965 年，教育心理学家林格伦（H. C. Lindgren）在大学生中做实验，他在实验组中采用智力激励法，让大学生在群体中先交流想法，互相启发，达到"预热"的目的，然后让每个人独自思考有创新的意见。结果，每个人对本来不大关注的问题或工作都发生了兴趣，并把群体的创造行为当作社会规范，迫使自己去思考，从而推动创造性思维活动。1973 年，另一位心理学家在小学四年级学生中进行类似的实验，也获得了同样的结果。

但是，在另一种情况下，有些人在群体的条件下工作不如单独时干得好。有的社会心理学家对群体的影响做了很多比较深入的研究，发现群体对成员的影响有促进作用，也有消退作用，这取决于成员从事活动的性质。如果成员所从事的活动是简单的、机械的操作，则在群体中有其他成员在场时，会使工作更加出色，效果更好。如果成员从事的活动需要一系列复杂的思维活动，则在群体中有其他成员在场反使他的行为和操作受到干扰。

在学校里，群体对学生的支持力量有很大的影响。在一个班级里，往往有学习信心不足的学生，一旦他学习上有了好的表现，如认真完成作业、积极回答教师提出的问题，并得到教师和同学的赞许和鼓励，他就获得了群体对他的支持力量，从而提高了他的学习积极性。

有的群体会助长成员的错误行为。这无论是在学校还是在班级里，对学生都是一种消极力量，它助长学生的错误或过失，严重的甚至支持社会规范所不容许的行为。如对社会造成危害的犯罪团伙的成员之所以敢于胡作非为，就是由于他们的小群体对他们的行为起了支持和助长的作用。

任何一个群体对其成员是否发生支持和助长作用，取决于两个条件：(1) 群体对成员有吸引力，成员热爱自己的群体，有强烈的归属感；(2) 群体对成员有较强的影响和威信，成员可以从群体中获得同情和支持。无论是一个良好的班集体还是一个做坏事的团伙，客观上都与这两个条件有关。

第二节　班集体的社会心理

在课堂上，教师应当了解群体的社会心理，并运用群体的规律来建立良好的班集体。建立良好的班集体应从多方面入手，如思想教育、组织工作、教学工作等，这些都不能忽略群体中的社会心理现象。社会心理现象中的以下几个方面是教师应当十分重视的。

一、班集体的共同目标

一个良好的集体总有明确的社会目标，而且集体的目标也应是集体成员的目标。如果集体的目标与成员的个人目标是一致的，整个集体成员便能齐心合力为实现共同一致的目标而积极参与，共同奋斗。一个班集体有它的远景目标，即把学生培养成为有理想、有道德、有文化、有纪律的新的一代，此外，它还应为达到这个远景目标确立近景目标，如学好各门功课、积极参加社会实践、搞好班集体的活动、开展文体活动、参加义务劳动等。

集体的目标与集体成员个人的目标的关系有三种类型：(1) 集体成员的个人目标是不一致的；(2) 集体成员的个人目标是一致的，但与集体的目标不一致，甚至相反；(3) 集体成员的个人目标与集体目标保持一致。在这三种类型中，第三种关系是一个良好的、坚强的集体必须具备的重要条件之一。集体成员有了一致的目标，全体成员十分自觉地努力学习和工作，集体的活动也由于人人参与而搞得很出色，这样良好和坚强的集体总是在追求一致的目标的同时，也非常重视并鼓励个人不断为达到目标所做的努力和取得的进步。正是由于大家能按计划追求一致的目标，这个集体才能发挥它的积极作用。同理，越是有成效的集体，其成员的进步也就越大，而且学习与工作的自觉性也就越高，集体也就越团结。

集体的目标不仅应与成员的个人目标一致，而且集体的远景目标和近景目标也应当是互相结合的。一个良好的集体应开展多种多样符合学生需要的集体活动，如旅行、联欢晚会、全校运动会和社会服务劳动等，使学生在集体活动中，获得战胜困难以实现目标的决心，使他们在实现具体而有意义的集体目标中体验集体合作的重要性和集体生活的快乐。在此基础上，教师利用时机逐步建立坚强的集体，从而引导学生为完成学习任务和为争当先进集体而奋斗。学生只有在自觉地、不断地追求集体目标的过程中，才能增强集体荣誉感和责任感，意识到集体的进步与个人的努力有着密不可分的关系。

二、班集体的规范和舆论

群体形成以后，为了保障其目标的实现和群体活动的一致性，就需要有一定的行为准则以统一成员的信念、价值观和行为，这种带有约束性的准则就叫作群体规范。群体规范实际上也就是每个成员必须遵守的已确立的思想、评价和行为的标准。比如一个班集体有了这个标准，学生就明白应该做什么，不应该做什么，它起着调节学生活动和关系的作用。

规范有正式规范和非正式规范。正式规范是由正式文件规定的规范，如学校的规章制度和守则。成员违背这一正式规范，会受到群体的批评、教育，甚至惩罚。非正式规范是群体自发形成的、无明文规定的规范，如一个班的班风、学校的校风、学生的行为方式、班上的行为习惯等。这种规范虽没有被正式规定下来，但能使成员意识到，并自觉遵守。成员如违反了这种规范，往往会受到舆论的指责，会产生心理压力，因而成员会顺从和遵守这种规范。

群体规范形成后，对群体便发生很大的作用，概括起来有以下三个方面。

（一）群体的团结作用

群体的团结表现在群体成员的认知、行为、情感的一致。群体规范是这种一致性的标准，它统一群体成员的意见和看法，调节他们的行为。没有规范就失去群体的整体性，群体便不复存在。群体的成员依据规范便能够互相团结一致，形成一个整体。

（二）认知一致性的作用

群体规范会使其成员在认知上产生一致的意见，这就是认知的一致性作用。群体规范是一个标准，有了这个标准，成员在认知和评价方面才会保持一致性，即使有个别人持不同意见，但由于规范的压力，也势必遵从规范，与规范保持一致。不同的群体有不同的规范，规范有好与坏、正确与错误、合理与不合理之分。好的规范总是促进群体成员进步并从事有益于集体的活动。群体规范的一致性作用不是外在的、强制性的，而是内在的、自觉的，它已内化为每个成员的个人意识，在无形中起作用。

（三）行为定向作用

群体规范不仅约束着成员的认知和评价，还约束着成员的行为。群体规范对成员行为定向的作用主要是限定成员日常的行为方式，包括应该做什么、不应该做什么、怎样做等。例如，一个班集体形成的课堂常规规定，学生要专心听讲、遵守纪律、按时交作业、参加课外活动等。

舆论是公众对普遍关心的事情公开表达的一致意见。它是指背离群体规范的事件发生后公众对这一事件的评论，其中包括他们的认识和情绪，公众的评论对这一事件的发展产生一定的影响。例如，在一个班集体中，有的学生违反学校的校规，打架闹事，不尊敬教师，这便会引起集体的舆论，舆论表达了全班学生的评论、情绪和态度。

舆论是影响人的心理的重要手段，它给人提出应遵从的规范并能加强对人的制约力量。同时个人还可以在舆论中接受教育，因为群体的成员既是舆论的主体，也是舆论的客体。正确的舆论可以增强成员的正确态度和指出行为的正确方向。一个被舆论指责的成员会产生相当大的心理压力，这种压力有可能迫使他产生从众行为。

在集体中，形成良好的规范和舆论主要靠正面培养和引导，通过说理、讨论、评价等方式，形成集体认同的规范和成员拥护的舆论。例如，一个新成立的班里有极少数学生总是违反校规，他们破坏公共财物，上课时大喊大叫。他们认为“敢于在班上顶撞才是英雄好汉”。有一次上课时有两个学生打闹，教师制止无效，引起其他学生的不满。教师抓住这个时机组织说理、讨论，大家一致认为这不是什么英雄行为，而是对集体、对个人都有损害的破坏行为。一个班集体的舆论不仅起着一种评价作用，也对每个学生的思想、行为有很大影响，它对每个人具有制约作用，约束每个人的言行。所以，正确和健康的舆论能够团结学生、鼓舞学生，防止和制止不道德、不健康的言行的发生。教师应经常研究学校和班集体的舆论并经常给学生以正确的指导，态度要鲜明，分析问题要有根有据，实事求是，以理服人。

三、心理气氛

心理气氛是在群体中占优势的认知、态度和情感的综合表现。心理气氛可能是和谐、愉快、团结、合作的气氛，也可能是相互猜忌、互不信任、懈怠、吵闹的气氛。班集体中的心理气氛对班风有重要影响。

形成良好的心理气氛必须具备以下几个条件。

（一）目标的整合

群体的目标与成员的目标统一起来，保持一致，这叫作目标的整合。群体的目标应该包括和满足其成员的需要和愿望，使成员的目标在群体内得以实现；对成员来说，成员的目标必须与群体的目标一致，当群体目标与成员目标发生矛盾时，应以群体目标为重，修正成员的个人目标。目标的整合程度越强，则群体成员间的团结合作与互相支持就越好。

（二）个性倾向性的一致

个性倾向性的一致是指在理想、动机、信念、兴趣爱好等方面的基本一致，上述心理品质是个性心理结构中的重要组成部分和最活跃的因素。

个性倾向性的一致可以保证成员有相似的态度，步调一致，相互协作。个性倾向性的一致是同群体共同奋斗的目标相联系的。个性倾向性保持一致的群体的优势在于：成员对工作充满信心与热情，并能提高成效；有利于信息沟通，使成员间有较多的共同语言和一致的价值观；可以使成员间的思想、观点、意向易于理解，即使在成员之间出现意见不一致或冲突时也易于沟通，易于解决存在的问题。

（三）心理相容

心理相容是指群体中成员与成员之间和谐相处、互相尊重、互相信任、互相支持。在一个良好的班集体中，学生之间友好合作，学生们都关心班集体，尊敬、信任自己的教师，教师关心学生，这便使全班充满和谐、友好、愉快、互相尊重的心理气氛。

心理相容可以为课堂活动提供积极乐观的心理气氛，使成员保持良好的心境，有利于发挥人们的主观能动作用。在心理相容的气氛下，人际关系融洽，大家可以畅所欲言，人人心情舒畅而全力投入学习和工作。

四、群体凝聚力

群体凝聚力就是群体对成员、成员对成员的吸引力，吸引力来自群体的共同目标。它对群体的活动和团结有十分重要的作用。群体凝聚力强意味着群体的成员有认同感，他们以自己的群体而自豪，对群体十分忠诚。在学校，一个良好的班集体的学生会为实现共同的目标而努力奋斗。他们步调一致，相互配合，相互支持，齐心合力，因而工作和学习都有明显的成效。而一个缺乏凝聚力的群体，其成员间互不信任，意见分歧，士气涣散，纪律松弛，离心离德，群体成为一盘散沙。

影响一个班集体的凝聚力的因素很多，主要有以下几点。

（一）相似性

相似性指的是学生在民族、阶级、受教育程度、态度、价值观、兴趣爱好、年龄、性格、任务等方面的相似。它对学生的交往、友谊和吸引力有重要的影响。某一方面的相似容易使人感到彼此接近，从而产生好感，也就容易增强群体的凝聚力。

（二）师生关系

在一个班集体中，如果教师关心学生，帮助他们解决困难，满足学生的正当要求，同时领导有方，处理问题公平合理，并能做出正确的决定使全班的目标得以实现，那么教师就会赢得学生的爱戴，全班会形成很高的士气，增强了全班的凝聚力。如果教师专横武断，不关心学生，领导不当，其结果会使群体凝聚力降低。

（三）合作

群体成员为完成共同的目标而彼此支持，并为对方提供学习和工作的有利条件，这就是合作。通过合作，每个成员会意识到自己做任何事都必须与人配合，才能取得成效。群体成员会对共同活动产生的成效感到满意，并且彼此产生好感，进行频繁交往，群体的凝聚力自然得到提高。

（四）竞赛

竞赛是个人或群体的各方力求胜过对方的对抗性行为。

竞赛在学校生活中是比较普遍的现象，如球赛、智力竞赛、数学竞赛、先进班级和优秀生的评比，甚至各式各样的考试也是竞赛。在竞赛条件下，学生的心理状态有以下两个特点：(1) 学生的自尊需要与自我实现的需要会引起强烈的动机，使学生对竞赛活动产生更加浓厚的兴趣，克服困难的意志更为坚定，争取优胜的信念也更加强烈；(2) 在竞赛中，学生求胜的愿望十分强烈，这是一种非常积极的心理状态。这种心理状态是由于一部分大脑皮质的神经过程处于最优势的兴奋状态，从而使心理活动保持高度的集中和一定程度的紧张。这时，学生的观察力敏锐，思维活跃，记忆水平大大提高，因此提高了活动的独立性与创造性。

当群体之间竞争时，群体共同活动的目的指向性很强，群体内部会产生心理压力，使得成员自觉地一致行动，即一致对外。忠于群体、力求使自己的群体取胜而积极活动的心理状态会使群体的凝聚力得到提高。所以，在学校里有时开展群体竞赛对促进学生的学习积极性有较好的效果。

竞赛对学生的心理及行为和对班集体的团结有相当大的促进作用，但并不是任何活动都非采用竞赛的形式不可。教师要根据具体条件有效地开展各种竞赛活动。在竞赛条件下，学生的情绪十分激动而紧张，精神负担很重，所以竞赛不宜频繁进行，尤其是中小学校，不宜动辄就搞竞赛，竞赛过多不利于青少年身心的健康发展。

第三节　课堂中的教师

一、作为领导者的教师

在课堂上，教师是一个班集体教育教学工作的领导者。尤其是班主任，要担负更重要的领导责任。作为领导者的教师，应该做到：帮助班集体确定集体的目标并阐明目标的意义；将集体目标转化为实际行动，并帮助学生进行有效的活动；团结全体学生，帮助他们为共同的目标而努力；在全班学生中和师生之间建立良好的心理气氛；热爱集体并锐意把集体建立成为一个有效的学习集体，让学生心情愉快、充满信心地学习和工作。

学校和课堂都是社会的一部分，都不能脱离社会，所以教师要重视学生在学习中的社会生活。在这方面，教师有两种职能。（1）促进的职能：满足学生个人的和集体的需要，以使学生的学习和教师的教学都能顺利完成任务；在学生和教师中发展团结合作的关系；帮助班集体建立符合学校规章制度的行为标准；帮助学生消除对个人和集体活动的干扰。（2）维护的职能：保持学生的良好情绪，使班集体处在愉快与和谐的气氛之中；避免冲突，或在冲突发生时能妥善处理，使学生之间和师生之间的友好关系得以保持；指导学生采取有效的学习方式，使学生在学习过程中的紧张和焦虑处于适当水平；帮助学生调节心理活动，以适应环境的变化；控制物质环境，使学生感到舒适、满意。

二、班集体领导的类型

作为班集体领导的教师，主要有两种类型。

（一）监督型领导

这一类型的领导往往自己凌驾于他所领导的班集体之上，通过施加监督和控制来领导班集体工作。教师单独决定班集体的一切事项，对学生有权惩罚和施加压力。这一类型的领导要求每个学生完成指定的任务，但不鼓励学生出色地和创造性地完成任务。在这样的班集体中，师生之间、学生之间互相不关心。学生的情绪和态度都比较消沉或冷漠，学生的学习积极性受到影响。教师对班集体往往施加压力，而忽视调动学生的学习积极性，所以学生学习情绪不高，士气涣散，纪律松弛。

（二）参与型领导

这一类型的领导是民主型的领导。教师与学生对班集体的各项工作共同关心、积极参与。教师以民主的方式对待学生，充分发挥学生的积极性，鼓励学生认真完成集体目标。在这样的班集体中，学生感到自己是班集体的主人，具有集体主义感，并努力完成集体目标。在这样的集体中，学生的积极性和创造性受到重视，学生之间与师生之间互相关心、互相支持，这种气氛是学生完成集体目标的重要因素。这种领导类型使教师的工作富有成效，有利于培养学生成长。

三、领导作风

不同的领导作风会造成不同的心理气氛。良好的心理气氛对学生的学习和工作产生积极的作用，使学生心情愉快、精神舒畅、团结合作、积极向上。

一些社会心理学家曾对不同的领导作风开展了一系列的实验研究。有这样一个研究，30 个 11 岁的男孩分为三个组，进行手工劳动。小组的领导人由大学生担任，分别采取民主的、专制的和放任的领导作风。专制组的领导人很独断，对小组成员进行表扬与批评；领导人与成员缺少交往，保持一定距离。民主组的领导人鼓励成员关心和讨论小组活动的各项工作并制订达到目标的步骤；领导人从不按自己的意愿行事；领导人的表扬与批评尽量做到客观、公正，令人心服口服；领导人把自己作为小组的一名普通成员，并与成员交往频繁。放任组的领导人基本上放弃领导，对成员的活动不参与、不闻不问，也不做任何评价。

实验结果表明，小组成员的行为明显地受到领导作风的影响。专制组虽然完成了工作指标，但工作质量不如民主组。当领导人离开现场时，专制组的成员立刻怠工，出现攻击行为和冷漠行为，并且破坏财物。他们对领导人有很大的依赖性，缺少独创性。民主组的成员团结一致，互相支持、协作，对工作充满兴趣和信心。他们自觉地进行工作，遵守纪律，按时完成工作任务，工作质量很好。在工作和游戏中，表现出有创造性。如果领导人不在场，整个小组仍继续认真工作。放任组的成员之间、领导人与成员之间态度冷漠，互不关心，整个小组精神不振，士气涣散。

上述实验结果对领导班集体工作的教师有一定参考价值。

四、教师的影响力

一个班集体的教师要实现有效的领导，必须具有影响力。教师的影响力就是教师在与学生的交往中，影响和改变学生心理与行为的能力。从性质上看，教师的影响力有以下几种。

（一）强制性影响力

强制性影响力也可以称为权力性影响力。教师强制性地运用奖励和惩罚来改变学生的心理与行为。

（二）专长性影响力

专长性影响力指教师以自己的业务能力来影响学生的心理与行为。教师的知识与才能是紧密联系在一起的。有知识、有能力、工作负责、经验丰富的教师，容易取得学生的信任和敬佩，影响力也较大。

（三）亲密性影响力

亲密性影响力指教师道德品质高尚，有较好的自我修养和较高的政治水平，与学生交往比较亲密。教师对学生抱有殷切的期望，热诚地关心学生。学生在教师的热情帮助下获得鼓励，取得进步，于是更加信赖教师。教师见到这种反应会以更大的热情培养学生。心理学家罗森塔尔（R. Rosenthal）和雅各布森（L. F. Jacobson）把这种现象叫作“皮格马利翁效应”。皮格马利翁是古代塞浦路斯的一位善于雕刻的国王，由于他把全部热情和希望放在自己雕刻的少女雕像身上，后来竟使这座雕像活了起来。这个神话故事告诉教师，把全部心血灌注在学生身上会收到极好的效果。

五、教师的威信

教师的威信是有效地教育学生的重要条件。学生往往尊重和热爱有威信的教师，并把他们看作自己心目中的典范和榜样，对他们的一言一行都毫不怀疑地接受和效仿，低年级的学生更是如此。

有威信的教师对学生的教育有更大的效果，因为学生相信他们讲授和指导的正确性。学生对教师的信任能促使学生自己更好地掌握知识和接受教育，把教师的要求较容易地转变为自己的需要，这就更提高了学生学习的积极性和培养自己良好品德的信心。有威信的教师对学生的鼓励和赞许会让学生感到自豪、自尊和愉快，并使他们产生要取得更大进步的愿望。

总而言之，有威信的教师对学生有较强的影响力，会取得更好的教育效果。教师的威信来自以下几个方面：（1）热爱教育事业，热爱学生，具有良好的道德品质，为人师表；（2）关心学生思想政治上的进步和学业水平的不断提高，并取得良好的效果；（3）有较好的业务能力，懂得学生的心理和教育规律，讲究教育教学方法，有较好的组织能力、观察能力和表达能力；（4）不断在思想政治上要求进步，而且有良好的个性心理品质，如对工作充满乐观而饱满的愉快情绪，遇到困难表现出坚强的意志和镇定，交往中始终保持文明行为和文明语言。

第四节　班集体中的人际关系与人际交往

一、什么是人际关系

在社会心理学范围内，人际关系与人际心理关系是同义词。人际关系是在人们感情的基础上产生和形成的。人们之间的感情如果是相亲相近的，在这种感情的基础上就形成相互吸引的关系；如果是相互疏远的，在这种感情的基础上就形成相互排斥的关系。社会心理学研究的人际关系是人们之间的心理关系，它的主要内容是人们之间相互喜欢或相互厌恶的感情关系。

人际关系是群体气氛的决定因素。在一个群体里，成员之间友好、团结、互助，群体就会出现愉快和睦的气氛，反之，则导致群体气氛压抑、紧张，故人际关系如何就成了评价群体气氛的主要依据。

人际关系对于活动效率有很大影响。一个学生在班级里与同学相处很好，他就能对学习、活动充满信心，也自然容易取得良好的学习效果。良好的人际关系可以导致活动的高效率、高质量。

人际关系也影响个性的形成和发展，融洽的人际关系有助于成员之间正确地感知和理解，有助于人们的心理活动过程，有助于良好个性的形成和发展。个性的形成和发展在很大程度上决定于个体与个体周围人的关系及相互作用。

二、什么是人际交往

人们为了互相交流思想、意见、感情等，运用言语和非言语手段而实现的沟通称为人际交往。在社会生活中，语言信息的交流与沟通是人们相互联系的重要形式。如果一个学校、一个班集体确立了比较稳定的、良好的人际关系，那么，学生在正常交往中就能和谐愉快地为达到共同的目标而齐心奋斗，与此同时形成高尚的道德品质。教师之间形成和谐、团结的关系，不仅有助于教师个人保持愉快、饱满的工作热情，而且对学生也会起到榜样作用，让学生懂得应该怎样在同学间建立良好的人际关系。

如果沟通阻塞，学生之间、师生之间发生隔阂、误会、矛盾和纠纷，便形成不好的心理气氛，就难以实现集体的共同目标。因此，正常而健康的人际交往有利于协调关系、增进了解、调节情绪、增强团结。

三、班集体人际交往的方式

在课堂上，师生之间的交往主要是通过语言的传递，也经常借助于表情或其他方式。课堂上的师生交往主要有四种形式。

（1）教师与学生保持单向交往，效果较差。

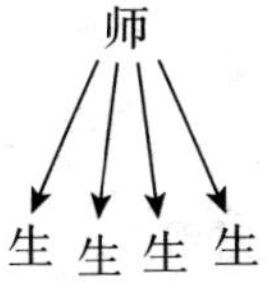

（2）教师与学生保持双向交往，效果较好。

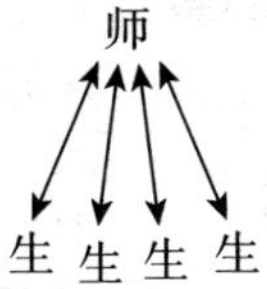

（3）教师与学生保持双向交往，也让有的学生之间保持交往，效果较好。

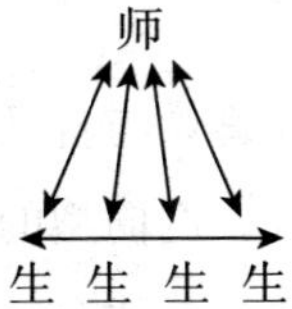

（4）教师成为相互交往的中心，并且促进所有成员双向交往，效果最好。

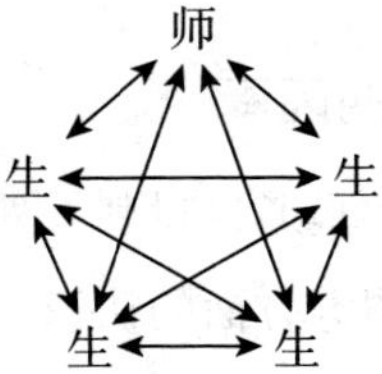

上述第四种交往模式是多向交往。在多向交往中，教师作为班集体的一个普通成员与每个学生交往，同时也鼓励学生相互交往。这样做的结果不仅能提高全班学生的士气，也便于迅速交换意见，使问题得以及时解决，而且便于教师开展工作，增强威信。因此，不少人认为最好的沟通方式是多向交往。单向交往易于形成教师的独断，也妨碍学生社会交往能力的培养。

四、人际关系的心理分析

（一）增进人际吸引的因素

（1）品格优良，如待人诚实、真挚、宽厚，乐于助人，尊重他人，富于同情心，关心集体等。

（2）专业特长，如在学业、工作、科技、文艺、体育等方面有优异的表现。

（3）相似性，即人们在思想观念、兴趣爱好以及经历上有共同或相似之处。

（4）互补性，即人们往往喜欢与自己个性相反的人，如在性格上是支配型的人喜欢顺从型的人，内向型的人喜欢外向型的人。

（5）相互性，即对他人关心，才会得到他人的关心。

（6）邻近性，即人们在空间上的接近，比如同在一个班或小组等，易于增进人际吸引。

（二）阻碍人际吸引的因素

（1）第一印象，即往往是通过对别人外部特征的知觉，进而获得对他们的动机、感情、意图等方面的认识，最终形成关于这个人的印象。第一印象具有一定的局限性和片面性，因而在实际生活中有消极意义，第一印象的“先入为主”会对人的知觉产生偏差。

（2）晕轮效应，实质上是一种以偏概全效应，即根据一个人的个别品质而做出全面的评价。

（3）知觉防御，指人们对不利于自己的信息会视而不见或加以歪曲，以达到自我防御的目的。

（4）投射，即通过以己度人的方法来观察他人和认识、评价他人。

（5）定型，指人们头脑中存在的关于某一类人的固定形象。社会定型是社会知觉恒常性的表现，即对人或物抱有一种固定不变的看法与评价。

思　考　题

一、为什么要把非正式群体与正式群体结合起来进行教育，才会取得更好的效果?

二、阐明群体与个体的关系。

三、教师为什么要了解群体心理?

四、心理气氛有什么重要意义?

五、你认为从教育社会心理学的角度，教师应该怎样领导一个班集体?

六、什么是人际吸引?

第十三章 社会化过程中的青少年心理与教育

本章要点

个体心理发展有哪些主要阶段
什么是青少年的社会化
青少年的生理成熟
青少年的智力活动有什么特点
青少年情绪的两极性与延续性
什么是自我意识、自我评价与自我教育
青少年心理的矛盾性
怎样根据青少年心理特点进行教育

第一节 青少年的心理发展与社会化概述

一、青少年的心理发展

一个人从出生到成熟乃至衰老，其心理经历一个发展和社会化的过程。心理发展是人对客观现实反映活动不断发展和提高的过程。例如，小学生的思维虽具有具体形象性，但已开始向抽象逻辑思维过渡，初中学生的抽象逻辑思维已有明显的发展，高中学生的抽象逻辑思维则开始具有相当的优势。

个体的心理发展是一个由量变到质变的连续过程。随着新质的出现，心理发展就达到了新的水平和新的阶段，所以心理发展表现出阶段性。这些阶段性与人的年龄相联系。个体心理发展的各年龄阶段所表现出来的一般的、典型的、本质的特征，称为心理的年龄特征。心理年龄特征具有相对的稳定性。一般都以人在一段时间内所具有的共同的心理年龄特点和主导活动为依据，将个体心理发展分为以下几个主要阶段或时期：（1）乳儿期（从出生到1岁）；（2）婴儿期（1岁到3岁）；（3）幼儿期（3岁到6或7岁）；（4）童年期或学龄初期（6或7岁到11或12岁）；（5）少年期或学龄中期（11或12岁到14或15岁）；（6）青年初期或学龄晚期（14或15岁到17或18岁）；（7）成年期（17或18岁以上）。

心理发展的内部矛盾是心理发展的根本动力。人在活动中不断出现的新的需要与原有的心理发展水平之间的矛盾就是心理发展的内部矛盾。人在实践活动中和在教育的影响下不断产生新的需要，为了满足这种需要，就要从事相应的活动，而完成这种活动就要求比原来有更高的认识能力、活动能力和更完善的个性心理品质，当原有的心理水平不能满足新的需要时，新的矛盾就产生了。为了解决这种新的矛盾，心理发展就必须达到更高的水平。小学生进入中学后，新的学习活动对他们提出了新的要求，如独立思考，专心听课，自觉完成作业，关心集体，跟同学团结友爱。这些要求反映在他们的头脑中，就产生了各种新的需要，并要求他们有更高的注意力、更好的记忆品质、更好的思维品质和丰富的想象力，在集体生活中要具备一定的交往能力和良好的个性品质。学生在满足这些需要的过程中，他们的心理水平不断得到提高。人的心理就是在不断解决新的需要和原有的心理水平的内部矛盾的过程中发展的。

二、青少年的社会化

人的社会化过程，就是人对社会的认识的不断发展过程。人要成为一名合格的社会成员，就必须学会该社会所需要的知识、技能，并遵守社会的道德规范。这个学习过程就叫作社会化过程。人在一定的社会历史环境中生活、实践，接触并认识社会环境的各种事物，如人际关系、群体关系等。社会化的最后结果是使个体成为合乎社会要求的成员。

人在整个一生经历一个十分复杂的社会化过程。青少年时期则是社会化的重要时期。个人不是消极、被动地接受社会的影响。个人的社会需要是个人从事活动的内因，客观环境与教育是个人从事活动的外因。个人需要、客观环境和教育引起的积极活动相结合，对个人社会化起决定性作用。这里所说的客观环境主要是指政治、经济、法律、道德、风俗、习惯、传统以及各种群体，它们对人的社会化有重要的影响。教育对人的社会化的影响在于它把社会规范、价值观以及前人积累的知识、技能传授给下一代。学校按照一定的教育方针、培养目标，有计划、有步骤地对新的一代施加影响，以便对学生实现社会化。学校通过教材、教师的作用、教学方法与方式、考核与考试、学生的各种组织（如共青团、少先队、学生会、班级组织、各种文艺团体、科技小组等）对学生的社会化产生影响。

青少年社会化的内容主要包括三个方面。（1）知识和生活技能。一个学生必须掌握一定的文化科学知识，因此就要在学校里接受系统的文化知识教育，同时也应学习职业技能，掌握为我国社会主义现代化建设服务的本领。（2）社会规范。每个社会都有一套维持社会秩序的工具，这就是社会规范。学习并遵照社会规范行事是社会化的主要内容，它通过社会各种形式的教育和社会舆论的力量，使人们逐渐形成一种信念、风气、习惯、传统，以约束人们的行为，并调整个人与社会、个人与个人、个人与团体之间的关系。在社会规范中，如法律规范、道德规范、规章、制度、规则等能够调整人们的行为，调整人际关系和人与社会的各种关系，其中，尤以道德规范影响最为深刻，它表现在风俗、习惯、礼仪、时尚等许多方面，它是社会成员应当自觉遵守的规范。(3) 生活目标。生活目标实际上是人生观问题。资产阶级人生观是个人至上，人不为己，天诛地灭。无产阶级人生观则是毫不利己，专门利人，坚信共产主义一定能够实现，立志为共产主义而奋斗，把个人的生活目标与祖国的前途、人类的未来联系起来。在实际生活中，国家利益、集体利益、个人利益发生冲突是常有的事。因此，为了我国社会主义现代化建设事业的发展，必须把新的一代培养成为有道德、有理想、有文化、有纪律、热爱社会主义祖国、热爱社会主义事业的合格人才。我国青少年学生社会化的结果，就是教育他们成为合乎我国社会主义社会要求的成员。

第二节　少年期学生身心发展概述

少年期是儿童心理发展的一个较为重要的转变时期，是童年期向青年期发展的过渡时期。

少年期学生的特点是：(1) 生理和心理的变化都比较急剧；(2) 对外界的感受变得异常敏感，因此少年期亦可称作敏感期；(3) 正处在半幼稚半成熟时期，也是独立性与依赖性、精力旺盛与能力水平、求知欲与识别能力、闭锁性与交往需要等矛盾交互影响的时期。

一、生理的成熟

少年期学生生理成熟的主要特点是：身体的生长与发育十分迅速，大脑的机能显著发展，性的成熟开始。

（一）身体的生长与发育迅速

少年期学生已进入青春发育期（11 或 12 岁到 17 或 18 岁），这时身体处于第二次发育高峰期。第一次发育高峰期是从婴儿出生到 1 岁。出生时，婴儿身长为 50 厘米左右，1 岁时便长到 70～75 厘米，增长 50%；体重从 3 千克增长到 6～7 千克，增长一倍。在第二次发育高峰期，少年期学生身高每年平均增长 7～10 厘米，体重每年增长 3～3.5 千克。在 9～14 岁，女孩在身高和体重方面均超过男孩。男孩在 14 岁以后，身高、体重又超过女孩。

少年期学生骨骼、肌肉的发育很快，但骨化过程尚未完成，肌肉纵向生长多于横向发展，因此少年期学生一般显得瘦高，身材不匀称。

少年期学生心脏的发育较快，心脏的体积较大，功率增强，但血管的直径发展滞后，往往导致血液循环系统有时暂时失调，血压升高，心跳加快，所以他们常常出现头晕、心跳过速、容易疲劳等现象。

（二）大脑机能显著发展

少年期学生脑的质量和体积已达到成人水平，联系脑各部分的神经纤维数量明显增加，脑神经细胞的分化机能也已达到成人水平，第二信号系统的作用已明显增加。

少年期学生兴奋和抑制两个过程的转换较快，因此他们的兴趣较高，常表现出激情、敏感或急躁；他们的抑制机能也在增强。

（三）性成熟

少年期学生的一个突出特点是性腺开始发挥作用。女生的性成熟比男生早 1～2 年。女生从 11 或 12 岁开始进入性成熟期，男生从 13

或 14 岁才进入性成熟期。现在男女少年在性成熟上比 20 世纪 50 年代要提早 1～2 年。

随着性特征的出现和性意识的产生，少年期学生对异性产生好感，并爱打扮。家长和教师要关心少年期学生身体生长与发育的变化，并及时地对他们进行有关生理卫生知识和性知识的教育，引导他们养成良好的生活习惯，组织他们从事体育运动和多种健康的、有趣的文化、娱乐、科技活动，这些活动对少年期学生的成长有十分重要的意义。

二、心理的发展

（一）智力发展的特点

学生进入初中，学习活动本身较小学复杂多了，学习科目也多了。少年期学生不再满足于教师过于详细的讲解，而情愿自己有一定的思考余地，同时还能够对教材和教师的讲解提出异议。

1. 抽象逻辑思维的发展

少年期学生的抽象逻辑思维正在逐渐发展，这使他们的思维活动进入了空前广阔的世界。但在很大程度上，具体形象思维仍起重要作用。在他们的思维活动中，具体形象思维和抽象逻辑思维紧密联系、互相配合，对他们认识客观事物起到极重要的作用。他们的抽象逻辑思维需要具体形象的支持，因此属于经验型。

2. 思维的独立性和批判性的发展

由于思维的发展，少年期学生思维的独立性和批判性也有显著的发展，这是少年期学生思维的一个特点。由于他们的知识经验不断扩大和加深，而且他们的抽象逻辑思维日益显示其主导作用，他们已能理解自然和社会中的一些复杂的联系或因果关系。他们开始用批判的眼光看待周围事物，对成人和教科书中关于各种事物和现象的解释，已不再像小学生那样完全接受，他们常常提出不同意见。这时他们喜爱争论，甚至怀疑别人的解释和现成的结论。少年期学生的这种不盲从、不轻信、好争论、好探讨、不满足于现成的结论等心理特点，是他们求知识、求创新、求进取的表现。教师和家长应了解这种心理特点，积极引导这一心理特点向健康方向发展。然而，少年期学生思维的独立性和批判性还处在幼稚阶段，因此，他们看问题存在片面性和表面性。例如，他们发现别人有一点儿缺点或偶尔失误，便否定他的全部优点和长处。他们认为好学生应当完美无缺，一切都好，否则就是“坏学生”。他们为了表现自己的“本领”，往往做出违反纪律的事。在学习和实践活动中，教师应培养学生思维的独立性和批判性，帮助他们不断克服孤立、偏激地看问题的缺点，注意培养他们全面地考虑问题的思考习惯。教师要特别注意通过教学，努力培养学生的辩证思维能力。

3. 求知欲强烈

少年期学生对周围世界感到好奇，总要试着探索世界，了解各种问题，动手去做各种事情，以获取更多的知识。他们常以小群体的活动方式进行冒险活动或者阅读各种书刊资料。教师和家长要保护他们的好奇心和求知欲，同时还应及时地进行良好的教育和引导。教师要组织他们参加各种课外阅读小组、课外活动小组等，这可以使他们增长知识和才干。如果忽视这方面的教育，少年期学生往往会做出轻率或错误的行为，甚至接受一些消极影响而形成不良的道德品质。

我国心理学工作者调查发现，少年期学生不阅读课外书籍的很少，而有目的地为了钻研某一个问题而主动深入阅读有关材料的也很少。大多数学生阅读课外书刊只是为了了解故事情节。教师和家长不仅应随时了解学生的课外阅读兴趣，还应加强对他们的课外阅读指导，引导学生阅读内容健康、积极向上、启发智力、生动有趣的书籍。

（二）情感和意志发展的特点

少年期学生的社会性情感，如爱国主义、集体主义、责任感、义务感、同志友谊感、理智感、美感都有了进一步的发展。这在少年期学生社会化过程中是很重要的事。在少年期学生社会化的过程中，从属的需要也有了发展，他们乐意成为某一个集体的成员，喜欢集体活动，也乐意为集体承担一定的责任和义务。在集体活动中，他们进一步扩大了交往的范围，同时，友谊感增强了。他们根据自己的标准，如兴趣、性格、学业成绩等条件选择朋友。他们重视友谊，对友谊十分真诚，乐意帮助朋友，主动为朋友排忧解难。他们对朋友忠诚和坦率，对“不够朋友”的人则十分痛恨。为了表示朋友间的友好，他们可以不顾原则，甚至袒护朋友的过错，包庇朋友的缺点。

少年期学生开始注意与异性同学的交往。他们喜欢接近异性同学，但表面上又彼此疏远。他们在异性同学面前总要表现出自己的优点和长处，甚至讲究打扮，以取得异性同学的好感。

少年期学生在欣赏文学作品、艺术作品、大自然时，对美的体验已有了发展。他们欣赏和追求美的东西，如开始喜爱文学创作、绘画、音乐、摄影和旅游等。随着认识能力的发展和知识经验的丰富，他们对高尚的道德情操的美有了进一步的体会。

少年期学生的情绪虽然在自我控制方面有明显发展，但他们情绪的易冲动性仍然很明显。他们神经系统的兴奋性很强，而又不善于调节，因此他们容易接受外界刺激的影响而产生激情。他们对不称心的事会表现出愤怒，对自己获得成功会表现出大喜和激动不已。

少年期学生的情绪具有两极性。他们往往对自己的成绩估计过高，因而产生自满，甚至目空一切；在遇到挫折或失败时，又容易灰心丧气，因而认为自己一无是处，甚至自卑。

少年期学生的情绪还具有情境性。他们看到别的同学做好事，也会跟着去做好事，如同情弱小同学，帮助伤残人和病人；有时看到别人胡闹，也会跟着“起哄”，如欺负弱小同学，讥笑伤残人和病人。

少年期学生情绪的易冲动性、两极性和情境性都是情绪易感性的表现。这种情绪上的矛盾的产生，是由于他们认识上的片面性而引起的。这种情绪特点会随着少年期学生道德感、理智感和自我控制能力的增强而逐渐改变。

少年期学生的意志也存在两极性的特点，即一方面他们的行为的自觉性在增长，往往不需外部的监督，自觉从事活动和完成任务，另一方面他们又会片面坚持自己的看法，拒绝家长和教师的合理要求，有时还任性行事。这种盲目自信和任性是少年期学生认识上的片面性和幼稚性所造成的。他们任性的结果常常是学习、工作和生活上的失败，事后他们又后悔不已。

跟少年期学生的自觉性相反的意志品质，除了任性以外，还有受暗示性。少年期学生很容易接受别人或外界的影响而轻易改变自己的主意。他们喜欢模仿，喜欢从众，极易模仿具有影响力的人的行为和新异的事物。分辨能力不强的学生常常表现出“近朱者赤，近墨者黑”，他们很容易接受好的或不良影响，有的会出现过错行为甚而走上犯罪道路。

少年期学生正处在思想品德、身体和智力发展的关键时期，教育者应促进他们在德、智、体、美、劳诸方面的发展，这几方面的发展越好，意志的自觉性也就提高得越快。因此，少年期学生的意志培养不是孤立进行就能奏效的。教育者应重视少年期学生的思想品德教育，促进他们智力的发展，加强他们的体育锻炼。

（三）自我意识发展的特点

自我意识是人对自己的认识和对自己的态度。少年期学生在社会化过程中，社会交往范围逐渐扩大，他们的自我意识比起小学时期有很大的发展，开始从不自觉和被动状态转向较为自觉和主动关心自己的发展并支配自己的行为。少年期学生自我意识发展的突出特点是他们的成人感和评价能力的发展。

1. 成人感

少年期学生身体生长和发育迅速，精力充沛，具有一定的知识经验和独立工作与生活能力。他们认为自己已长大成人，也要求成人对他们以成人相待，希望得到成人的尊重。这是他们社会化过程中的一件重要的大事。为了获得社会认可，他们努力在许多场合表现自己，显示自己的能力，以获得威信和尊敬。因此，这时他们厌恶别人把他们看作孩子或挫伤他们的自尊。有时为了维护自尊，他们明知自己有错，也不承认。

实际上，少年期学生的思想和行为还很幼稚，成人仍把他们看作孩子，因而他们的主观愿望与客观实际产生了矛盾。少年期学生希望成人把他们当成“大人”来看待，他们也愿像成人一样工作。根据这一心理特点，教师应尊重而不是轻视他们的愿望，鼓励他们在实际工作中克服困难，锻炼他们独立工作和生活的能力及自我教育的能力。

2. 评价与自我评价

少年期学生思维的批判性和独立性增强，他们能根据别人的行为表现和社会意义来评价别人。少年期学生的自我评价能力是在评价别人的基础上发展起来的。他们在评价别人的言行时逐步认识自己。他们对别人的评价存在片面性的缺点，他们会根据别人一时一事的表现而做出全好或全坏的结论。他们也会受当时心境、期望、情绪的影响，对自己做出全面肯定或全面否定的评价。他们对别人的评价缺乏明确的准则，对自己的评价也不够全面。少年期学生往往过高地评价自己，而这往往会影响自己与别人的相互关系。教师应根据少年期学生的这一特点，教育他们善于评价自己的言行和个性特点，并正确地认识自己在集体中的地位。教师要教育他们对自我评价有正确的态度，既不要过高评价自我，也不应认为自己一无是处。对自我评价的态度，会影响少年期学生的行为和个性结构的发展。

第三节 青年初期学生的心理特点

一、青年初期学生的心理发展概述

青年初期是指 14 或 15 岁到 17 或 18 岁这一时期。这时的学生大多已进入高中。青年初期学生身体发育已接近成人水平，骨化过程已基本完成，肌肉力量明显增强，因而其体力劳动的能力增强了。男生的身高超过了女生，在 17 或 18 岁达到高峰。他们的神经系统特别是大脑皮质的结构和机能已发育完成，兴奋和抑制渐趋平衡。他们的第二信号系统的调节进一步完善，性机能已成熟。青年初期学生身体的急速发育和性成熟必然会给他们的心理与行为带来变化。

在新的生活条件和学校教育的影响下，在青年初期学生的社会化过程中，他们的心理出现了不同于少年期学生的新的特点，有了较多的新的社会需要。他们的社会交往领域日趋扩大，社会生活日益丰富，使得他们的心理发展达到社会成熟的水平。

他们思维的概括与综合能力有了进一步提高，观察力比少年期学生更有目的性、系统性、全面性和深刻性。在记忆方面，虽然他们的机械记忆仍有一定地位，但意义记忆已日益占有优势。他们的想象力已表现出创造想象能力显著发展。他们一般能根据主题进行连贯的构思。

在他们的社会化过程中，比较突出的表现是积极参加各种群体活动和对友谊的需要。他们参加群体活动，包括校内外的正式群体，如班集体、共青团、各种课外活动小组、文艺组织和体育运动组织等，还有非正式的群体。青年初期的非正式群体是自发组成的，具有紧密而牢固的特点。对青年初期学生的群体及其活动，教师和家长应经常了解、分析和指导，使其向正确方向发展；如果缺少正确的指导，便可能发展成为行为不良的团体，甚至是犯罪团伙。

青年初期学生的友谊需要实际上是一种社会需要。他们选择朋友是为了寻找思想、观点上的支持。在交友过程中，他们也会发现自己在集体中的地位和自己的个性特点。青年初期学生与异性交往也是较为普遍存在的现象，教师必须对学生加强异性交往的指导和教育，并防止由性意识而带来的糊涂观念和轻率行为。

二、青年初期学生的心理特点

（一）智力活动的特点

1. 辩证思维的发展

青年初期学生的知识经验不断丰富，思维正从经验型向理论型过渡。虽然他们的经验思维仍占优势，但是能根据各种感性材料做理论性的或规律性的解释，也能根据一般原理，运用理论来分析和综合各种感性材料，从事物的对立统一中进行合乎逻辑的推理。这种理论思维已经具有辩证逻辑思维的特点。他们能够较为全面地、发展地看问题。在学习和实践中，他们能够认识到：一种现象的产生可能有多种原因，而同一个原因可能产生不同的结果；一种事物的存在往往依存于其他事物，受其他事物的制约。在观察和分析问题时，他们开始认识到应从多方面来考虑。

2. 思维的独立性和批判性进一步发展

青年初期学生思维的组织性和深刻性有了明显提高。思维的组织性表现在他们通过分析与综合，把理论知识系统化；思维的深刻性表现在他们能在复杂的事物中，找出重点或本质。

随着思维组织性和深刻性的发展，青年初期学生思维的独立性和批判性较少年期有明显的进步。他们已能依据一定的标准来判明是非，并能独立地提出问题和解决问题。他们也能解释事物间的辩证关系。在学习和实践中，他们逐渐学会独立思考。在面临各种问题时，他们能有根据地表示自己的意见。他们思维的批判性也有明显的发展。他们已不像少年期学生那样看问题总是肯定一切或否定一切。青年初期学生常常产生疑问，喜欢争论和议论。他们常常坚持自己的看法，不轻易改变自己的见解，即使是错误的见解也是这样。不盲从他人的意见也是青年初期学生的一大特点。

（二）情绪的特点

青年初期学生情绪的内容比少年期学生丰富得多，也较深刻和复杂。他们的情绪有以下几个特点。

1. 情绪的两极性突出

青年初期学生的情绪尚不稳定，他们情绪的两极性比少年期学生更为突出。他们高兴时会欢呼跳跃，不快时马上垂头丧气。因此，他们容易激动，往往由于一时狂热或冲动而做了一些糊涂事或坏事，也可能为真理和正义敢于挺身而出，慷慨献身。

2. 情绪的延续性

在社会化过程中，青年初期学生对自己在社会关系中的地位、学业成绩、友谊、集体成就等方面的成功与失败会产生较长时间的情绪的延续性而形成心境。由于一时满足和成功而产生的愉快情绪会延续为良好的心境，由于失败和挫折而引起的不愉快情绪也会延续为不愉快的心境。

3. 情绪的内隐与曲折性

由于自尊心和思维独立性的发展，青年初期学生的情绪已不像少年期学生那样容易外露。他们不轻易向他人吐露内心的真情，却又希望被人理解。教师和家长应注意他们情绪的这种矛盾性，关心他们，了解他们，做他们的知心朋友，帮助他们解决实际困难，对情绪问题多做疏导工作。

由于自我调节能力和自控能力的增强，青年初期学生的情绪不仅复杂而且曲折，甚至有文饰性。对于厌烦的事，他们表面上会表现出喜欢。对于异性，他们明明很想接近，却又故意疏远，甚至表现出十分庄重。

教师和家长应认真了解青年初期学生的内心活动，不能仅从外部的情绪表现来研究，还要对他们的思想、态度、愿望等多方面做长时间观察，只有通过全面的分析研究，才能得到较为正确的看法。任何仓促的判断和草率的结论对他们的心理发展和教育工作都会带来损失。

（三）自我意识的发展

青年初期学生自我意识发展的主要特点表现在以下三个方面。

1. 自我评价渐趋成熟

青年初期学生的自我评价已渐趋成熟，他们对自己能做较为全面、客观和现实的分析。他们关心自己的德、智、体、美、劳诸方面的发展，同时还常常给自己的学习、工作、生活各方面提出奋斗目标，而且不断激励自己去实现目标。他们能根据自己过去的表现推想到将来，从而主动地评定自己的优、缺点，并下决心克服缺点。他们在进行自我评价时，能够就自己整个心理面貌加以评价，其中包括自己的智力特点、理论知识水平、意志、性格、情感、品德及政治态度等等。

2. 自尊心的增强

在社会化过程中，青年初期学生希望在班集体中或在社会群体中取得合格成员的资格，得到较好的评价和受到应有的重视。他们懂得人与人应当互相尊重，而要得到别人的尊重，则自己首先要自尊。这个时期学生的自尊心达到了更自觉的水平。值得注意的是，由于青年初期学生过高估计自己，因而表现出来的自尊带有一定的妄自尊大的成分，往往在遇到挫折或失败时便转为自卑。教师和家长应引导学生正确估计自己，并引导他们对失败和挫折采取正确的态度。

3. 自我教育能力增强

自我教育是指在心理发展和社会化过程中，青年初期学生以自我认识、自我评价、自我体验、自我监督、自我控制和自我调节等形式进行的自我修养。

青年初期学生自我认识能力不断提高，自我评价已比较全面、客观和现实。他们意识到学校和社会对自己的要求，能了解自己的优、缺点，于是也会自觉规划自我教育的目的和具体内容。自我教育是个体社会化的内部动力之一。自我教育的发展直接影响个体的社会化和心理发展水平。

教师应在教育教学中培养学生的自我教育能力，并把培养学生的自我教育能力作为培养学生各种能力的核心问题。教师不仅应重视学生自我教育能力的培养，还要相信他们有能力进行自我教育，尊重他们的良好愿望，保护他们自我教育的积极性。教师的责任不是包办学生的自我教育，而是通过教育教学的多种途径引导学生进行自我教育，并为他们尽可能创造良好的情境和必要的条件，让他们有机会接触社会，联系实际，在实践中得到锻炼。学生有了自我教育能力，就会在学习和各种活动中发挥更大的自觉性、积极性和主动性，从而比较容易地达到教师和学生预期的理想目标。

自我教育的发展会影响人的智力活动、情绪、意志、兴趣、能力、性格和品德，而且自我教育总是跟人生观联系在一起。青年初期是形成人生观和世界观的关键时期，青年初期学生有美好的理想，正逐步形成自己的信念，并能在一定程度上沿着自己的理想目标前进。人生观的形成是复杂的，不仅受心理发展水平的制约，而且受社会生活各方面的影响，特别是家庭与教育的影响，但人生观的形成归根结底要依靠自我教育。所以，人生观的教育是自我教育中带有根本性的内容。

青年初期学生比少年期学生有了更多的经验，扩大了社会接触面，进一步关心社会的进步和发展的趋势。他们在生活和学习中遇到的矛盾日益增多，因而懂得了一些人生的意义，有自己的理想和追求。这些都推动着他们关心自己的成长。他们对未来的向往和对人生的思索常督促和激励自己为追求人生理想而努力，对自我积极地、自觉地进行人生观的教育。教育者必须引导学生处理好日常生活中出现的各种实际问题，并让他们把科学理论与实际锻炼结合起来，更好地进行人生观的自我教育。

第四节　青少年心理发展与教育

青少年时期是个过渡时期，青少年的成长表现在三个方面：生理成熟、社会化和个性的形成。生理成熟方面出现了不均衡；在社会化过程中虽有较多的机会参与成人活动和接触社会，他们的社会需要与责任感有所增强，但社会交往与活动的范围还很有限；在个性方面，青少年的个性和道德品质尚不成熟。因而在这个过渡时期，青少年心理发展出现一些矛盾是必然的。教育者应根据这一特点，采取适合青少年心理特点的方法，把他们培养成为有道德、有理想、有文化、有纪律的新一代。

其一，青少年学生有成人感，总感到自己是成人，可以不必依赖家长和教师的帮助而独立生活和工作。他们对家长过分的照顾和关怀常常不满。实际上，他们的思想还很幼稚，还离不开成人的帮助。针对这种独立性与依赖性的矛盾，教师和家长应尊重他们的独立性和自尊心，给他们创造独立工作和生活的机会，但同时仍需给予具体的指导。

其二，在社会化过程中，青少年一方面有更多社会交往的需要，并希望别人理解自己，另一方面又不轻易透露自己内心世界的秘密，故而产生心理的闭锁性和孤独感。针对这种闭锁性与交往需要的矛盾，教师和父母应充分关心他们的心理变化，在尊重他们的基础上，对他们的“心事”应及时关心和疏导，而不要采取强制的办法或对他们加以斥责。那种以成人的心理胡乱猜测青少年内心活动的做法不会有任何好处。教师和家长要关心和爱护他们，做他们的知心朋友，在他们感到无人理解而苦闷时，要给予真诚的启发和帮助。

其三，青少年学生情绪容易激动，情绪的两极性十分突出。他们常因为顺利和成功而欣喜若狂，也会因一时挫折和失败便灰心丧气。他们常常对由于一时冲动而造成的不良后果而懊悔不已。教师针对这一情况，要帮助青少年学生提高思想水平，发挥理智的作用，处理好人际关系，加强意志锻炼。在他们情绪激动时，要耐心地进行“冷处理”，及时分析情绪冲动带来的害处。

其四，青少年学生有一定的自我控制能力，因而行为的独立性与自觉性都有所增强。与此同时，他们也会盲目自信。但与之相矛盾的是，他们易受暗示。他们很容易受别人或外界的影响而轻易做决定或改变决定。因此，他们会跟着好学生做好事，也会跟着闹事者“起哄”，这跟他们在社会化过程中心理的模仿性和从众性有关。针对这一特点，教师要在班集体中创造以“正气”占优势的良好的心理气氛，并提供良好的榜样，这是有效的教育方法。教师还要善于组织和引导青少年学生积极参加集体活动和实际锻炼，这对于培养他们的意志是很必要的。

其五，青少年学生的求知欲强烈，他们对自然和社会充满好奇，但他们的识别力低，因而积极的和消极的东西都会接受，这时出现求知欲强烈但识别能力低的矛盾。针对这一矛盾，教师应善于引导青少年学生对社会现象和思潮实事求是地进行剖析，以提高他们的识别能力。青少年学生时时刻刻面临形形色色物质和精神因素的诱惑，面对这一情况，成人采取单纯的禁止不是根本的办法，而应帮助他们提高思想认识水平，提高他们对事物的分析能力。学校或班级要开展丰富多彩的课外活动，组织他们参加文艺活动、体育活动、科技活动、社会服务活动，充实他们的生活内容。

思 考 题

一、为什么必须了解学生的心理年龄特点？

二、学习本章后，针对青少年学生的主要心理特点，写一个调查报告。

三、观察少年期学生半儿童半成人的心理特点，并写出报告。

第十四章 学生品德的形成与培养

本章要点

什么是品德及品德的心理结构

何谓道德认识、道德情感、道德意志、道德行为习惯

道德动机在品德形成过程中的重要作用

如何消除意义障碍

什么是抗诱惑力

过错行为和品德不良行为的区分

学生的品德类型及其转化的趋向

品德教育的方法

学生品德不良的原因分析

培养学生具有共产主义道德品质是学校政治思想教育工作的一项重要任务。青少年品德的形成和发展受特定的社会条件制约，但这类条件对个体的影响不是单一的，它是在外部因素与内部因素、内部的积极因素与消极因素交互作用下产生的结果。

教育心理学并不研究道德品质教育的全部问题，只是从心理学的角度揭示个体品德形成的过程及规律，分析品德行为的不同类型和特点，阐明某些品德教育方法的心理学依据。

第一节　品德的概述

一、什么是品德

品德即道德品质，是指个体按照社会道德准则行动时，对社会、对他人、对周围事物表现出来的特性或倾向，是个性中具有道德评价意义的核心部分。

一个人的品德是通过与道德有关的态度、言论以及一系列的行为举止来表现的，青少年的品德体现在热爱祖国、热爱劳动、热爱科学、勤奋学习、助人为乐、遵守纪律、爱护公共财物等方面。品德是比较稳定的、惯常的态度和行为倾向，它有别于那些偶尔的、暂时性的态度和行为表现。例如，具有助人为乐品质的学生，在好朋友、一般同学甚至不相识的人有困难或处于困难时，都能真诚相助，而且在教师在场和不在场的场合下，都能以做好事为乐。如果一个人帮助别人只限于特定的对象或特定的场合，那么他尚未具备助人为乐的品质，只能说有助人的行为。

品德不是天生的。儿童最初的品德是在社会生活条件影响下，在与人们的交往过程中，通过自发性的观察和模仿产生的，再经由周围成人给予肯定或否定的强化固定下来的。学生品德的形成和发展主要是由学校和家庭根据社会道德要求，施以有目的、有计划的教育影响，并通过学生接受社会性的教育，使社会道德要求内化为自身的道德需要，以此支配行为而实现的。

品德和道德是两个既有区别又有密切联系的概念。道德是社会现象，是人们在社会生活中应该遵守的行为规范和准则的总和；品德则是个体现象，是社会道德内容在个体身上的具体表现。道德的发生和发展服从于社会发展的规律，且不以个体的存在与否为转移。由于不同社会有不同的道德标准，因此，道德具有明显的阶级性和社会历史性。例如，女子的“三从四德”是封建社会的产物，雷锋的公而忘私是社会主义社会的产物。品德的形成和发展不仅受社会的影响，还受个体的生理和心理等内在条件制约，因此，在相同的社会环境和教育条件下，每个学生的品德行为表现都不尽相同。品德和道德的密切联系表现在品德不能离开一定社会的道德规范。人们对一个人的品德做评价时，总是以社会行为准则作为衡量的标准，而个体品德的集中又构成或影响社会道德或社会风气。

二、品德的心理结构

品德与其他的心理现象一样，是多层次、多水平的有机统一整体，是多种内在的心理因素交互作用的综合。深入剖析品德的心理结构，有助于了解品德的形成过程和发展规律。

品德心理结构的第一个组成部分是道德意识形态，包括道德认识、道德情感、道德信念、道德动机、道德意志；第二个组成部分是道德活动形态，包括道德行为和道德行为习惯。品德的心理结构可用下图表示：

道德品质
- 道德意识形态
  - 道德认识、道德情感、道德信念、
  - 道德动机、道德意志
- 道德活动形态——道德行为、道德行为习惯

图 14-1　品德的心理结构

品德心理结构中的诸因素既是品德形成和发展过程中的一个环节，又有其自身的独立性和特定的含义。道德认识也叫道德观念，指的是人们对道德行为准则及其执行意义的认识，其中包括形成善恶、是非、爱憎、荣辱等道德概念和观点，以及运用有关的概念和观点对自己和周围人们的行为做出是或非的道德评价。当人们的道德认识不

断深入，并在道德实践经验的基础上，成为指导和支配行动的指南时，就形成道德信念。道德信念一经形成，就成为推动人们采取道德行为的强大动力。人们在形成道德认识的同时，能够对自己或他人的行为、现实中发生的事件产生喜爱或厌恶、敬仰或憎恨、愉快或悲伤等不同的情绪体验，这种情绪体验就是道德情感。一个人对周围的人与事物有没有感情，有什么样的感情，都影响对事物的态度，以及对行为方式的选择。道德动机是产生道德行为的内在力量，是道德需要的具体表现。道德动机一经产生，人们就会在一定的情境中，通过对道德行为方式的抉择，引起一系列的道德行为。道德行为是实现道德动机的外部活动标志，也是评价品德的客观依据。道德动机和道德行为之间的沟通有赖于道德意志。道德意志是人们在实现道德目标的过程中，自觉地克服内心冲突、排除各种障碍与干扰因素的积极力量。道德行为通过多次反复和实践，才能形成道德行为习惯。道德行为习惯一经形成，行为表现出自觉性，可以不受任何意志的约束，成为一种惯常的、持续的、比较稳定的行为活动方式。这种行为活动方式固定下来，成为一定的特性或倾向，就标志着品德的形成。

如上所述，品德是一个多因素的结构系统，是道德意识形态和道德活动形态的有机统一。无论在品德理论上，还是在品德教育工作中，如果在道德意识形态和道德活动形态的理解上有偏颇，或片面夸大品德结构中某一因素的作用，或忽视、抹杀另一因素的作用，都是错误的。

三、品德形成的心理过程

在道德意识形态和道德活动形态各个心理因素之间建立相对稳定的联系，这一过程标志品德的形成。品德形成的过程不是杂乱无章的，而是有序的、一个环节接着一个环节的循环系统（如下图所示）。

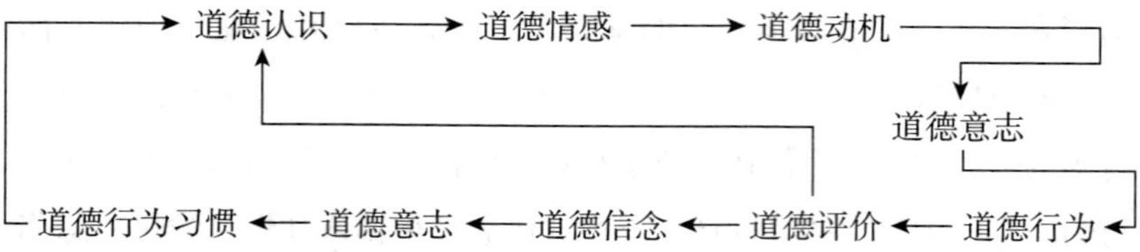

图 14-2　品德形成—反馈系统

品德形成如果以道德认识为起点，其过程可以按下列顺序进行：人们在社会实践和教育影响下接受社会道德要求，形成道德认识和道德情感，在此基础上转化为道德动机，通过道德动机选择行为方式，并做出一定的意志努力，引起相应的道德行为。从品德结构中诸因素的作用来看，由道德认识到道德行为，包含了从道德意识形态至道德活动形态的过程，这个过程可以体现品德形成的过程。但是，一次性的、不经常的道德行为不能作为品德形成的标志。因此，品德形成过程仍需继续进行，即所表现的道德行为还必须在实践活动中，通过自己或他人依据社会道德行为准则做出判断和评价。评价行为的信息一方面返回原有的道德认识，以肯定或否定的形式调整原有的认识水平；另一方面由活动中获得的道德行为经验验证道德认识的正确性，产生进一步执行道德行为规则的责任感，促使道德信念的发展。在道德信念支配下的行为具有自觉性、坚持性和一贯性，经过一定的意志努力，最终成为道德行为习惯。道德行为习惯是品德形成的标志，也是品德形成过程的最终环节。之后，人们继续接受社会道德要求，以新的道德认识水平为起点，又开始品德形成的新阶段，品德结构中的各个心理因素在新的过程中发挥新的作用。这个过程循环往复，使个体的品德不断发展和完善。在学校的教育工作中，不论是培养学生新的品德或矫正不良品德，都是遵循品德心理结构的活动规律进行的。教育者按照品德形成的规律进行教育，才能取得有效的教育效果。

品德形成过程的分析表明，品德结构中的各个心理因素之间有着紧密的联系和活动顺序。然而，在实际形成过程中，各心理因素之间存在着互相牵制、纵横交错的复杂关系。这就需要在具体实施教育时，既不能机械地以先后次序为依据，也不能单一地对某一因素施加影响。例如，道德教育的进行可以从提高道德认识开始，也可以从激发道德情感着手，还可以从培养行为方式和训练行为习惯开始；几个方面齐头并进或交替进行，也是教育中常采用的方式。教育者必须在分析学生的年龄特点、原有品德状况和教育条件的基础上，选择最需要、最能见效的方式作为教育的开端。例如，对年幼儿童的教育比较适合把行为习惯的培养和道德情感的激发作为起点，而尽量少讲大道理。随着学生年龄的增长，有必要增加道德概念和伦理性的教育。但不管在什么情况下，也不管采用什么样的方法，只有当上述心理因素都得到相应的发展时，品德才能形成。

第二节　学生品德培养途径的心理分析

学生品德的形成实际上是社会道德要求转化为道德行为习惯的过程，也就是社会和教育的外部影响与学生自身的各种内部条件相互作用的结果。教师要完成培养学生品德的任务，必须按照学生的年龄特点和品德形成的规律，有目的、有计划地通过多种渠道来进行。

一、丰富道德知识，提高道德认识

道德认识是产生道德情感和支配道德行为的前提，在品德形成过程中具有相当重要的意义。学生出现一些不符合道德要求或违反道德要求的举动，其原因多半是由于：

第一，对道德概念的认识错误，如把尊敬教师看作拍马屁、拉关系，把破坏纪律当作“勇敢行为”，把向教师反映同伴的错误说成“出卖朋友”；

第二，不知道在各种活动场合应该遵守哪些规则，执行这些规则有什么意义，不执行又会产生什么样的后果；

第三，口头上知道某些道德知识，却不能按道德要求行事。

造成上述状况的关键在于道德知识贫乏，对道德要求缺乏正确的理解。提高学生的道德认识要做好下列工作。

（一）帮助学生理解和掌握道德概念

道德知识与文化科学知识一样，是以理解和掌握概念的形式表现出来的。道德概念是社会道德现象共同的、本质的特征的反映，学生理解和掌握了道德概念，才能在复杂的社会生活中分清各种事件与行为的是非、善恶、美丑、公正与偏见、道德与不道德的界限，才能按照道德概念的理解水平调节和支配自己的行为，才能以社会道德要求和道德行为规则对自己和他人的行为做出判断。因此，道德概念的掌握对道德认识的形成具有十分重要的作用。

我国有关的研究表明，中学生对道德概念的理解表现出四种水平。

（1）不理解。有些学生知道违反纪律不对，打架、骂人要改，至于为什么不对，为什么要改，以及为什么要执行规则，却不很清楚。

（2）停留在表面的、具体形象的认识。例如，中学生认为：上课经常迟到、早退，则评不上三好生；打架要改，因为打伤人要负责任。

（3）初步能揭露道德概念的实质，能够将执行道德要求和行为规范的意义与培养接班人的条件联系起来。

（4）理解道德概念的实质，能够将执行行为规则的意义提高到培养个人道德素质的水平，并与形成道德风尚联系起来。

就中学生来说，初一、二年级学生大多数处于一级或二级水平，初三年级学生在下学期处于三级水平，高中生逐渐达到四级水平。

道德概念与知识概念一样，是表示一类事物的抽象名称，其形成经历从具体到抽象、从个别到一般的复杂过程。道德概念的掌握依赖于一系列的条件，许多促进概念理解的规律同样适用于道德教育。例如，以感性的道德经验为基础，提供典型的榜样并突出榜样的本质特征，采用正面事例与反面事例比较的方法，采用变化事物非本质特征的变式等，都有助于学生对道德概念的理解。

（二）促使学生接受道德要求，并转化为内在的道德需要

在品德教育中，教师要根据社会道德规范，有目的、有计划地向学生提出一定的道德要求。由于学生对外部的教育影响并不是机械地、被动地全部接受，因此，教师在一个班集体里向全班提出课堂教学的行为规则时，通常是有的学生能遵守，有的学生不能遵守。这种现象表明，从外部的教育影响到学生接受教育，其间经历一个复杂的内化过程。换句话说，外部的教育要通过受教育者认知、情感、意志等内部心理活动，才能纳入主观的反映，形成一种力求维护和实现道德要求的愿望或意向，或称为道德需要。当道德需要指向特定的行为目标时，可以诱发道德动机，成为推动人们按照行为准则去行动的内部动因。由此可见，教育并不能替代学生内在的心理活动，但教育可以通过多种途径和方法对受教育者进行启发和诱导，加速内化的过程。

学生接受道德教育的重要条件是对道德教育的信服。一般来说，教师通过说服教育、组织讨论等方式，让学生认识到道德要求的正确性和执行道德要求的必要性，从而激起遵守道德要求的意向。然而，这种教育方式容易使学生对道德要求的认识仅仅停留在知识性的理解上或口头表达上，而不能转化为内在的道德需要，对行为不能起到支配和调节的作用。只有当学生按照一定的道德要求行动，给集体或他人带来益处，并受到赞扬和好评时，才能体会到道德要求的正确性。这种由实践结果引起的愉快体验，进一步促使他们产生继续按道德要

求行动的愿望。心理学的研究强调指出，学生获得道德实践经验不是光靠个人的单独行动，而是在个人的经验被集体舆论接受或得到证实时，才信服道德要求的正确性。例如，教师告诉学生勤奋学习的道理，同时还引导他们针对自己的学习情况制订具体计划，定期进行学习总结，分析和比较前后阶段的学习状况。学生经过一段时间的学习之后，发现自己或同学由于勤奋学习取得了进步，而不刻苦、不努力的同学的成绩则没有提高或下降，这时对勤奋学习的道理才会信服。一旦学生发现自己或同学平时不努力，考试碰运气，或用取巧手段也能得到好成绩，受到好评，那么，在实践中获得的这类反面经验会使他们怀疑或不相信教师的教育论据。

（三）消除道德教育过程中出现的意义障碍

教育实践中经常会出现下列现象：学生理解了道德要求，也认识到执行道德要求的意义，但就是不能付诸行动，有的还出现对立情绪，严重的会拒绝教师或学校提出的任何教育要求。心理学的研究表明，这类学生存在意义障碍，致使他们不能接受道德教育。产生意义障碍的原因有多种，下列原因之一都可以成为意义障碍的起因：

（1）教师向学生提出的道德要求过多、过高、过于频繁；

（2）学生的道德知识和道德经验贫乏，对道德要求的内容和执行行为规则的重要意义理解不够或不正确；

（3）学生对教师采取的简单粗暴的方法有抵触情绪；

（4）教师在处理问题上不公正，对一些学生有成见，对另一些学生却偏爱，造成师生间的对立情绪；

（5）教师言行不一，不能以身作则和为人师表，学生对教师失去信任和尊敬。

在教育工作中，教师要尽可能地防止意义障碍的产生和发展。一旦出现这种障碍，教师要及早采取相应的措施予以消除。

二、培养道德评价能力

运用道德知识对自己或他人的行为做出是或非、善或恶的判断，称为道德评价。无论对自己或他人的道德评价，都有助于加深对道德意义的理解，扩大道德经验，提高辨别和评价是非的能力。获得表扬、赞赏等肯定性评价的行为能引起愉快的积极情感，有利于这类行为在以后的活动中重复出现。正确的道德评价能使品德发展趋于完善，它在品德形成过程中的作用是不可忽视的。

学生道德评价能力是在社会生活和教育影响下逐步形成的，并与思维发展水平密切相关。根据研究分析，中小学生的道德评价能力的发展具有下列趋势。

(1) 从他律到自律。他律是指以他人的评价标准作为标准，而自律是指自己有一定的评价标准。年龄越小，受成人（教师、家长）的影响或暗示越多，重复成人的评价内容越明显。随着年龄的增长，学生逐渐学会独立地进行评价。

(2) 从客观的效果到内在的动机。年龄小的学生往往根据行为的直接后果进行评价。例如，无意打破五个杯子比有意打破一个杯子更坏，因为五个比一个多。初中生开始能把行为动机和效果联系起来考虑，但评价尚处于由直接的后果向间接的、长远的后果过渡阶段。调查表明，大多数初三学生都讨厌那些“背后讲坏话”的人，认为这种人直接损害了他人的利益，而间接损害他人利益的那些“不顾他人和集体，专为自己打算”的人只受到少数人讨厌。

(3) 从他人到自己。道德评价能力形成和发展的一个明显特征是先学会评价他人，后学会评价自己。也就是说，在评价他人的过程中，逐渐学会以他人为“镜子”来评价自己。由于自我意识的发展，初中学生开始关心自己的内心活动，并能用社会道德标准来评价自己。但从总体上讲，他们对自己行为的评价还是落后于对他人的评价，他们能正确地评价同学的行为，而自我评价往往不是过低就是偏高。

（4）从片面到全面。初中学生通常会因同学的一个缺点就抹杀全部优点，把偶尔有一次勇敢行为的人当作勇敢的榜样。他们对自己也是这样，挨过一次批评就把自己全盘否定，获得一次好成绩就会得意洋洋。

一些心理学家认为，学生道德评价水平的高低，同他们参与道德问题的讨论、进行道德评价等实践活动的多少呈正相关。为了培养和发展学生的道德评价能力，教师要做到：经常对集体中的是非、美丑、善恶等做正确而简明的评价，向学生做道德评价的示范；利用多种教学教育活动机会，组织学生对有关品德的问题开展广泛的讨论；尽可能地多让学生与周围的人交往，增加他们评价的机会；指导学生进行自我评价。

三、激发道德情感

道德情感总是伴随着道德认识和道德评价出现的，人们对符合社会道德准则的行为表示敬佩、赞扬，对不符合道德准则的行为表示厌恶、憎恨等，这类情感属于道德情感。道德情感的内容极为丰富，如爱国主义情感、国际主义情感、义务感、责任感、集体主义情感、荣誉感、自尊感、友谊感等等。

激发和培养学生的道德情感可以通过多种途径，采取多种方法。

（一）向学生进行道德认识教育的同时，激发他们的情感

教师在讲述勇敢、诚实、维护集体利益的人物和行为时，用充满赞赏的语言和表情，引发尊敬、羡慕的情感；在讲述欺骗、损害集体利益的人物和行为时，伴随不满、指责、否定的表情和语言，激发学生愤慨、厌恶的情感。

（二）提供榜样的具体形象和生动事例，引起情感上的共鸣

青少年正处在积极地探索人生之路、寻找自己所崇拜榜样的时期。英雄的道德形象是社会道德准则的典范，教师要选择具有时代特征的英雄人物，组织学生开展学习英雄的活动，这有助于培养高尚的道德情操。

（三）激发和保持健康的情感，预防和消除不健康的情感

学生中经常出现为自己或集体的成就兴高采烈，遇到失败或挫折而伤心难过，对他人的不幸遭遇深表同情等现象，这些都是健康的情感。学生中也会出现对同伴的成就、进步嫉妒，对他人的不幸或失败幸灾乐祸，对自己偶尔获得好成绩而得意忘形，遇到一点儿失败就灰心丧气等现象，这些是不健康的情感表露。教师应帮助学生分清这两类情感的不同性质、范畴和后果，引导他们以健康的情感对待自己和周围的人和事。

四、锻炼道德意志，增强抗诱惑力

学生在品德形成过程中经常会出现下列现象：接受了道德要求，有了道德行为目标，却没有相应的行为；有的学生已开始付诸实际行动，由于不能排除干扰和克服一定的困难，因而达不到预定的行为目标；有的学生不能抵御各种诱惑，因而酿成过错行为或品德不良行为；等等。这类现象多半是由于自制力差、缺乏毅力和恒心、道德意志薄弱、缺乏调节和控制行为的力量所造成的。

要使学生形成良好的品德，必须重视道德意志的培养和磨炼，增强抵制各种诱惑的能力。教师在工作中应注意以下几点。

（1）提供道德意志锻炼的榜样，引发学生锻炼意志的愿望。

（2）在各项活动中，向学生提出具有适当难度的任务，让他们经过努力，克服一定的困难，最终取得成功，并及时鼓励和赞扬在活动中做出意志努力的学生。

（3）组织有关锻炼意志的漫谈、讨论、访问等活动，提高学生锻炼意志的自觉性。

（4）引导学生及时总结锻炼意志过程中的经验教训，激发锻炼意志的信心和积极性。

（5）根据学生不同的意志特征，有针对性地施以教育影响。例如，对在完成任务的过程中半途而废的学生着重培养毅力，对优柔寡断的学生培养果断性，对胆小怕事的学生培养勇敢精神。

五、道德行为和行为习惯的训练

从道德认识到道德行为的转化，体现着道德内部意识活动形式转向外部的实践活动形式，这是品德形成过程的一个阶段。品德属于一种特性或倾向，从这一意义上理解，由道德认识到道德行为的转化还不能代表品德的形成，那些一时的、偶尔的、具有情境性的道德行为表现，实际上只是品德的雏形。只有当品德行为成为经常化的、自动化的道德行为习惯时，品德才形成了。

实现道德认识到道德行为，再到道德行为习惯的发展，应做到下列几点。

（一）指导学生选择合理的道德行为方式方法

学生中经常会出现好心办坏事的现象。例如，某学生在课堂上对教师不礼貌，几个学生在回家的路上打了他，“教训”他今后要尊重教师。这类现象多半是有良好的道德动机，但缺乏合理的行为方式方法。因此，教师在引导学生确立道德动机的同时，还必须指导他们学会选择实现良好动机的行为方式方法。

1. 组织学生讨论完成某一活动任务的行为措施

在讨论时应围绕活动中心，提出各种可能的办法。然后，对提出的方法逐个评议，确定完成活动任务的最佳办法，并对可能产生的结果做评价。最后，决定如何进行的步骤。

2. 经常性地开展分析、评议活动

教师应在生活实践中或学生集体中选择正反面的典型事例，引导学生分析、争论，直到取得一致的认识。教师通过具体范例的剖析，让学生领悟到要使道德动机与行为效果一致，采取何种方式方法是适宜的，何种方式方法是不恰当的。

3. 正确对待和处理那些好心办坏事的行为

学生中出现引起不良后果的行为时，教师要鼓励他们表达自己的思想、情感和动机，并在全班学生面前明确地肯定他们的道德动机，进而指出行为方式的不当之处，再提出合理的行为方式。倘若教师对产生行为不良后果的原因不做全面的了解和分析，只是就事论事地提出批评、斥责甚至惩罚，这种简单粗暴的处理方法会使当事者不仅感到委屈，而且还会怀疑自己道德动机的正确性。

（二）形成道德信念

道德信念是一种坚信道德行为准则的正确性，并主动要求执行和实现行为准则的较高层次的道德需要。这类需要是产生自觉行为的强大动力，能推动人们按照自己确信的行为准则去行动，并使行为具有一贯性、持久性等特点。一些调查和研究表明，中学生的道德信念水平随年级增高而不断上升，在一般情况下，到初中三年级时才趋于相对稳定。

道德信念是以深刻理解道德行为准则，行为得到肯定性评价，以及亲身获得道德实践经验为前提和条件的，因此前面讲过的如何提高道德认识、发展道德评价能力、激发道德情感等方面的教育内容和方法，都有助于道德信念的形成，这里不再赘述。需要强调的是，要重视学生所在的班集体在道德信念形成中的作用。班集体的正确舆论和集体行为规则不仅能使道德要求成为集体成员的行为指南，而且能使错误的道德观念和不良的行为得到制止和逐步改造。但是，在缺乏正确舆论的班级里，学生中的正确信念不仅得不到支持，还会遭到嘲笑或讽刺。因此，学生道德信念的形成光靠个人的努力是不够的，只有使所在集体的绝大部分成员都确立共同一致的道德需要倾向时，个人的道德信念才能巩固和提高。

（三）组织道德行为的练习和训练

调查材料表明，60％的学生的道德行为习惯是在初中三年级之前形成的，20％的学生在高中时期形成道德行为习惯，还有 20％的学生直至高中毕业还未形成道德行为习惯。如果对中学生的道德行为习惯状况加以剖析，可以把行为表现分成两类：一类行为是不稳定的，有明显的情境性和条件性；另一类是自动化的、经常性的行为习惯，其中包括良好的道德行为习惯和不良的道德行为习惯。

良好的道德行为习惯是在无数次重复，有组织地练习和训练，以及与坏习惯做斗争的过程中形成的。学生的年龄越小，行为练习和训练显得越重要。初中阶段是形成道德行为习惯的关键时期。

在进行道德行为练习和训练时，教师应注意：

（1）向学生讲清练习的目的、意义和必要性，激发学生参与练习的积极性；

（2）创设各种条件，促使良好的道德行为有重复出现的机会，尽可能地避免和排除不良行为的重复出现；

（3）依靠集体舆论和采取一定的教育措施，防止练习中出现松劲、不耐烦和偏离目标的现象；

（4）及时让学生了解练习的结果和进步的情况；

（5）正确地、合理地使用表扬与批评、奖励与惩罚等强化方式，这有助于提高行为练习的效果。

第三节　学生品德的分析与教育

初中学生正处于长身体、长知识的时期，也是品德形成的关键时期。初中学生在品德形成方面具有下列特点：

（1）在教育影响下，具有一定的道德认识、道德情感，但由于道德知识的局限，对道德知识的理解比较肤浅，甚至有错误和曲解；

（2）情感不稳定、易冲动；

（3）有实现行为目标的愿望和意向，并能按照道德要求选择行为方式，但还不善于自觉地完成从道德动机到道德行为的转化，经常会出现言行脱节的现象；

（4）道德意志力有相当程度的发展，行为独立性、自觉性有提高，但调节和支配行为的功能还不够稳定和完善，不能自觉地抵御外界的诱惑。

这些特点表明，如果学生得到良好的教育和引导，就能朝着社会所期望的方向健康地发展，而在不良的社会环境和教育影响下，则能导致品德的问题行为，甚至犯罪行为。为此，分析和探讨学生各类道德行为的发生、发展和转化的规律，对教育工作会有一定的指导意义。

一、学生品德的类型及其转化

（一）道德行为与学生品德类型

道德行为与学生品德类型是一个问题的两个方面。从行为角度讲，是指具有道德评价意义的举动或行为，是道德认识的具体表现；从个体角度讲，是指由无数个道德行为组成的行为总体，行为表现比较稳定，能反映出一个人的行为倾向、独特的行为体系和道德面貌。具体地说，社会生活中的先进与落后、正面与反面、正确与错误等思想意识和社会习俗，都有可能为学生所接受，成为形成道德行为的内容和条件。因此，每个学生的行为总体中也都会有积极的方面和消极的方面，或者说，每个学生都有品德良好行为，也有过错行为和不良行为。由于学生接受外界影响的程度不等，因而在行为总体中的积极因素和消极因素所占的比例也不相同。学生的品德类型就是以何种因素在行为总体中占主导地位和起支配作用来评定的。教育实践中常发现班长和三好生心灵上也有灰尘，差生和后进生身上也有闪光点，这是教育中的正常现象，也是教育的出发点。

（二）学生的品德类型

依据学生道德行为总体中占主导地位并起支配作用的行为，可以将品德划分成不同的类型。但行为总体中积极和消极因素的对比关系不是固定的，会随着主客观条件的改变而发生相应的变化，因此，不同品德类型的学生也都可以发生双向性的转化。

1. 品德优良型

这类学生具有正确的是非观念，对周围的人或事有较正确的见解和评价，表现出关心集体、遵守纪律、爱护公物、诚实勇敢、尊敬师长、团结同学、讲文明礼貌等优良的行为，行为总体中的积极方面是他们品德中的主流。

品德优良型学生中的大多数是班干部，是教师的得力助手，他们的学习成绩较好，又有一定的组织能力和活动能力，经常受到教师的赞赏和表扬。然而，逐渐滋长的优越感致使他们过高地估计自己，为人处世主观武断，在同学面前盛气凌人。这些消极行为存在的程度和表现形式虽不相同，有的轻微些，有的严重些，有的隐蔽些，有的外露些，但不管是何种表现形式，由于他们的积极行为比较明显，使消极行为得到掩盖，即使成人也不易觉察到。学生行为总体中的消极因素存在着向不良方向转化的可能性，在一定的条件或诱因下就会显露出来。例如，未当选班干部，评不上三好生，或受到批评时，学生就会灰心丧气、态度粗暴，打击上进的同学，对集体和教师有不满和抵触情绪。教育者如不及时发现转化的预兆，任其消极因素不断发展，那么优秀生就有可能变成差生或后进生。

2. 品德过错型

这类学生大错误不犯，小错误不断，品德处于中等或中下水平。过错行为在学生中较为普遍，根据我国品德协作组的调查，过错行为在品德问题行为中的比例是：童年期占 87.1%，少年期占 62%，青年期占 51.6%。

过错行为一般表现为起哄、恶作剧、打架、骂人、欺侮弱小同学、说谎、考试作弊、破坏公物等，较多表现为迟到、旷课、不按时交作业、上课时做小动作等不遵守纪律的行为，以及对教师不礼貌、与同学不团结、抽烟、小偷小摸等违反行为规范方面的行为。

这类学生的道德行为总体具有不同水平的良好道德认识和道德行为习惯，而过错行为是其中的消极方面。行为总体中的积极方面是矫正和改善过错行为的内部条件，在一般情况下，只要经过正确的教育和引导，学生行为中的过失和错误是比较容易矫正的。尤其是那些不遵守纪律、扰乱集体，以及是非不辨的行为，会随着学生道德认识的提高和控制能力的增强而逐渐减少。但由于过错行为对集体具有扰乱性，这类学生经常会受到成人的批评和指责，遭到同学的歧视和排斥。这种孤立和冷漠会使他们难以忍受，因而自行设法寻找同情、欢乐和归属。一旦他们与品德不良的学生交上朋友，会使过错由小变大、由少变多，过错的性质也会越来越严重。当消极因素在行为体系中占有主导地位时，他们就会品德不良型转化。

3. 品德不良型

学生中出现的说谎、偷窃、逃学、流氓习性、打架斗殴、惹是生非等，都属于品德不良行为。品德不良行为和品德过错行为之间虽然没有明确的界限，但前者明显地具有下列特点：

（1）行为受不良道德认识和错误思想所支配，行为是有意的，目的是明确的，对不良的行为后果无自责和悔恨；

（2）不良行为出现的频率高、次数多，具有相对的稳定性；

（3）行为后果损害他人和集体的利益，并有较严重的扰乱性和破坏性，在一定程度上造成学校和社会的不安宁。

品德不良型学生与品德过错型学生相比，行为后果更为严重，且有错误的道德认识和不良行为习惯。学校中所称的后进生大都属于这种类型。后进生在学校中的数量虽然不多，但行为的破坏性强，对集体的扰乱面广，人们往往把他们看成“害群之马”。这类学生在品德行为上的矫正和改变也比较困难，教育者常常视之为“江山易改，禀性难移”之流，甚至放弃教育。

后进生固然有比较严重的缺点、错误或越轨行为，且这些消极方面在行为总体中起着一定的支配作用，但他们也存在着积极因素，尽管这些积极因素不占主导地位，却是行为总体中的“闪光点”。这些“闪光点”只要调动起来，将是克服消极因素的内部动力，是改变道德面貌的“星星之火”。实践证明，教育者通过多种途径和方法，深入了解他们的心理需要和那些能引起他们忧伤、焦虑或愉快、激动的人物、事件和情境，从中捕捉他们身上的闪光点，这将是教育和转化后进生工作的关键。在正确的教育和热情的关怀下，这类学生能狠下决心、痛改前非，向良性方向转化。虽然这类学生转化的过程比品德过错型学生要长，反复性要大，但转化的实现是有可能的。反之，忽视对这类学生的教育工作，对他们持冷漠、置之不理或仇视的态度，或采取责备、惩罚等简单粗暴的教育方法，在某种意义上说，只能导致他们自暴自弃、破罐子破摔等消极状态，致使出现过错的数量更多，性质更严重，距离社会道德的要求更远，在一定的诱因影响下，走上人生的邪道，滑入犯罪的泥坑。

二、品德教育的方法

（一）教育说服法

教育说服法是通过晓之以理的途径，启发学生纠正错误的道德观念，引导学生自觉地接受道德行为准则，并指导道德行为。心理学的研究表明，对于教师讲述的道理、提出的要求，学生只有在心悦诚服时才乐于接受，才能将它转化为学生内在的道德需要，进而产生道德动机，推动道德行为。反之，压服和强制的方法不仅不能取得预期的效果，还会产生负面效应。

教育说服的途径很多，如通过校会、班会、主题队会、思想品德课以及其他的集体活动。方法也有多样，主要有集体讲解、个别谈话和组织讨论等。

（二）情感陶冶法

积极的情感和高尚的道德情操是良好品德的重要心理成分。创设富有情感色彩的教育情境，使学生在特定的情境中受到耳濡目染、潜移默化的熏陶，这是品德教育的重要内容，又是品德教育的有效方法。例如，建立良好的校风和班风，可以使学校形成一种强烈而感人的气氛，发挥情境教育的功效，对学生产生巨大而无形的“渗透性”影响，引起情感上的共鸣。又如，通过欣赏优秀的文学艺术作品、观看具有艺术价值的影视片、参观艺术展览会、举办诗歌朗诵会和音乐会等，可以提高学生的审美能力，这是情感陶冶法的另一种方式。

（三）实践锻炼法

学生的品德教育离不开实践活动，学生的品德是在各种实践活动中形成、深化和完善的。学生只有在实践活动中获得一定的道德实践经验，并受到肯定、赞扬或被集体舆论接受时，才能体会到道德要求的正确性，使外部的教育影响内化为道德需要，产生按照道德要求行动的愿望。

学生的实践活动是多样的，课堂教学活动、课外活动都是进行品德教育的好机会。

（四）榜样教育法

引导学生以革命英雄、劳动模范以及其他先进人物为榜样，模仿他们的思想和行为，是促进良好品德形成的一种教育方法。榜样是社会规范和道德标准的具体化、形象化和人格化，青少年学生钦佩和崇敬榜样人物的思想、言行和高尚的情操，教师要引导他们以榜样的形象调节自己的道德行为，继之转化为自身的道德品质。榜样的作用体现在以下方面：

（1）启动作用，即通过榜样形象的激励，推动学生从事符合道德规范的活动；

（2）控制作用，即以榜样形象为标准，自觉地制止那些不符合道德要求的意向和行动；

（3）调节作用，即以英雄的行为为榜样，在活动过程中不断地克服困难，排除外界干扰，调节自己的行动，坚持完成任务；

（4）矫正作用，即以榜样形象为镜子，经常对照自己，不断地克服缺点和改正错误。

（五）自我教育法

在品德形成过程中，学生自己能自觉地转化思想并控制行为的方法称为自我教育法。自我教育体现在：在道德认识上能自我认识和自我评价，在道德情感上能自我激励和自我体验，在道德意志上能自我控制和自我监督，在道德行为上能自我训练和自我检查。

学生的自我教育能力不是自发形成的，而是随着道德意识的提高、世界观的逐步成熟，以及道德实践经验的积累而逐步发展的。教育者应激发学生自我教育的愿望，帮助他们学会自我分析的方法，指导他们制订和执行个人计划，并充分发挥集体舆论的作用，从而促进学生自我教育能力的发展。

第四节　学生品德不良的成因与矫正

品德不良的学生具有不正确的道德认识和不良的行为习惯，过错的性质和行为后果严重，但这类学生是可以转变的。不良的品德之所以可以矫正和改善，是因为青少年的道德意识和个性尚未定型，具有很大的可塑性。重要的是教育条件的优或劣，它可以使行为变好或变得更坏。良好教育的关键应着重分析出现品德不良的原因，并按照学生心理发展的特点和品德形成的规律，采取适当的教育措施。

一、学生品德不良的原因分析

学生品德不良的形成，既有客观的影响，又有主观的原因。

（一）学生品德不良的客观原因

1. 家庭的不良教育和影响

一些研究者曾经对品德不良学生的家庭情况进行调查，得出以下结果。

（1）家庭缺乏正常的生活秩序和健全的生活方式。例如，家庭成员之间不和睦、父母分居两地等，导致家长对孩子缺乏关心、照顾和教育。

（2）父母教育不当，缺少管教子女的方法。例如：有的家长对子女要求过高，经常无理地训斥和打骂子女；有的对子女溺爱，要求不严，一味迁就、放任和纵容；有的父母双方对子女的要求不一致，有松有紧，时严时宽；有的父母则养而不教，对子女出现的品德问题行为采取放任、默许、庇护的态度。

（3）家风不正。家庭成员行为不检点，有不良的恶习，使子女通过耳濡目染而误入歧途。

2. 社会上的不良风气

学生都在特定的社会环境中生活，从思想认识到行为习惯无一不是社会环境的反映。有关的调查发现，学生的居住地区和学校周围环境与品德不良行为有关。居住在拥挤的、人口密度大的街道，就读于紧靠集贸市场的学校，学生品德不良行为的数量相对比较多。此外，不符合青少年特点的电影和电视节目、文艺读物等，对品德不良行为的产生有很大的影响。西方曾有人研究学生观看暴力影视节目的数量与产生攻击行为之间的关系，结果表明：在19岁以下的男学生中，两者呈正相关，即观看暴力影视节目的数量越多，产生的攻击行为越多；19岁以上的学生，两者的相关很低；这两者在女学生中无显著相关。

3. 学校生活和学校教育中存在的不良因素和缺点

学生的品德不良行为通常起源于学习成绩不良，经常受到教师的批评和同学的冷落，在集体中遭到排斥。这种状况的出现与学校的教育管理工作有密切关系。例如，教育计划是否适合学生的年龄特点，教育措施是否得力？能否使优秀生的求知欲得到满足，又能使差生跟上教学的进度？对学生品德的要求是采用命令的、强制的方式，还是采用说理诱导的启发方式？处理品德问题行为是否得当，是从了解行为动机入手，对不同性质和不同程度的行为采取不同的教育措施，还是不分青红皂白地“一刀切”？对品德不良学生是满腔热情地关心、爱护，尊重他们的自尊心，还是冷淡、嘲讽，放弃对他们的教育？

（二）学生品德不良的主观原因

前面已经讲过，品德的心理结构是多种内在的心理因素交互作用的结果，从这个意义上分析，品德心理结构中的某个因素遇到障碍或得不到发展，都可能成为学生品德不良的内部原因。

1. 缺乏正确的道德认识，行动盲目

大多数品德不良学生缺乏正确的道德认识，是非观念模糊，道德评价能力差，不善于分析行为的真假、善恶，行动盲目或行为被低级的欲望和需要所支配，高尚的道德动机不占优势。

2. 缺乏道德情感，情绪消极多变

品德不良学生往往爱憎颠倒，荣辱不分，缺乏集体主义情感、学习的责任感和义务感。他们有自尊心，希望能得到别人的尊重，但自己的落后表现致使自尊感长期受到压抑，从而产生自卑感。自尊的需要和自卑的体验交织在一起，使得这类学生的情感出现反常性。他们情绪不稳，喜怒无常，消极多变，表现在：与教师和同学在情绪上对立；常以粗暴蛮横的行动发泄受压抑的烦躁和不满；经常挑逗同学，毁坏公物；情绪容易冲动，为一点儿小事可以打人骂人，不顾及行为后果。

3. 道德意志薄弱，自控能力差

这类学生由于道德意志薄弱，在行为抉择时动机斗争的自觉性低，不能以正确的道德动机战胜错误的道德动机，而屈从于个人的欲望和情绪冲动，产生不道德的行为。他们的自控能力差，虽然知道道德行为准则，却不能约束自己的行为，不能抵制外界环境的诱惑。此外，当他们经过教育，对错误有所认识，并有悔改之意时，仍由于缺乏毅力，不能控制内心冲突和行为，因而时改时犯，反复不断。

4. 不良的行为习惯

品德不良学生都有不少坏的行为习惯。一般来讲，品德不良行为在开始时只是偶然发生，由于未及时得到纠正，学生以不良行为来满足个人欲望而获得了成功，经由多次重复，形成不良的行为习惯。不良的行为习惯一经形成，矫正就比较困难。

二、教育品德不良学生的心理依据

（一）改善人际关系，消除对立情绪

具有品德不良行为的学生长期处在成人责备、同龄人排斥、集体中孤立的情境，因此对周围的人怀有戒心和敌意，与人相处时或冷漠回避，或对抗无礼。但他们与同龄人一样有上进心，不甘落后，也想要改正行为过错和改变现状。教师应该做到：对他们真诚地关心，耐心地疏导，真心地信任，当他们体验到教师的真心实意和真挚感情时，就能消除对立情绪并接受教育；要求班集体的成员正确对待后进同学，热情地帮助他们，团结他们共同前进。

（二）保护自尊心，激发集体荣誉感

自尊心是一种要求得到社会、集体和他人尊重的情感。由于品德不良学生在集体和他人心目中处于不受欢迎的地位，因而他们有自卑感，缺乏奋发向上的动力。教师要激发学生的自尊心，激励他们保护

自己在集体中的地位和声誉，促使他们接受教育、克服缺点、积极向上。

保护个人自尊心与培养集体荣誉感是融合在一起的。教师要组织品德不良学生参加集体活动，让他们在执行任务的过程中增加与同学的交往和合作，约束与制止不良的行为。完成任务后的喜悦感会增强他们的勇气和信心，提高他们服从集体行为规则的意向，逐渐改变他们在集体中的地位。

（三）剖析品德不良学生的心理特点，有针对性地进行教育

品德不良学生与其他学生一样，都具有青少年的共同特点。在某些主客观因素的影响下，品德不良学生形成了特有的心理特点。他们悲观自卑，埋怨不满，孤独离群，但内心常处于矛盾的状态，即不甘心落后，想改正自己的行为过错，然而在改正的过程中往往有决心、无信心，有勇气、怕困难，思想上犹豫不决，行动上反反复复。因此，教师在制订教育计划、选择教育内容和方法时，既要依据青少年心理发展的共同特点，又要重视品德不良学生的特殊性，使教育能事半功倍，获得教育效果。

（四）探讨品德不良学生转化的心理规律，做好转化工作

品德不良学生的转化是有规律可循的。根据教育实践材料的分析，转化过程可以分为不同的阶段，每个阶段都有特定的心理活动特点，需要有区别地采取教育措施。

1. 萌发阶段

学生萌发上进的愿望，开始向前迈进。教育的影响是引起萌发的主要条件，如实事求是的表扬、推心置腹的谈话、英雄事迹的感染等都能激起上进的意向，但上进的意向或常隐不显，或不很稳定，容易消逝。教育者要有高度的敏感性，善于发现萌芽，抓住时机，热情扶

植，使学生保持上进的步伐。

2. 转化阶段

这个阶段有两个特点。(1) 学生的心理状态复杂。如对行为过错感到羞愧，想要将功补过，希望得到人们的尊重和信任等，这些是推动他们实现转化的动因，但自卑感、对错误不痛恨、与集体对立的情绪等使他们徘徊、犹豫，并阻碍着行为的转化。(2) 出现反复。品德的转化经历着新与旧的道德认识、情感和行为习惯的冲突和斗争，在这个过程中出现反复是正常现象。认识上的动摇、情感上的留恋、老朋友的引诱、周围人们的偏见等都能成为反复的原因。教育的关键在于把反复当作教育的良好时机，分析原因，循循善诱，视不同的情况予以具体帮助。

3. 稳定发展阶段

经过教育之后，学生的行为过错和不良行为习惯已基本改正，积极因素在学生行为总体中逐渐占主导地位，集体荣誉感、责任感、自信心逐渐替代了自卑、羞愧等消极情感。在这种情况下，教育者仍要不断地提高学生的道德认识水平，防止他们产生骄傲情绪或停步不前，及时地提出高一层次的行为标准，鼓励他们再接再厉、不断前进。

思考题

一、品德心理结构包含哪些心理成分？从道德认识到道德行为习惯的发展，应抓好哪些教育环节？

二、试对一个班级学生的品德进行调查、分类，并说明分类的依据。

三、如何促使学生接受外部的道德要求并转化为内在的道德需要？

四、选择一个品德不良学生进行个案调查，从心理学的角度分析其品德不良的原因，并提出矫正方法和教育措施。

第十五章
心理健康和心理咨询

本章要点

心理健康的标准
不健康的心理有哪些表现
影响心理健康的因素是什么
心理咨询的形式、原则和过程
心理咨询包括哪些内容
什么是心理卫生与心理诊断
学生心理问题的教育与矫正方法

第一节　心理健康概述

一、什么是心理健康

（一）健康的心理

在生理机能正常的情况下，人的心理活动与其年龄特征相适应，没有异常、缺陷或疾病的表现，就是健康的心理。

人的身体是否健康，已经有了比较客观的标准，只要检查一下体温、脉搏、血压等生理指标，就基本上能做出较准确的判断。人的心理是否健康，其标准就很不容易确定。

1951年美国心理学家马斯洛在与他人合著的《变态心理学》一书中，列举了正常人的十条健康心理标准，至今仍受到人们的普遍重视。这十条标准是：

（1）有充分的自我安全感；

（2）能充分了解自己，并对自己的能力做出恰当的估价；

（3）生活目标切合实际；

（4）不脱离现实环境；

（5）能保持人格的完整与和谐；

（6）善于从经验中学习；

（7）能保持良好的人际关系；

（8）能适度地发泄情绪与控制情绪；

（9）在不违背集体要求的前提下，能有限度地发挥个性；

（10）在不违背社会规范的前提下，能恰当地满足个人的基本需求。

由于少年期学生正处于半儿童半成人与半幼稚半成熟的人生阶段，常常会出现一些矛盾心理，这些矛盾心理有的是年龄特征使然。因此，不能把由于年龄特征引起的正常表现视为不健康的心理。在分析他们的心理是否健康时，应结合以下几个因素综合地去进行考察。

1. 看是否与大多数人的心理表现一致

少年期学生的心理是否与大多数人的心理表现一致有两层含义：一是与不同年龄的大多数人一致。例如，在电视上看到人人都为之高兴的事，他们也应当不例外地感到高兴。二是与同龄人一致。相同年龄阶段的人都有共同的心理特征，代表着某一年龄的人所具有的心理发展的一般趋势。因此，相同年龄的学生对客观事物产生的喜、怒、哀、乐大致相同。

当然，与大多数人的心理表现一致的最重要的标志是，心理能否反映客观事物的本质属性和规律。比如，超常儿童的智力发展要比普通儿童早，也成熟得快，他们能正确地解释很多同龄人不懂的问题，他们的心理表现似乎与同龄人不一致。其实，超常儿童的心理也是健康的心理。

2. 看是否有正常的行为

人的行为受意识的支配。因此，它像心灵的一面镜子，反映着一个人心理健康的实际状况。具有健康心理的学生，其行为应具有以下三个特点。(1) 行为方式与个体充当的社会角色相匹配。人从出生以后，就要逐渐发展一整套适应社会环境的生活方式、行为模式和人格特征，以便进入社会，参与社会生活，成为社会的一员。心理健康的人，其行为方式与他充当的社会角色是相匹配的，一般不会发生社会角色冲突的现象。(2) 反应与刺激相一致。心理健康的学生对刺激的反应是适度与协调的。所谓适度指强的刺激引起强的反应，弱的刺激引起弱的反应，不应当出现“无病呻吟”之类的事。所谓协调指的是反应的内容和性质与刺激的内容和性质一致，不会出现“牛头不对马嘴”之类的反应。(3) 行为具有一贯性和统一性。人的心理与行为是有机联系、不可分割的。心理与行为反映了人对客观事物相对稳定的态度。例如，一个对学习目的有正确认识的学生，他就会对完成学习任务抱有高度的热情，不管是否有人监督，他都会一贯地自觉努力学习。然而，当客观情况变化时，他的行为与态度也会发生调整性的变化。例如，需要他停止做作业去参加灭火时，他会立刻改变行为方式，投入灭火行动。

3. 看人际关系是否正常

一个心理健康的学生与同学、教师之间的人际关系是正常的。他会根据社会规范来调节自己的行为，具体表现为：(1) 他了解别人，别人也了解他，他能被别人所接纳，他也能接纳别人；(2) 他关心、热爱集体，集体中有他亲密的伙伴，集体使他产生幸福感，他永远不会感到孤独；(3) 他在学校是好学生，在家里是好孩子。

4. 看是积极情绪多还是消极情绪多

人们长期以来都把情绪状态作为心理是否健康的一个重要标志。具有健康心理的学生有两个明显的特点：一是知足常乐。即使有消极情绪产生，他们也能进行反思，使自己的需要与客观现实所能提供的满足需要的可能性统一起来，消除非分的要求，使情绪恢复正常。二是有排除消极情绪的自觉性。他们比其他人更懂得积极的情绪有利于身体健康，消极的情绪不利于身体健康的道理，因此，他们排除消极情绪的干扰是自觉的、主动的。

5. 看是否能坚持正常的学习与活动

在身体健康的条件下，学生是否能够坚持正常的学习与参加集体活动，也是衡量他们心理是否健康的一个标志。学校开设的各门课程以及开展的各项活动是与学生的接受能力相适应的。在没有明显的原因的情况下，如果有的学生学习成绩突然下降，或者突然不愿意参加集体活动而又出现一些怪异的行为，包括装病等，就要考虑这样的学生可能有心理上的问题。

（二）不健康的心理

具有不健康心理的学生可能在思想上、情绪上和行为上产生与社会生活习惯不相符合或偏离社会生活规范的现象。他们对客观事物往往有某些夸张或过度的心理反应，有的还表现为对外界适应能力的降低，甚至丧失对外界的适应能力。少年期学生常见的不健康心理有以下各种表现。

1. 嫉妒

对品德、学习比自己好的人心怀怨恨，就是嫉妒。这种人对别人的成绩和优点不以为喜，反而不满；别人成功了，他们却感到比自己失败还难受。嫉妒会恶化人际关系，也有害于自己的身体健康。嫉妒心严重的学生不仅可能产生心理变态，而且也容易患机体的疾病。所以说，嫉妒是心灵的毒瘤。

2. 多疑

对自己或别人产生毫无事实根据的怀疑，就是多疑。这样的学生常常会捕风捉影地认为别人不相信自己，别人在背后议论自己的缺点，别人在设置圈套，要陷害自己。他们甚至对自己的亲人、教师、朋友都持怀疑的态度。多疑的人往往自找麻烦、自寻愁苦、自我忧虑，惶惶不可终日。

3. 压抑感

感到有无形的力量对自己思想、情感的流露加以限制，就是压抑感。学生的压抑感可以由学习上的挫折、人际关系紧张、环境中的不良刺激或者自身存在的缺陷产生。压抑感通常以郁郁寡欢、多愁善感、情绪沮丧、对人对事缺乏兴趣等形式表现出来。这种不健康的心理如果长期地累积起来，就很容易诱发心血管病、肠胃疾病等。

4. 骄傲与自卑

自以为了不起，看不起别人，就是骄傲。轻视自己，认为无法赶上别人，就是自卑。骄傲与自卑在形式上是完全相反的心理表现，但两者实质上都是不能正确估价自己所造成的。骄傲的学生总是过高地估价自己，因而对人对事都表现出傲慢、狂妄的神态。自卑的学生则相反，他们在与别人比较时，过低地估价自己，总觉得自己处处不如人，低人一等。

骄傲的学生往往在取得一点儿成绩时就趾高气扬，而遇到挫折时，情绪就一落千丈。自卑的学生不管是在成功或失败面前，都表现出意志消沉、无精打采。自卑心理会使人孤独、离群。当受到周围的人蔑视或嘲笑时，自卑的学生容易产生畸形的情绪表现。

5. 撒谎

有意说不真实的话，就是撒谎。在不良的环境中成长的学生撒谎是很普遍的。我国有人调查了 7 个省份的儿童，发现 3 岁就开始撒谎的竟占被调查人数的50%以上。国外的同样调查也发现，这个年龄就开始撒谎的儿童大约占2/3。撒谎的学生时刻都会担心谎言败露而心神不安，有时不思饮食、夜不能寐、噩梦连绵。有的学生说了谎话，但表面上装得很平静，其实，他们的内心忐忑不安。经常撒谎的学生容易产生心理上的负疚感，久而久之容易引起中枢神经系统的功能紊乱。

6. 攻击性

在攻击动机的驱使下，做出有害他人或他物的行为，就是攻击性。攻击性一般在自己的需求或欲望不能满足时发生。具有攻击性的学生会挑衅反对过自己的人或群体，有时则以戏弄别人，暴露别人的缺点、缺陷为乐，有时这种行为还会迁怒于小动物或弱小同学。具有攻击性的学生往往缺乏同情心，他们很容易发展成为具有某种病态心理的人。

7. 无端恐惧

时时感到自己无法摆脱或逃避某种情境所产生的情绪，就是无端恐惧。人在遇到危险或回想起危险经历时会产生恐惧，这是正常的。但是，有些学生会对根本不存在的东西感到恐惧，如鬼神、妖怪，或者惧怕不应害怕的事物或现象，如黑暗、打雷等，这是不正常的。经常受到不正当的批评、虐待或者学习成绩不良的学生较容易产生无端恐惧。无端恐惧如果长期不能解除，就可能出现幻视、幻听、幻嗅、幻味等异常心理现象。

8. 强迫癖与强迫症

对别人施加压力，强迫别人服从和接受自己的观点或意见，就是强迫癖。强迫癖有两种表现。一种是将自己喜爱的东西一定要强加给别人，非让别人接受不可，认为自己喜欢的东西，别人也会喜欢。当别人不愿意接受时便反目，认为人家不尊重自己。另一种是让别人接受自己不喜欢的东西。他们的心里没有“己所不欲，勿施于人”的观念。强迫症与强迫癖不同。强迫症是以自我的强迫观念与强迫动作为主要特征的心理疾病。常见的强迫观念有强迫疑虑、强迫回忆、强迫询问、强迫性穷思竭虑、强迫性对立思想等。常见的强迫性动作有强迫计数、强迫洗手、强迫性仪式动作等。

有些心理学者认为，人的心理健康水平可以粗略地分为三个等级：第一级是常态心理，第二级是一般病态心理，第三级是较重病态心理。人的心理健康的等级划分是对心理健康状况的一种描述，它不是定性或定量的分类依据。

在日常生活中，人们也喜欢用“常态心理”与“病态心理”来形容某些人的心理表现。实际上常态心理与病态心理之间的区别是相对的。在一生中，许多人会时而越过常态心理的界限，成为有病态心理的人，时而又返回来，恢复为具有常态心理的人。国外曾经有人对一些健康的青少年进行心理测验，结果发现，他们当中属于严格意义上的常态心理的人一个也没有，或多或少都有某种异常心理或行为。可见，心理健康具有相对性。因此，在人们的正常学习或工作中，有些人由于种种原因，暂时产生诸如恐惧、烦恼、焦虑、激动、胆怯、孤僻、人际关系紧张、个性失去平衡等现象，都不能不加分析地一概视为病态心理。

二、影响心理健康的因素

影响心理健康的因素很多，也很复杂，但主要有生理、心理和社会文化三方面的原因。这三方面的原因又往往相互影响，互为因果。心理学的研究表明，不健康的心理很少由单一的原因所致。

（一）生理原因

造成不健康心理的生理原因包括遗传、生理解剖结构特点、生化特点、病菌的侵害以及生理疾病等。

（二）心理原因

造成不健康心理的心理原因是多方面的，诸如：曾经遭受过心理上的沉重打击，消极情绪长期存留；受到各种旧习俗、礼教、道德等方面的限制，形成了心理定势；个人的需要得不到满足，内心长期有激烈的动机斗争；工作、生活、学习中的重大事件使心理长时间处于应激状态；童年时期受过某种心理挫折或创伤，致使神经功能脆弱，难于应付现实的压力的影响；等等。通常，受到过分溺爱、保护或者从小缺乏父母之爱的儿童较容易产生不健康的心理。

（三）社会文化原因

造成不健康心理的社会文化原因包括来自家庭、学校、社团以及社会经济、政治、文化、风俗习惯、伦理道德等意识形态因素的不良影响，如父母的不良个性与教育方法，学校的不良校风、教风、班风、学风的影响，以及社会不良习俗的影响。这些不良影响一旦作用于某个脆弱的、思想与心理还不够成熟的个体，就很容易使他产生心理障碍或心理疾病。

第二节　心理咨询概述

一、什么是心理咨询

心理咨询是运用心理学的知识与相应的技巧，以语言、文字或其他信息作为沟通形式，对遭到心理困扰而又无法自我排解的人所存在的心理问题进行分析，化解他们思想上的困惑，从而维护他们身心健康和人格完善的一种专门技术。

心理咨询的对象可以是正常人或者能够接受咨询帮助的有轻微心理问题的人。婴儿及不能合作或无法自诉与交谈的精神病患者，不能作为心理咨询的对象，但可以通过对他们的家人、朋友、同事提供咨询指导，进行间接的咨询。心理咨询是一种专业性很强的技术，它有系统的理论、程序、方法和专门的技巧。因此，心理咨询人员必须受过专门的严格训练，具有判断心理不适、心理异常、心理障碍、心理危机、心理疾病的专业知识，并掌握解除咨询对象的心理负荷，改善他们的认知行为，使之获得更为适当的应变能力的技能和技巧。

二、心理咨询的发展简况

在我国，心理咨询的历史可以追溯到古代。那时，人们心中有解不开的疙瘩或不顺心的事，就要去长者、智者那里寻求帮助。国外的古希腊、古罗马也是这样，人们有了心事，也常常找哲人、巫医或从《圣经》中去获得解脱心事的教导。

英国遗传学家高尔顿（F. Galton，1822—1911）和美国心理学家卡特尔（J. M. Cattell，1860—1944）可以说是心理咨询的先驱者。在他们的影响下，大约从 1930 年开始，包括职业、社会、家庭、学生、情感、经济、健康等方面的咨询工作逐渐开展。美国心理学家威廉森（E. G. Williamson）1939 年出版的《如何对学生进行咨询》一书，是奠定心理咨询科学研究基础的代表作。

第二次世界大战的爆发以及西方国家经济萧条局面的缓和所引起的社会巨大变化，使人们迫切要求在情绪和人际关系问题方面得到帮助。在这种形势下，美国心理学家罗杰斯于 1942 年出版了《咨询与心理治疗》一书。他认为心理咨询人员与心理咨询对象之间要建立一种良好的关系，使咨询对象能主动地、无顾虑地倾诉自己内心的秘密。他还认为，应当充分利用咨询对象寻求适应的内在动机，发挥他们的主观能动性，避免命令式的影响，这样才能获得咨询的良好效果。罗杰斯的这些主张对心理咨询工作的开展起到了指导性的作用。

自20世纪60年代以来，美国、日本、苏联、德国等国家纷纷设立社区心理卫生中心、精神卫生中心、家庭心理咨询中心、教育咨询中心等专门的心理咨询机构。从事心理咨询工作的人员也逐年猛增。例如，美国每1 500名中学生中，就配有一名心理咨询人员或心理学家。联合国教科文组织向世界各国推荐的是，每6 000～7 500名学生中应配有一名心理咨询工作者。

我国的心理咨询工作起步较晚，至20世纪80年代才有人开始重视这项工作。进入90年代，我国大力培养、培训心理咨询工作者。各省市的一些高等学校和中小学以及医疗部门也先后建立了心理咨询机构或心理门诊部。一些报刊也辟专栏介绍心理咨询知识。随着各项事业的发展，我国心理咨询事业一定会呈现出勃勃生机。

三、心理咨询的形式和原则

（一）心理咨询的形式

为了保证心理咨询的成功，必须因人、因时、因地选择恰当的咨询形式。心理咨询的形式有直接咨询、间接咨询和现场咨询等。

1. 直接咨询

直接咨询是咨询人员与咨询对象面对面接触而开展咨询活动的形式。这种形式又可以分为个别咨询、集体咨询和门诊咨询三种。

个别咨询是由一个咨询人员对一个咨询对象进行咨询的形式。这种形式可以减少咨询对象的思想顾虑，让他毫无保留地倾诉自己内心的问题，自由地表现自己的喜、怒、哀、惧，也有利于咨询人员耐心、细致地对咨询对象开展工作。但是，采用这种形式，咨询人员提出的意见、建议只是个人的主观分析与判断，咨询后得出的结论缺乏集思广益的成分。

集体咨询是根据咨询对象提出的问题的性质将咨询对象分成小组，让他们进行讨论，最后由咨询人员解释他们存在的共同问题的一种形式。这种形式一般用来解决带有普遍性的、简单而又易于解释的心理问题。咨询人员可以是一人或几人，咨询对象可以几人或几十人。集体咨询的特点有三个：一是感染性强。咨询对象之间、咨询人员与咨询对象之间可以形成多向性沟通，并通过彼此的信息交流产生良好的集体心理效应。二是效率高。咨询对象通过对问题展开集体讨论，可以相互开导和勉励，这样，可以达到减少问题反复、巩固咨询效果的目的。三是为咨询对象提供交友机会。通常，性格孤僻、易害羞、喜欢独处的人容易产生社会交往方面的心理问题，在集体咨询中，咨询对象之间可以相互示范、模仿，使有些人容易克服交往的心理障碍，并借助于集体的力量得到心理平衡。但是，对于有隐私而不愿意暴露或咨询内容不便公开或只习惯于单独咨询的对象来说，集体咨询的形式就不理想了。所以，应当把个别咨询和集体咨询两种形式结合起来使用。

门诊咨询是在医院或咨询机构按照门诊的办法进行的咨询形式。门诊咨询有综合性咨询和专门性咨询两种。综合性咨询包括对各种年龄、性别的人的各种心理问题进行咨询与解答。专门性咨询只对某一个专项或某一类心理问题进行咨询与解答。门诊咨询就像医生看病一样，是最普遍的心理咨询形式。咨询时，咨询人员首先听取咨询对象或其随同人员的叙述，然后就采集到的资料或数据信息进行分析与诊断，必要时可以做相应的心理测验或心理检查，最后提出解决问题的指导性意见。一次门诊如果不能完全解决问题，可以复诊。门诊咨询对咨询人员的专业素质要求较高，所以咨询人员必须具备较好的专业知识、技能和经验，才能胜任这项工作。

2. 间接咨询

间接咨询是借助于某种媒介而开展的咨询活动形式。间接咨询有书信咨询、电话咨询、宣传咨询等。

书信咨询是对咨询对象来信提出的问题，咨询人员以书信作答而进行的咨询形式。这种形式简单易行，运用方便，而且不受空间距离的限制。咨询对象可以抒发自己内心的隐秘和苦恼，有时还可以尽情地发泄心中的愤懑或忧思。但是，咨询人员不能与咨询对象见面，所以无法察言观色。在咨询对象不能准确地用文字表达思想或用词有误的情况下，咨询人员容易“误诊”。此外，咨询人员也无法从咨询对象的某些“弦外之音”中随时发现问题，及时予以指导。书信咨询要求咨询人员有高水平的专业知识和文字表达能力。由于落笔之后无法更改，因此每条意见、每个词都要认真、慎重斟酌，以免引起咨询对象的误解。

电话咨询是以电话为工具对求助的咨询对象进行劝导和安慰的形式。电话咨询迅速、及时，也不受空间与时间的限制，昼夜都可以使用。特别是对那些心理问题严重的人，它可能是挽救生命的希望之线。但是，电话往往是长话短说，咨询对象不能倾尽心迹，这无疑会影响咨询的质量。

宣传咨询是通过报刊、广告、宣传品、广播、电视、电影等媒体，对读者、听众、观众就典型的或时令性的心理问题进行解答的形式。这种形式可以就某一个问题深入而广泛地进行探讨与研究，有不同的看法也可以展开磋商，而且宣传面广，可以使更多的人受益。宣传咨询还兼有心理预防、心理诊断和心理治疗的功能。

3. 现场咨询

现场咨询是直接咨询与间接咨询的继续。这种形式是咨询人员到现场对咨询对象提出的问题给予解答。咨询人员可以把咨询对象所处的环境与人际关系等因素作为参照条件，借此综合地分析咨询对象产生心理问题的背景与原因，提高诊断的客观性。进行现场咨询时，可以采用直接咨询形式，也可以采用间接咨询形式。

（二）心理咨询的原则

心理咨询的原则是根据咨询工作的客观规律和要求提出的，它也是咨询人员实际经验和理论探讨的总结。因此，认真贯彻心理咨询的原则是提高咨询质量的重要保证。

1. 长善救失原则

咨询人员必须切实了解咨询对象的实际情况，分析他们存在的“善”与“失”，然后引导他们利用自身的优点去矫正自己心理上存在的问题。咨询人员要有立足于鼓励他们积极进取、树立正确的人生观和价值观的善意。

为了贯彻这一原则，咨询人员必须做到以下三点：(1) 要先知其人，咨询人员对咨询对象个人的思想素质、品德修养、文化水平、兴趣爱好、个性特征、行为习惯等要有较深入的了解；(2) 要知其心，知其心，然后才能救其失，咨询人员必须态度和蔼、循循善诱地找出咨询对象存在心理问题的症结；(3) 要知其友，咨询人员要详细了解与咨询对象经常往来的朋友是哪些，分析这些朋友所产生的积极影响与消极影响。

2. 委婉启发原则

咨询人员要态度诚恳，启发咨询对象吐露内心真情，耐心地帮助他们准确地表达自己的思想与情绪。

为了贯彻这一原则，咨询人员必须做到以下三点：(1) 要善于掌握启发点，启发点就是有助于解决问题的关键或者是解决问题的重点与难点；(2) 要善于运用启发手段，最有利于启发的手段是咨询人员与咨询对象之间建立和谐与相互信任的关系，同时咨询人员要围绕咨询的目标展开谈话，不要误导咨询对象去叙述无关紧要或无聊的话题；（3）要善于领悟咨询对象隐藏在话语背后的思想和观点，抓住问题的主要矛盾，引导咨询对象吐露内心的真实情况。

3. 尊重与信任原则

咨询人员应当尊重咨询对象的人格，相信他们的谈话内容和咨询的意图。咨询对象的年龄、文化修养、经济状况、能力、气质、个性等是千差万别的，但是，他们都有一个共同点，就是希望咨询人员尊重与信任他们。

为了贯彻这一原则，咨询人员必须做到以下几点：（1）在任何情况下，咨询人员都要认真地听取咨询对象的自述，对他们谈及的人和事要持相信的态度；（2）不要以轻蔑的态度打断咨询对象的话，有不明白的地方，要等待他们述说完毕之后再细心询问和核实；（3）不能以一次谈话作为唯一的依据，对于存疑的问题，要通过其他途径去认真调查、取证，要尊重事实；（4）咨询人员对待所有的咨询对象要一视同仁。

4. 整体性原则

在咨询过程中，对于制约咨询对象心理活动的各种因素，咨询人员要从整体效应出发进行分析与综合，因为各种心理因素之间都是相互渗透、相互影响的。一个人在某一方面存在心理问题，这一定与他的整个心理活动有密切的联系，从整体入手进行分析与综合，得出的结论才不容易出现偏差。

为了贯彻这一原则，咨询人员必须注意以下方面：（1）要把孤立的心理事件放在整体心理活动系统中来加以认识；（2）要考虑各种心理问题之间的相关效应及相互依存的关系；（3）要重视心理的转化效应，认真研究咨询对象产生心理问题的因果关系、对立统一关系及心理问题转化的内外部条件。

5. 具体分析原则

咨询人员要从实际出发，既要遵循心理咨询的一般规律，又要具体问题具体分析，注意咨询对象的年龄特征和个别差异。

为了贯彻这一原则，咨询人员必须注意以下三点：（1）要具体分析咨询对象的心态。有的咨询对象可能抱着自卑、羞怯、不安或警戒的心理来请求帮助，有的则可能持满不在乎、虚假、疑虑等心理来有意试探。只有了解咨询对象所抱的态度，才不会影响咨询的真实性。（2）要分析咨询内容的性质。咨询对象可能提出很多问题，如学习障碍、社会行为障碍、人际关系障碍等，咨询人员应当具体分析，有重点地进行咨询，突破一点，再涉及其余。（3）要具体分析并判断咨询对象的年龄、性别、家庭情况、期望值、人生观等因素所产生的不同影响。

6. 预防性原则

咨询的目的不只是为了解决咨询对象存在的心理问题，同时也要向他们说明产生心理问题的原因和心理问题的发展趋势及危害性，为他们提供减轻或解除心理障碍的建议和增强心理健康的方法，普及预防的知识。与生理疾病一样，心理疾病也要以预防为主。

为了贯彻这一原则，咨询人员必须做到以下三点：（1）要有防患于未然的意识，要提醒咨询对象注意可能产生的其他心理问题；（2）要设法建立各种心理常规统计模型，为心理问题的预测提供依据，并使更多的人认识心理咨询的必要性；（3）要积极推广心理咨询工作的成果，使心理咨询成为社会的一项服务性事业，同时要积极开展对家庭心理咨询的指导。

7. 保密性原则

咨询人员必须对咨询对象谈话的内容，以及他们提出的应当保密的内容绝对保密。对咨询对象要求保密的内容保密是咨询人员与咨询对象之间建立信任感与相互支持的基础。对于咨询人员来说，失密就是失职，不仅要受到道德的谴责，而且也要负法律责任。

为了贯彻这一原则，咨询人员必须做到：（1）对咨询对象的全部谈话内容保密，咨询人员之间不能相互打听属于保密范围的有关信息；（2）咨询人员要养成不打听别人秘密的职业习惯；（3）咨询人员要树立保密是法律与道德需要的观念。

四、心理咨询的过程

心理咨询具有渐进性。一般来说，要使咨询对象以新的想法和观点去取代旧的想法和观点，从而消除心理上存在的问题，获得能适应社会化要求的行为和习惯，不是一朝一夕的事情，需要一个过程。因此，心理咨询要循序渐进地按心理咨询程序所经历的一些阶段开展工作。

（一）搜集材料阶段

这个阶段的任务是用书面或口头的方式，向咨询对象本人进行调查，并记录下来。必要时还应当向与咨询对象有关的人做详细了解。调查的内容包括：（1）咨询对象的基本情况，如姓名、地址、年龄、性别、民族等；（2）咨询对象的学习状况、生活起居状况、兴趣爱好、业余活动以及家庭状况等；（3）咨询对象对咨询的认识，如对咨询的目的、作用是否了解，已咨询的次数，适合于何种咨询；（4）咨询对象的社会背景，如最有影响的家庭成员、亲友、师长等情况；（5）咨询对象的社会交往情况、人际关系。为了调查方便，可以将调查内容制成表格，便于填写。

需要咨询的问题可以由咨询对象或其陪伴者提出，也可以通过咨询人员与咨询对象双方交谈后确定。在这个阶段，对问题产生的原因、时间、背景，问题的发展变化、具体表现，他人对咨询对象的态度等，都要做详细记录。

（二）诊断问题阶段

在搜集材料的基础上，咨询人员为了诊断准确，可以进一步做以下几项工作：（1）整理资料，必要时还要向咨询对象的家属、亲友、同学等进一步询问详情；（2）可以使用心理测验，采集某些需要深入掌握的数据或材料；（3）核对已有材料中存疑的事例或情节；（4）必要时应查阅有关的常模资料，借以比较与判断。

在综合各方面的材料之后，可以开始分析咨询对象存在的心理问题，确诊其存在的心理问题的实质，制订诊断分析提纲，探讨解决问题的途径与方法，提出可供选择的疏导与解决问题的方案。

（三）劝导帮助阶段

根据所提供的解决问题的方案，咨询人员和咨询对象可以一起研究，进行方案的优化选择。在双方达成共识之后，咨询人员就可以开始进行劝导与帮助。这个阶段的任务有三个。一是向咨询对象提供有关的信息，例如怎样调整自己的认知方式，怎样用和以前不同的方式看待自己和别人，怎样看待社会与世界，怎样改变自己的世界观、人生观和价值观等。二是对咨询对象实施必要的矫正或治疗手段，例如可以帮助咨询对象运用表象法或角色扮演技术，让他想象自己在排除某个心理问题时可能产生的情绪体验及其良好结果。通常在解决心理问题时，应当指导咨询对象采用冲突最小而又最有利于问题解决的办法，比如采用斗争、回避、协商、谦让的办法，可以解决人际关系紧张而引起的心理问题，但最好不要采取斗争的办法。三是对劝导、帮助的结果做出预见。

（四）追踪反馈阶段

这是检查、研究咨询结果的阶段，通常采用的方式有五种：（1）备忘录式，咨询人员把嘱咐咨询对象要做的事制成表格形式，让咨询对象填写并定期回收，以便研究；（2）访问式，咨询人员直接访问咨询对象，通过口头或问卷考察咨询结果；（3）书信式，通过书信来往与咨询对象交流信息，除了检查咨询结果外，咨询人员与咨询对象还可以就有关问题继续研讨；（4）电话式，利用电话交谈，检查咨询效果；（5）座谈式，约请咨询对象的家属、亲友、师长、朋友等开座谈会，请他们对咨询对象的表现发表意见和看法，并对咨询效果做客观评价。

五、咨询内容

咨询的内容广泛而复杂，包罗万象。对于少年期学生来说，主要包括心理障碍、心理疾病、逆反心理等。这些心理问题，有的可以通过心理咨询人员的疏导加以解决，有的则需要通过心理医生的治疗才能解决。

（一）心理障碍

少年期学生常见的心理障碍有以下类型。

1. 学习障碍

不能通过听、说、读、写、算以及各种实践活动去获得相应的知识与技能的现象，就是学习障碍。学习障碍的表现形式有多种：（1）注意障碍，如注意范围狭小并难于唤起，注意不能保持应有的时限，对某一对象的细节产生不应有的过分专注，注意长时期松懈或迟钝，注意频繁转移，注意呆滞且缺乏灵活性等；（2）感知障碍，如感知过敏、减退或缺失，感觉倒错，内感性不适，幻视、幻听、幻嗅、幻味等；（3）记忆障碍，如记忆反常增强或减退，记忆歪曲，经常性的再认与回忆错误等；（4）思维障碍，如推理缺乏逻辑性而导致因果倒错，为了表达一种离奇的观念而自创符号、文字或图形，把具体概念和抽象概念相互混淆起来进行思维，联想过程迅速而又杂乱无章或联想范围散漫且缺乏逻辑联系，思维的连续性被破坏而引起言语内容缺乏联系、令人无法理解等。

2. 行为障碍

不能适应正常的环境而引起行为异常的现象，就是行为障碍。行为障碍的表现往往有两极性。行为障碍包括情绪障碍、意志障碍和人格障碍。

情绪障碍表现为：(1) 在正常的交往中，经常产生原因不明的消极情绪，或者长时间地不尊敬师长，不能与同学友好相处；(2) 对外界的任何刺激都缺乏相应的情绪反应，常表现出无目标地凝视某一方向；(3) 情绪的外部表现与内心体验不一致，情绪反应丧失协调性；(4) 对同一个人或同一事物同时产生两种截然不同的情绪体验；(5) 不由自主地产生紧张或恐怖的情绪，而且难以克制或摆脱；(6) 经常性地哭笑无常、吵闹叫喊、手舞足蹈或狂笑高歌；(7) 易于激动、多语、多动、易怒，甚至怒不可遏；(8) 常常为微不足道的小事而伤感、悲痛欲绝，情绪活动的自制力极差。

意志障碍表现为：(1) 对周围的一切都感到索然乏味，行动缺乏主动性与目的性，易受暗示；(2) 失去理想和奋斗目标，常常连基本的生活、学习活动也要外力的催促与监督；(3) 常常为一种毫无意义、毫无价值的目标而不惜一切代价地努力奋斗，有某种病态的顽强性和妄想。

人格障碍表现为：(1) 把功劳归于自己，把错误归咎于别人；(2) 思想固执，常常坚持自己毫无根据的猜疑，嫉妒心强，自我评价过高，不信任任何人，不接受别人的批评，易冲动，好诡辩；(3) 内向，沉默寡言，行为怪癖，对人对事冷漠，胆怯害羞；(4) 过分专注自己，常幻想自己才貌出众，期待别人赞扬并注意自己；(5) 行为受原始欲望支配，脾气暴躁，待人不真诚，对危害社会的行为毫无悔恨；（6）有过高而强烈的自我控制行为，常常以自己的标准去强迫别人按照自己的思维方式或行为习惯办事；（7）过分自卑，遇事退缩，极度依赖别人，缺乏自信，总想求助于别人来应付自己的日常事情或替自己出主意。

3. 人际交往障碍

在人与人之间进行直接或间接的接触过程中，彼此由于未能沟通或者缺乏沟通的技能与愿望所表现出来的不正常的心理现象，就是人际交往障碍。人际交往障碍表现为：（1）胆怯，怕生，或过多地约束自己的言行，以至于手足无措，无法表达自己的思想感情；（2）过低地估价自己，在与人交往中想象成功的体验少，而想象失败的体验多；（3）孤独寂寞，即使处于人群之中也仍然感到孤独；（4）不能适应角色需要，常常发生角色冲突；（5）行为常常过激或带有攻击性，常常使自己处于孤立的境地；（6）心胸狭窄，过于固守本分，强迫自己与外界绝缘；（7）过分喜欢打听、干预和传播别人的私事，并以此为快。

（二）心理疾病

少年期学生常见的心理疾病有以下几种。

1. 神经官能症

神经官能症的主要病因是心理创伤。比如，长期的学习负担过重、师长的教育方法粗暴、家庭不和睦、父母离异等引起的长期精神紧张的学生，就很容易患这种心理疾病。神经官能症的主要表现有神经衰弱、歇斯底里、强迫症等。

2. 精神分裂症

对于精神分裂症的病因，至今人们尚不清楚。精神分裂症有两种类型：一种是单纯型，发病多在青少年时期，其早期症状是头痛、失眠、精神萎靡，随后出现学习懒散、孤僻、迟钝，对事物丧失兴趣，对人冷淡、仇视等，严重时会出现发呆、傻笑、自言自语、做怪相等；二是青春型，发病多在 20 岁以下，其早期症状是性格乖戾、多疑、爱空想、情绪不稳定，发病期间思维紊乱，语词不连贯，情绪变化无常，时而大哭大闹，时而破涕为笑，意志力极差，行动幼稚。

3. 躁狂抑郁性精神病

这是以情感异常为特征的一种心理疾病。发病者情绪或高涨或低落，或者两者交替出现。这类疾病最早在 13～14 岁发生。其病因与心理创伤、身体疾病或精神过分紧张有关。患者在情绪高涨时，表现出异常兴奋，并伴有莫大的"幸福感"体验，而在情绪低落时，则忧伤失望，丧失信心，并伴有"绝望"的体验。

4. 病态人格

神经系统发育不健全，后天又受到不良环境影响的学生容易患这类心理疾病。这种病最早可以见于童年或少年期。病态人格的表现是：(1) 以自我为中心，自私，好与人争吵，虚伪，爱撒谎、造谣，多疑，敏感；(2) 情绪极不稳定，并难以控制；(3) 行为失常，经常放荡无度，惹是生非，爱流浪出逃；(4) 目光短浅，只顾眼前欲望，不考虑行动的后果；(5) 个性偏离生活规范，自暴自弃。

（三）逆反心理

少年期学生有时会不听师长的劝告与教育，或不按照特定的目的与要求去采取相应的行动，反而做出相反的习惯性抗拒的反应，这时的表现就是逆反心理。学生的逆反心理常常在这些情况下发生：(1) 给学生设定的活动目标与要求不适宜；(2) 给学生安排的活动内容与形式不符合他们的需要；(3) 活动的情境与学生的意愿不一致；(4) 学生对指导或安排他们活动的人反感；(5) 学生喜欢的活动或喜欢的事物被别人用简单的方式禁止；(6) 迫使学生参加他们不愿意参加的活动；

（7）对学生不适当地过多重复讲解某一活动的要求或做法；（8）教育学生时，前后的要求不一致。当然，只有程度严重的、习惯性的、形成心理问题的逆反心理才需要咨询。

少年期学生常见的逆反心理有以下几种。

1. 情境相悖逆反心理

学生正想着做某一件事，而别人又要求他们去做另一件事，这时就容易产生情境相悖逆反心理。例如，已经到了放学回家的时间，教师还要把学生留下来抄写课文，这样就容易使他们拒绝本来可以接受的要求，产生逆反心理。当学生处于盛怒、焦虑、抑郁或需要改变心理情境时，情境相悖逆反心理较容易产生。

2. 信度可疑逆反心理

在日常生活中，学生对人格高尚、言语真诚、能为人师表的人的教导总是持信任的态度，甚至把他们当榜样加以模仿，而对自私自利、纪律散漫、品德不良的人，学生则难以接受他们的说教。后一种人尽管有时对学生进行的是正面、积极的教育，学生也会产生逆反心理。

3. 禁果诱惑逆反心理

越是被禁止的东西，往往越容易使学生产生好奇与探究的心理。因为他们不相信这种禁止有充分的理由，于是容易产生尝试犯禁的意向，并对“禁果”予以特别的注意。在学校或家里，对于学生想做或想知道的事，如果别人只是简单地禁止而不说明禁止的原因，则学生越会产生逆反心理。

4. 态度对立逆反心理

学生往往对与他们关系紧张的教师或家长产生态度对立逆反心理。例如，在选举班干部时，与学生关系紧张的教师提出的人选本来与学生的意见一致，但是，由于师生关系对立，当学生知道这个干部人选是教师提出来的时候，就转而持相反的不赞成的态度。

5. 超限刺激逆反心理

在日常生活或学习中，当对学生的某种刺激过于强烈或作用的时间过长时，学生反而会对这种刺激不按要求地做出反应。例如，一个语文教师布置的家庭作业是把某篇课文的 10 个关键词抄写 50 遍，结果，第二天检查时，竟没有一个学生完成任务。

6. 自主倾向逆反心理

少年期学生普遍有一种趋向自主与期望摆脱外部控制的心理要求。因此，当外界的某种控制使他们感到自主地位受到伤害时，他们就容易产生自主倾向逆反心理。例如，下棋时，一个学生已经想好了要走的一步棋，但由于英语老师的提示和他的一样，于是他就故意走不同的棋法。

7. 归因失真逆反心理

当对学生行为的动机产生曲解时，由于归因失真，学生就容易产生抗拒性的逆反心理，即归因失真逆反心理。例如，一个平时学习成绩不太好的学生，由于加强复习并请人辅导，期中考试成绩在班上名列前茅，但是，班主任认为他作弊。由于班主任的归因失真，这个学生从此再也不理这个班主任了。

8. 评定失实逆反心理

喜欢比较是少年期学生的一个特点，他们的心里都有评定客观事物的尺度，并用它作为标准来给事物做出价值判断。在评定某一事物时，如果别人与他们的标准不一致，评定的结果不真实，那么，他们就会产生评定失实逆反心理。例如，在评定三好生时，如果学生认为教师有偏袒思想，有失公平，这时就很难缩小学生心理上与教师的差距，学生自然地就会产生由于评定不真实而引起的逆反心理。

第三节　少年期学生的心理卫生教育

一、什么是心理卫生

根据心理活动规律，采取各种措施来保护与增强人的身心健康，提高人对环境的适应能力，预防人的心理疾病发生的技术，就是心理卫生。

人们往往只重视生理方面的卫生，而忽视心理方面的卫生。其实，生理和心理两方面的卫生都同等重要。人是生理和心理的统一体，生理和心理是相互影响、相互作用的，因此，两者相辅相成。一个人生理上有疾病，就会影响心理的健康，而心理不健康也必然要引起生理上的不良变化。例如，据某医院的研究，65%的病人的病因与社会逆境引起的心理问题有关，35%的病人的病因在很大程度上与情绪不好有关。英国一位医生曾经调查了 250 个癌症患者，发现其中的 156 人在患病前受过重大的精神打击。我国医务与心理学工作者曾经做过调查，发现 150 例的牙痛患者中有 30.7%的人是心因性牙痛，他们曾经有过生气、着急、口角、家庭纠纷等精神创伤经历。国内外的一些研究一致表明，心情舒畅或有理想的人的心理状态有助于治愈生理疾病。俄国的一位医生还发现，在战场上，胜利者的伤口愈合得要比失败者的快，也愈合得好。

二、心理卫生工作的内容

提倡重视心理卫生工作最有影响的人是美国的比尔斯（C. W. Beers，1876—1943）。他曾在精神病院经历了三年的非人生活，出院后决心从事心理卫生工作。1908 年他写了一本叫《自觉之心》的书，揭露了精神病院对病人的不合理待遇和病人所受的痛苦，引起了社会的很大反响。随后，心理卫生发展成为全美的社会性运动，并影响了世界各国。许多国家也相继掀起了心理卫生运动。

心理卫生工作的内容非常广泛，以塑造健全的人格为宗旨。从世界各国开展心理卫生运动的趋势看，心理卫生工作包括以下的主要内容。

一是普及心理卫生教育。通过出版物、大众媒体或者利用讲演、集会向广大群众宣传心理卫生知识，引起社会对心理卫生工作的注意、理解和重视。

二是心理咨询和心理疾病的诊断与治疗。在国外，心理咨询的开展也只有几十年的历史，但它对促进人们的心理健康和社会安定做出了成绩。我国卫生部也已规定，凡达到三级甲等的医院和有条件的中小学必须设立心理门诊，开展心理咨询业务。心理疾病的诊断与治疗的重点是及时发现心理疾病患者，对他们进行早期治疗，并改进精神病医疗机构的设施，缩短病人的治疗时间，减少疾病复发率。

三是训练心理咨询人员和精神病医生，使心理咨询人员和精神病医生的数量和质量得到改善。

四是开展心理与精神疾病的科学研究。近年来，心理卫生研究的范围已经扩大，除了研究传统的精神疾病外，还涉及对弱智、心理与精神危机、犯罪、学校和家庭心理卫生等的研究。研究的目的主要是探讨心理疾病的机制、发病原因、症状表现、病程特点与规律及预防措施等。

三、心理卫生教育与初步心理诊断

少年期学生正处于青春发育阶段，他们的身心都经历着巨大的变化，表现出极大的波动性。因此，我们需要关注对他们的心理卫生教育，对他们的异常心理要及时予以诊断。

（一）心理卫生教育

对少年期学生进行心理卫生教育主要有以下内容。

（1）关于心理卫生知识的教育。身体的迅速成长和性开始成熟是少年期学生新出现的生理变化。由于生理上的变化，他们的心理也产生了一些特殊的变化，因此，应当对他们进行有关的心理卫生知识教育，如生理发育知识的教育、性心理的萌生与发展的知识教育、生育与人口质量的知识教育、禁止早恋的知识教育、认识少年期心理矛盾特殊表现的知识教育等。

（2）关于适应学习环境的教育。初中与小学相比，学习的科目增加了，学习内容加深加宽了，因此，少年期学生需要尽快地适应这种新的学习环境。学生适应新的学习环境的主要任务是：其一，熟悉教师的语音、板书、教学方法与要求；其二，熟悉新的学习与生活常规；其三，熟悉并建立新的人际交往与沟通关系。有的学生进入初中后，由于长时间不能适应新的学习环境，学习成绩很不稳定；有的学生则成绩越来越差，产生了焦虑、失望、悲观等不健康的心理，如果得不到及时的教育，很容易导致更严重的心理问题。据有关的调查发现，第一次犯罪的年龄为 13 岁的高达 1/3，他们当中一些人的犯罪起因就是不能适应新的学习环境。

（3）关于处理人际关系的教育。初中学生的人际关系开始复杂了。他们的同学不再是住在附近的朋友，因此刚开始时彼此的相互接触还有些拘束或紧张。他们的教师也多了，不同的教师对他们有不同的影响。随着时间的推移，他们的活动范围越来越大，不仅在学校里活动，而且也到社会上去活动。这时，如果对他们不加强人际交往与沟通的教育，让他们掌握正确的人际交往的原则，他们就容易被教唆而走上犯罪的道路。有人调查了 210 个受社会影响的罪犯，其中竟有

50%是初中学生。另外的一些研究也表明，由于不能正确结识朋友，初中学生犯罪的概率为30%。

（二）心理诊断

根据学生的心理活动与行为表现所进行的检查，就是心理诊断。

心理测验是心理诊断的主要手段。诊断性的心理测验主要包括智力测验和个性测验。有的心理学家认为，在诊断大脑机能障碍方面，行为或心理的测验比物理或生理的测验更为灵敏。在家庭或学校，初步心理诊断的方法是归因心理分析，其具体运作方法如下：

一是把学生现在和过去的行为做比较，注意分析他们的行为是否与年龄增长而引起的正常行为相符合；

二是把学生过去所处的环境与现在的环境做比较，分析他们的心理表现是否与环境变化相一致；

三是把学生现在的心理表现与家长、教师教育方法的变化相比较，分析他们的心理表现是否随着教育方法的改变而变化；

四是把学生现在与过去的人际关系进行比较，分析他们前后两种人际关系的协调性与合理性；

五是把学生现在出现的某些异常表现与过去的表现做比较。

如果发现有以下的不正常情况，就必须引起注意：记忆力明显衰退，注意力明显不集中，过多的内疚与自责，做事缺乏信心，情绪突然低落，经常失眠，有逃避行为，过度忧虑，长时间的心情烦闷，惧怕心理严重。

四、少年期学生心理问题的教育与矫正方法

为了使有心理问题的学生恢复心理平衡，常用的方法有以下几种。

（一）暗示法

通过语言、行为或者情境，让学生在自然状况下接受暗示者的某一意见与观点，从而对他们的心理与行为产生影响的方法，就是暗示法。

暗示法有积极的和消极的两种作用。例如，对一个学习上感到吃力的学生说："学习虽然苦，但通过学习能掌握知识，将来运用这些知识就能干大事。"这是积极的暗示。如果对他说："学习太苦了，作业多，玩的时间少，我真同情你。"这是消极的暗示。暗示只是指出事实，而不下结论，把希望得到的结论让学生自己去思考。这样，学生就不会感到有强加的外力而产生抵触情绪。

暗示要通过学生自己对暗示内容理解之后所产生的态度去肯定或否定暗示的作用，从而做出相应的反应倾向。因此，引起学生积极理解的暗示就产生积极的作用，引起学生消极理解的暗示就产生消极的作用。一般地，暗示者的身份、名望、才识、年龄越高，暗示者的人数越多，或者学生处于愉快的心境时，暗示的积极作用越大。年龄小的学生也较容易接受暗示的影响。暗示只能对学生的简单态度与行为产生影响。

（二）心理置换法

教育者在心理上与有心理问题的学生互换位置，并以心换心，满腔热情地对他们进行帮助、疏导，以取得学生的信任和理解，从而达到帮助他们克服存在的心理问题的方法，就是心理置换法。

运用心理置换法的要求是：（1）教育者要耐心地听取学生的心声，一定要把自己置于与学生平等的地位，让学生把话说完；（2）教育者要有帮助学生摆脱心理困境的诚心，而不要持揪学生"辫子"的态度；（3）教育者要善于发现学生内心的"希望的火花"，并以此为契机，让他们学会“优势积累”，使他们具有心理自控能力。

（三）比较法

通过对比，引导学生对自己所坚持的意见产生怀疑并逐渐认识到是错误的，从而转变原有的态度的方法，就是比较法。

比较法的有效性在于，通过对比让学生直观地认识到什么是正确的，什么是错误的，从而启发他们对自己的行为做出相应的评价，并通过合理的判断去纠正自己错误的表现。运用比较法时，要使进行比较的事物有代表性，同时也要考虑时间、空间各要素是否适宜，这样才能收到良好的效果，也才能有效地纠正学生的偏见。

（四）幽默法

利用有趣或可笑但寓意深刻的话题，引导学生改变抗拒心理的方法，就是幽默法。

幽默的话题要在自然的情境中引发，才能产生良好的作用。采用幽默法矫正学生的心理问题，可以改善他们因存在逆反心理而产生的思维功能僵化，可以调整人与人之间的心理距离。同时，由于幽默一般都使用比喻、双关、比拟、借代、映衬等修辞手法来暗示主题，因此，可以激发学生的智慧，使学生从幽默中领悟到深刻的含义，从而做出理性的选择与判断，解开心中的疙瘩。当然，幽默不应导致淡化主题，使严肃的疏导工作或批评变成滑稽的笑料。

（五）宣泄法

创设一定的情境，让学生积蓄过多的消极情绪得以表现和发泄，以减轻或消除他们的抗拒心理，恢复心理平衡的方法，就是宣泄法。

宣泄法的具体方式有三种。（1）活动释放式。开展学生感兴趣的活动，借以转移他们的注意，让他们通过活动自然地把消极能量释放出来。(2) 精神发泄式。对学生不平衡心态所产生的消极因素，一味用堵或压的办法，其结果可能导致更严重的过激行为发生。精神发泄的目的是让学生有一定的时间、空间把内心的抱怨向外排遣，使精神恢复常态。采用精神发泄式时，时间和地点都要选择好。时间最好选在他们心情有所改善的时候，地点最好在无人干扰的场所，在场的人也不宜过多，参加的人应是学生平时亲近的长者，这样，有利于学生排空心中的积郁，也有利于他们恢复理智。(3) 交往倾诉式。安排学生找知心朋友、要好的同学、信得过的人，把自己的苦衷向他们倾诉。这样，学生一方面会感到自己的苦痛有人分担而得到宽慰，另一方面也可以从知心人那里得到一些开导和帮助。

当然，宣泄不能无所顾忌地进行，不恰当的宣泄反而会给学生带来更大的烦恼。因此，运用宣泄法要讲究条件，注意控制宣泄的强度，这样才不会产生负面的影响。

(六) 社会强化法

引导学生分析自己行为的结果对自身产生的不良作用，使他们正确地分辨是非并改正错误行为的方法，就是社会强化法。

社会强化法主要通过奖励与惩罚的方式来产生作用。运用这种方法应当注意下面四点。(1) 要考虑学生的个性差异。例如，有的学生喜欢在众人面前接受表扬或批评，有的学生喜欢在人少的场合接受表扬或批评。对此，教育者应当做到心中有数。(2) 强化的结果要及时反馈。反馈及时，才能起到应有的作用。例如：把不良行为的后果及时让学生知道，可以避免类似行为的再度发生；把考试成绩及时告诉学生，有利于激发学生上进的学习动机。通常，行为强化与行为结果之间的时间间隔和强化的作用成反比例。(3) 强化要准确、公平合理。实施社会强化的程度必须与行为结果相符合。学生做好事时，要小事小奖、大事大奖。学生做错事时，应小错小罚、大错大罚。要有分寸感，不能偏袒一些人，贬抑一些人。(4) 强化不宜过于频繁。过于频繁的强化，会产生“见惯不惊”的不良效应。

（七）迂回法

为了改变学生某一错误的观点或行为，首先从学生愿意交谈的话题或愿意做的事入手，然后伺机引出相关的正题，采取迂回的办法，说服学生放弃原有的观点或行为的方法，就是迂回法。

采用迂回法可以避免学生在难以接受劝导的情况下固守原有的态度，也可以防止学生在特定的防御心态中“紧闭心扉”，当然也可以避免伤害学生的自尊心。迂回法有三种主要方式。(1) 旁敲引发式。在学生不愿意听取正面的说服或拒绝劝导时，借助于他们信任的人或事来表达、传递有关的信息，让他们在无意之中改变态度。(2) 以退为进式。在学生顽固地坚持自己的错误意见时，暂时同意他们的意见，并照此去做，使其得出错误的结果。然后，利用这种错误的结果教育他们，达到让他们自己否定自己的意见，转为承认自己过错的目的。(3) 情绪调节式。学生处于抗拒的心态时很难接受教育与疏导，这时，可以有意地引出一些使他们感到愉快或者自豪的话题，或者安排他们参加一些有趣的活动，在他们情绪愉快时抓住时机进行教育。

（八）合理认知法

帮助有心理问题的学生正确认知，以合理的思维方式代替不合理的思维方式，以减少或排除不合理的思维方式所产生的消极影响的方法，就是合理认知法。

通常，有心理问题的学生有三种不合理的认知态度。(1) 绝对化。他们对某一件事常常会萌生“必然发生”或“必然不发生”的顽固的绝对化观念。例如，他们认为：好学生做错事，必然不会受到批评；差生做好事，必然不会受到表扬。(2) 片面化。他们会以偏概全地认为，一次做错了事，会引起别人的不满，以后再做多少件好事，别人也不会满意。（3）消极化。有心理问题的学生，其消极心态总是占据优势地位。这样的学生的心理防御机制特别明显。他们往往为了掩饰自己不符合社会规范的行为，喜欢用似是而非的理由来证明自己的行为是正确的，以便隐瞒自己真实的动机或愿望。改变上述学生的这些不合理的认知态度的办法是，调整或改造他们的旧思维习惯与消极的思维定势，确立合理的认知方式。

对有心理问题的学生进行教育与行为矫正，既是一门科学，也是一种艺术，没有现成的与一成不变的模式。有时，同一类问题可以用不同的方法去解决，而同一种方法也可以解决不同类的问题。实践证明，凡是取得良好教育与矫正效果的范例，都是科学理论和实践经验综合运用的结果。

思考题

一、什么是健康的心理和不健康的心理？

二、怎样进行心理咨询？心理咨询应当遵循哪些原则？

三、联系一个初中学生，分析他是否有心理障碍、心理疾病或逆反心理，并做详细记录。

四、对有心理问题的学生，怎样进行教育与矫正？